敬語は変わる

大規模調査からわかる百年の動き

井上史雄 編

大修館書店

前書き

この本では現代の敬語について、愛知県岡崎市での大がかりな敬語調査を中心に、いろいろな観点から論じる。データを活かして、理論的に整理する形をとった。まず、この本全体の大きな流れについて、予告編のような形で紹介する。二本の柱または目玉商品がある。

一つは「敬語の成人後採用」で、敬語が成人後に身につくという現象である。敬語は「お子様の手の届かないもの」で、社会人になって、少しずつ身につける。若者の敬語は乱れではなく、身につけていないだけである。発展途上とも言える。

もう一つは「聞き手を目指す敬語」への動きである。日本語の長い歴史を踏まえると、敬語を使うときに、話題の人よりはその場の聞き手を考えることが多くなった。社会が変わり、人々の考え方が変わるのにともなって、敬語の使い方も変わった。いわゆる敬語から離れて、ことばづかい全体を考えに入れるようになった。日本語の敬語変化の先端の動きだが、敬語の乱れなどと非難される。論拠となる研究が不十分だったが、岡崎市の調査結果から読み取ることができた。

他に職業による敬語の違い、談話機能要素を使いこなす方向への変化なども、新しい発見である。この本を作っていて、敬語について気にかかっていたことが、やっと整理できた感じがした。文化庁の『敬語の指針』の五分類の考え方を発展的に解消し、従来通りの三分類でいいと位置づけることができ、納得できた。この本は大勢の人が書いたので、これ以外にも多くの発見があった。岡崎調査を出発点にしているが、得られた成果は現代敬語に広く適用可能である。日本語全体にかつ世界の諸言語に当てはまる普遍的傾向も含まれる。

この本は調査報告書であり、また敬語の指南書でもある。さらに深い理論を踏まえて、歴史と地理をカバーする概説書をも目指した。いろいろなテーマが並んでいるが、他の節と関連づけて、筋の通った書き方を目指した。全体の流れが見えるように、（1-3）のように、相互参照を入れた。第1章3節を意味する。

この本の最初の節では、全体のあらましをやさしいことばで書いた。せめて最初だけでも中学生や高校生に読んでもらって、わかってもらおうと考えた。しかしそのあとの大部分は、やや難しい。専門用語を使わないと、きちんと伝えることができない世界だから仕方がない。

本の読み方はいろいろある。ふつうは最初から最後まで読み通す。特に推理小説などは最後まで読まないと面白さがわからない。途中でつまらなくなってやめることもあるのは、作者の書き方が悪いのかもしれないが、読者には罪悪感が残る。しかし、大勢があるテーマについて書いた講座ものなどは、必要な章だけを読むことがあるし、調べものやレポートのために関係部分だけ読むこともある。この本も、場合によっては途中でやめてもいい。また興味のある部分だけ読んでもいい。それぞれ独立して読むに耐える書き方になっている。一方で他の部分への相互参照もこまめに付けてあるので、場合によっては、飛ばし読みの形で他の部分を読んでもいい。

富士山を楽しむためには、途中まで車で登って、ドライブするだけでも楽に景色が見られる。車窓から見て、景色のいいところで降りて散歩してもいい。ふもとから頂上まで、丹念に周囲を見ながら登るのは、楽しく充実感がある。この本の読み方も同様である。読んで役立つところが、それぞれの読者にあることを祈る。とはいえ、最後までたどりつくのは、登山ほどの労力はいらない。いい知恵も最後に披露してあるので、全体を見通していただけたら幸いである。

井上史雄

岡崎市の位置

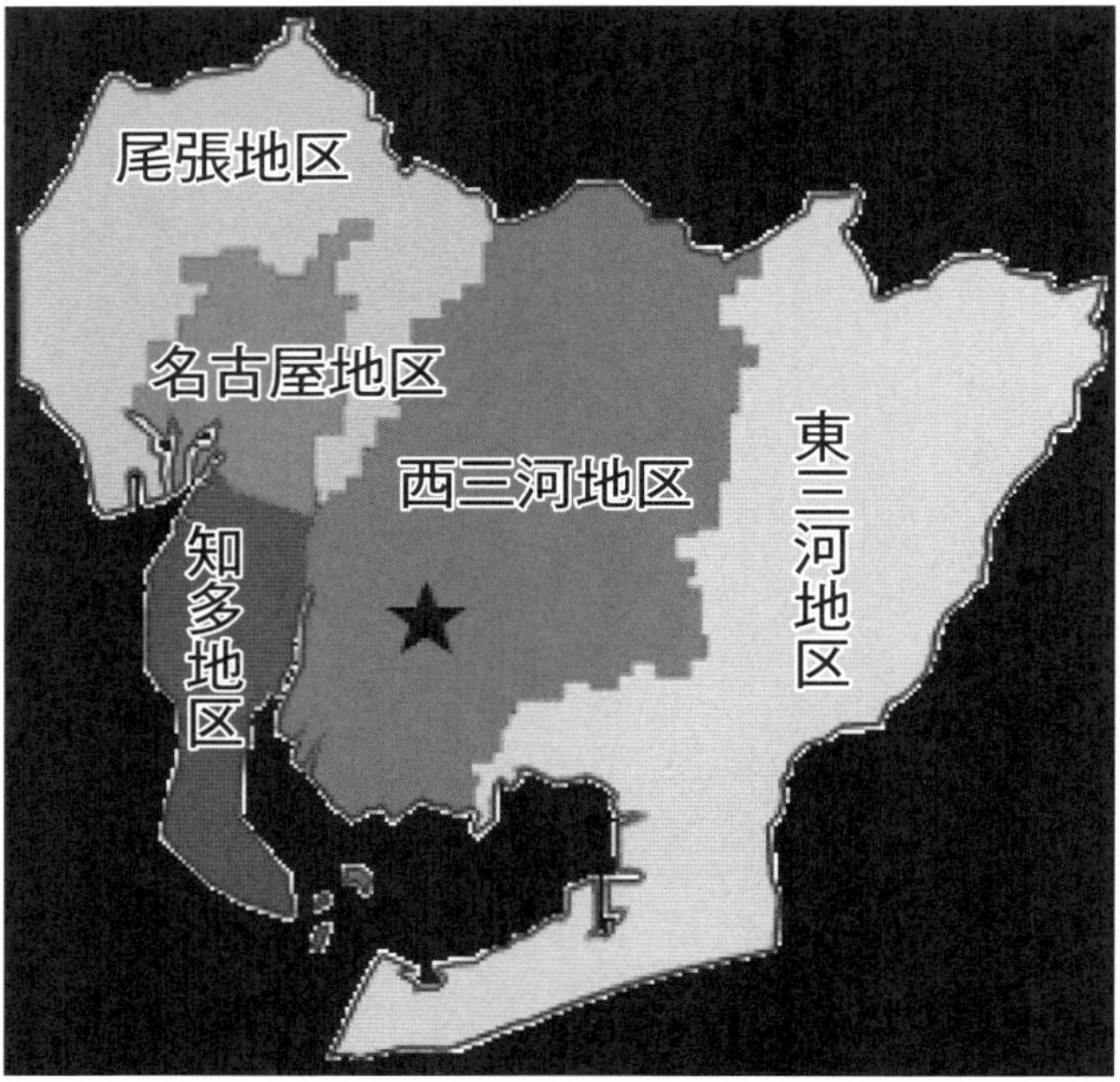

愛知県は、県庁所在地である名古屋市とその南に知多地区があり、名古屋市に接する地域と知多はまとめて尾張地区と呼ばれる。それらの東側に、西から西三河地区、東三河地区がある。岡崎は、図の★の位置にある。

目次

第3章　岡崎敬語の位置づけと発展　—理論と研究対象の拡大—

敬語は変わる

――大規模調査からわかる百年の動き――

第1章　現代敬語の位置

―乱れではなく変化―

①

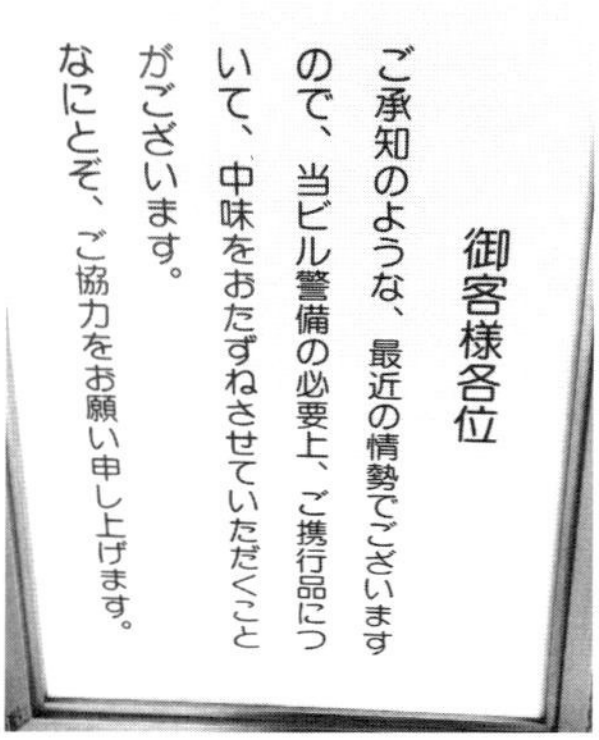

②

③

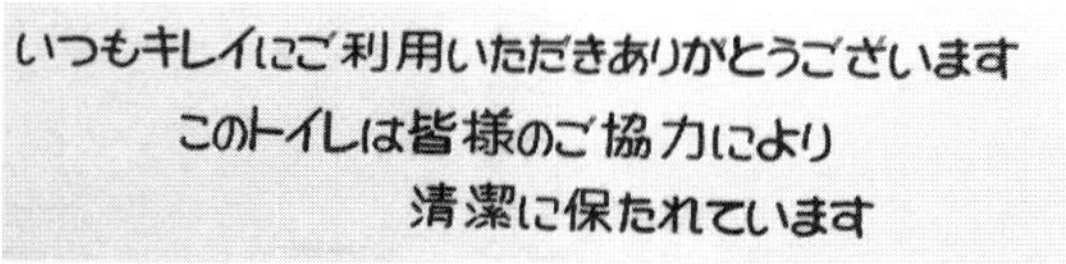

④

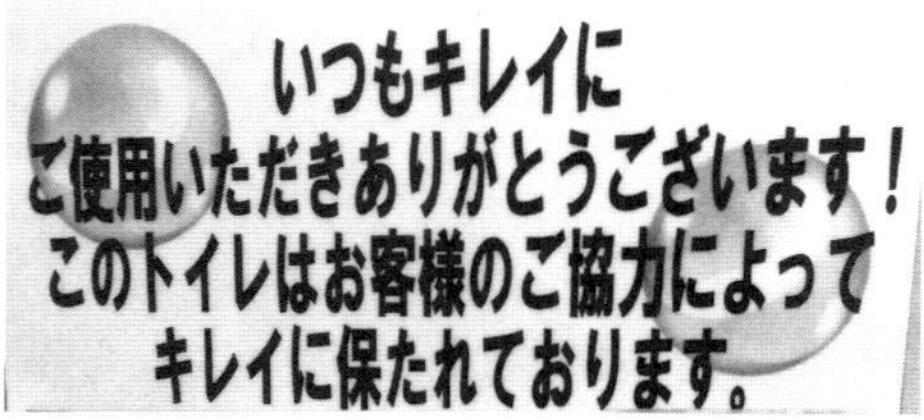

敬語景観〈1〉　増える配慮

街には、読み手への配慮を示した看板や注意書きが多く見られる。①の荷物点検や②の歩道の工事利用などは、相手に負担を強いるため、顔色をうかがうような慎重な表現になっている。特に「～させていただく」は、相手に許可を得て進めているかのような、へりくだった姿勢を表す表現として、近年多用されている。

一方で先回りして相手を賞賛する表現も増えている。③④はトイレ内の掲示で、綺麗に使ってもらうために、客に対して感謝を示し、さらに「ご協力により（よって）清潔（キレイ）に保たれて」と客の貢献まで強調している。

しかし配慮が強すぎると、かえって窮屈に感じる人もいるだろう。

（鑓水兼貴）

1－1　敬語は発展途上　―この本のあらまし―

聞き手を大事にする話し方（例）
「母は留守です」（子どもがよその人に向かって）
「鈴木は席をはずしております」（会社の外の人に向かって）
「先生は来るの？」（先生がいない場面で、友だちに向かって）
「先生はいらっしゃるんですか？」（先生に聞こえる状況で）
「ランチにはコーヒーがお付きします」（レストランでウエイターが客に向かっての誤用）

テーマ　敬語は発展途上。現代の敬語は聞き手を大事にする。

ポイント

・敬語は成長とともに身につく。敬語は成人後に身につく。
・登場人物よりも目の前の聞き手に気を使うようになった。
・敬語と逆方向の悪口や乱暴な言い方についても考える必要がある。

最初の節として、この本全体の中身を、難しいことばを使わずに、かいつまんで言い表そう。この後の節でも、高校生程度ならついていけそうな書き方を目指した。しかし本書の中身は後のほうほど濃く、専門的になる。そこでは専門用語を使うほうが説明しやすいし、整理も記憶も楽になる。（　）内に詳しい説明のある節を示した。

(1) 敬語は成人後に身につく

敬語を身につける機会

生まれたときからきちんと敬語を使いこなす子どもはいない。敬語を子どもが使うことは要求されない。「お子様の手の届かないところ」に置かれる点では、敬語は薬と似ている。期待される敬語は、年齢と関係がある。みんな人生のさまざまな時期に、少しずつふさわしい敬語を身につける。例をあげよう。戦後まもなくの調査によれば、自分の母親を「母」と言いはじめる年齢は、中学生か高校生である（2-7）。また中学生・高校生になると、先生や上級生に「です」「ます」を使いはじめる。しかし敬い、持ち上げる言い方の「いらっしゃる」や、へりくだった言い方の「うかがう」などは、あまり使わない。大学生でも使いこなせない人がいる。

世論調査によると、「敬語をいつ身につけたか」と聞かれて、家庭、学校、職場で身につけたと答える人が多い（2-7）。しかし現代は、家庭は大きな働きを示さない。また学校の授業で敬語について教えるが、実際に使う機会は少ない。敬語は職場で、社会人としての成長につれ、身につく。しかしまとまった教育・訓練を受けることは少なく、その場に応じて、身につける。

だから、若い人は敬語を使えないのが当たり前と考えるほうがいい。敬語は、人生経験を重ねて、成人後にも、自然に身につく（2-2）。敬語は個人にとって発展途上なのだ。敬語に自信のない人は、気楽に、少しずつ敬語を身につけよう。

マニュアル敬語・決まり文句のよしあし

社会人として必要な敬語は、入社後に必要に応じて身につける。それ以前にファストフードやコンビニなどでアルバイトをして、「いらっしゃいませ」「こんにちは」をはじめとする決まり文句を使うこともある。客として覚えることもある。型にはまった話し方で、客が偉い人に見えても、子どもでも、顔見知りでも、同じように言い、目上・目下を気にしないでいい。よく耳にするので、「変だ」「間違っている」と話題になるが、訓練で覚える期間の短さを考えれば、効率よく身につく言い方である。基本だけを最低の知識として教え込むので、簡単だ。しかし、応用が難しいので、まともな用法は、もっと後で身につけることになる。

決まり文句では、一つ一つの単語の使い方を覚えるのではない。表現全体を覚える。決まり文句には聞き手への心配りがはじめから入っている。現代の敬語を考えるには、学校の国語の授業で扱う敬語よりも、もっと守備範囲を広げる必要がある。世の中の必要に応じて理論も発展して、応用されるようになったのだ。この本の2-5でも、新しい考え方をあてはめて、岡崎敬語調査で答えられた文全部をいくつかの言い方に分けてみた。その結果、年をとるほど敬語以外のいろいろな言い方を使いこなし、そのために答えが長くなったとわかった。

社会人としての敬語の苦労

社会人として困るのは、会社内と会社外への敬語である。会社の敬語は、学校時代と違って、きちんと定まっている。間違えると本人がばかにされるだけでなく、会社全体の評判を落とす。しかし敬語を最初から身につけている人はいない。アルバイトをしたことがある人は決まり文句を身につけているが、それ以外の言い方は、新たに覚える必要がある。敬語は少しずつ身につくもので、世論調査によると、敬語の正しさなどについて的確な判断ができるのは三〇代である。さらにその後に身につく言い方もある。その例として「させていただく」などの使い方は2-3で扱われる。

「わたくし」を使いこなす中年層

「わたくし」を使う時期は、もっと後になる。**図1**で示したように、文化庁の世論調査によると、「わたくし」を使う人は、五〇代あたりの中年層がトップで、若い人ほど少ない（井上2017）。もし一回の調査の年齢差だけを見たら、「わたくし」は古めかしい言い方で、若い人で使われなくなっていると考える。ところが一〇年後に調べてみたら、どの年齢層の人も、一〇％ほど多く使うよう

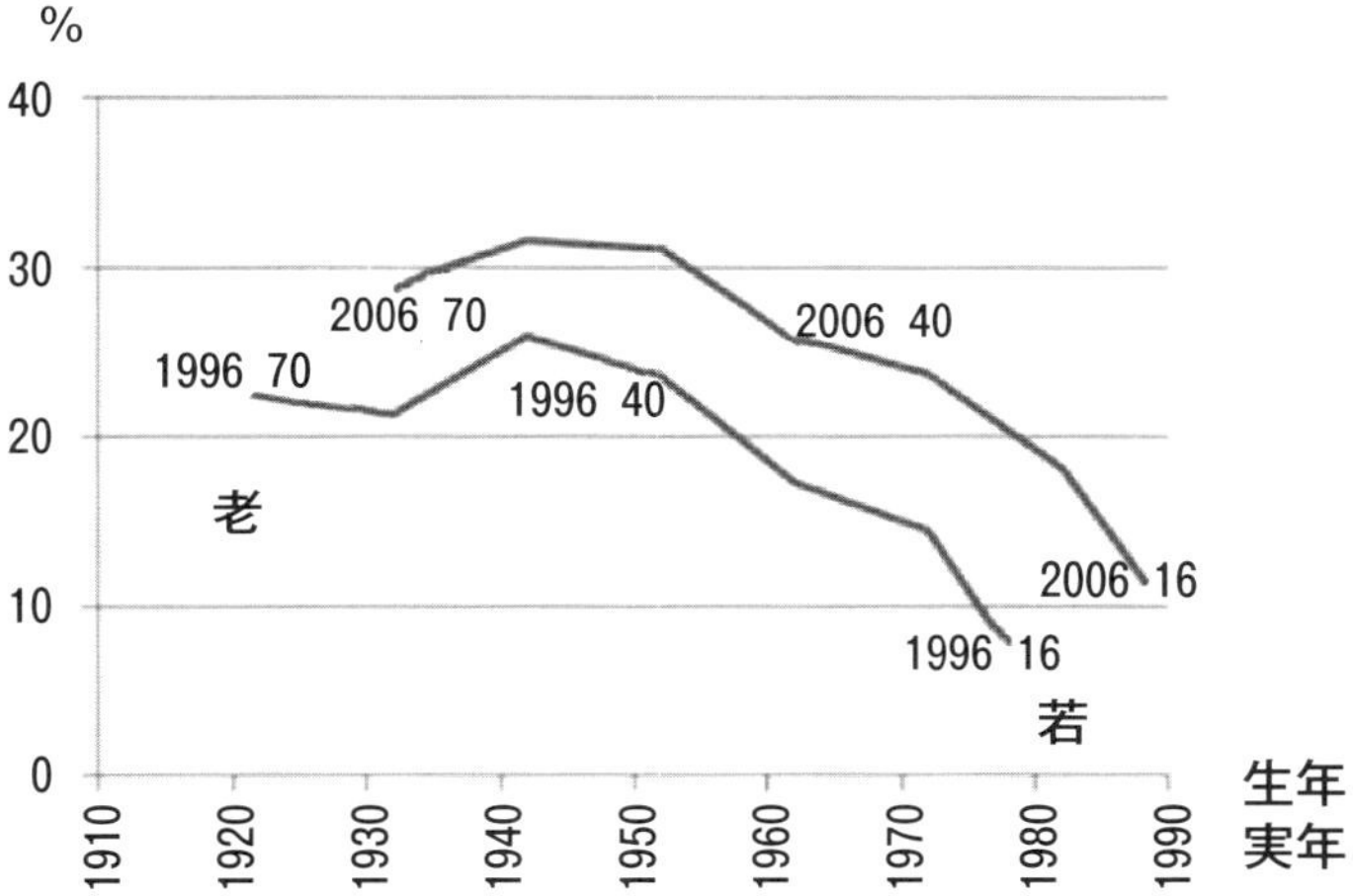

図１「自分の呼び方：わたくし」

【グラフの説明】

文化庁『国語に関する世論調査』の「自分の呼び方」の質問における「わたくし」のグラフである。

横軸が生年、縦軸は使用率を表す。10～70代の7世代に調査しているが、生年で表示している（10代は16～19歳）。

グラフ上の「1996」「2006」は調査年を示す。7世代の使用率がプロットされているが、ラベル表示は「16」「40」「70」のみである。たとえば、「1996　70」は1996年調査での70代の使用率を示す。「2006　70」は2006年調査での70代の使用率なので、1996年の60代の上に重なる。

年齢が高くなるほど、「わたくし」を使う割合が増加している。また、1996年と2006年の2本のグラフを比較すると、10年間でどの世代も10％前後増加していることがわかる。

になった。「わたくし」を使う人が若い人で少ないのに、調査を繰り返したら、若い人もお年寄りも割合が増えるという、ふつうは考えられない結果になった。敬語が成人後でも身につくという例である。

一〇年間の増え方は、共通語が広がるときの特別な例と考えるとわかりやすい。地方による違いを見ると、「わたくし」は関東地方、特に東京都区部に多い。二回目の調査では他の大都市でも増える。ふつう新しい言い方は、若い人が先がけて使う。しかし「わたくし」は、改まった場面で使われるので、若い世代は使う機会が少ない。また「わたくし」は、堅苦しい感じがするので若い世代には受け入れられにくい。これが中年層で多くなるという例外的なグラフになった原因である。

同じ人が年をとったら?

敬語が成人後でも身につくことは、岡崎調査でも確かめられた。年をとるほど長く話すようになる(2-1)。いろいろ相手を気づかった言い方をするからである(2-5)。また「ていただく」と言うようになったが(2-3)、中年以上の人が多く使う。ことばづかい全体の丁寧さも中年以上で高くなる(2-2)。岡崎の三回の調査の線が三本並ぶので「川の字変化」と名付けた(2-1)。

岡崎調査では、敬語が成人後に身につくことが確かめられたが、その調査相手も、文化庁全国調査の相手も、そのときそのときにくじ引きのような形で選ばれた人たちである(4-2)。その結果は、住民が別の人に入れ替われば変わる。同じ地区でも、古い平屋を取り払ってマンションにしたら、よそから来た人が増えて、元からのことばでなく共通語を使う人が増えるだろう。

しかし昔から住んでいる同じ人が成人後に新しくことばを取り入れて、一個人の中でも変わるかもしれない。同じ人が数十年経って年をとったときに、同じような傾向を見せるだろうか。年とってことばが変わることを確かめたいとしたら、同じ人を探し出して、追いかける調査が役立つ。岡崎にはこのような純粋の言語変化を扱うための、貴重なデータがある。岡崎市の敬語調査では、前と同じ人を探し出して調査した。ただ、信頼できることを言うためには大勢のデータが必要だが、何十年か経って探し出せた人は少なく（4-1）、年齢や男女の偏りがあって、平均点だけで考えることは危険である。とはいえ一つ一つを別に考えるのは手間がかかるし、一般性を見失う危険がある。全員の結果を一覧できる図を作ったところ、同じ人が年をとるほど値を増やすことがわかった（2-1）。同じ人が年をとると、ことばが丁寧な方向に変化した。敬語が個人にとって発展途上である証拠だ。

敬語と財産の貯まり方

敬語をお金・財産の貯まり方になぞらえることができる。お金が、ゼロから始まって、小さいときのお小遣いなどとして少しずつ増える点は、敬語と似ている。お金が貯まる様子として、貯金全体の残高を年齢別に見ると、ふつうは増え続ける。家を買ったりすると、貯金は一時減るが、財産は同じである。年をへだてた財産の調査三回分を図1と同じようなグラフにしたら、見事に右下がり（左上がり）の線が繰り返された。敬語も、人生経験を重ねて豊かになる点は似ている（2-7）。ただし財産と違って、敬語の使い方は身につけたら、なくなることがない（記憶をなくさない限り）。また敬語は財産より不平等ではない。親が金持ちでも貧乏でも、敬語を使いこなすことができる。家庭での敬語のしつけは、親の稼ぎを子どもの教育につぎこむのと似る。自由放任のしつけなしは、遊び放題のどら息子をほったらかす親に似る。敬語は、子ども自身が気をつけて身につけようとすれば、無料で手に入る。お金が貯まればいろいろなことができるように、敬語を身につければさまざまな場面で適切にふるまえる。敬語は無料の化粧品なのだ。

(2) 聞き手を目指す敬語

現代の敬語は、性格を変えつつある。話題の人物について使うのではなく、目の前の聞き手のために使うように、変わりつつある（2-6）。登場人物でなく聞き手に向けて、丁寧に言い表すようになった。敬語は日本社会全体にとっても、発展途上なのだ。

敬語の歴史

この説明のために、日本語敬語千年の歴史と照らし合わせると、流れがよく見える（3-1）。敬語は現代社会に合った働き方をしようとしている。敬語の源は、タブー（禁忌）で、神仏など恐れ多いものに使った。その後恐れ多いものとして天皇にも使われた。もっと後になると皇族や貴族にも使い、武家や町人にも広がった。敬語は言及されるものや人に対して使われた。この段階では、話題に出た登場人物への敬語だった。

敬語を聞き手のために使う

その後敬語が普通の人々の世界にまで広がって、世の中が変わると、使い方が変わった。登場人物よりは目の前の聞き手に気を使うことが多くなった。戦前の修身（道徳科目）の参考書で、「先生が来た」というのはよくないと、とがめている。実際に使われていたからだろう。今は当たり前。しかし先生に聞こえるときだと「先生がいらっしゃいました」と敬語を使う。いっぽう家庭で親が子どもに「先生いらっしゃった？」などと言わなくなった。丁寧語の「です ます」を使うときには「いらっしゃいます」と言う（コラム⑥）。敬語全体が丁寧語の「です ます」に似た使い方になった。

第三者への敬語と所有物

敬語の使い方の変化は第三者敬語、つまり登場人物への敬語によく現れる。昔の敬語では、お互いの目上目下の関係がわかれば、片方の目下の話し手だけが敬語を使った。第三者を話題にするときも、話し手にとって目上か目下かを考えればよく、話し相手にとって目上か目下かは考えなくてもよかった。しかし日本語の敬語は、話題の人物の上下関係を表すものから、話し相手との心理的距離を表すものに変化した。「いらっしゃる」や「うかがう」などの言い方も、聞き手に向けた丁寧語に合わせて使われる。第三次岡崎敬語調査では、第三者への敬語の項目を入れて、校長・先生・生徒の関係を見た（2-6）。第三者への敬語は、衰える方向にある。

また最近は、聞き手に敬語を使おうとして、「いらっしゃる」や「うかがう」などをできるだけ多く使う傾向が見られ、使いすぎとして非難される（1-3）。しかし、「所有者敬語」として、聞き手の所有物や、聞き手に関係の深いことを言い表すときほど敬語を使うと説明ができる。

(3) 敬語三分類に戻す

敬語の分類のいろいろ

この本では、これまで学校教育で使っていた「尊敬語」「謙譲語」「丁寧語」の三分類を受け継ぐ。ところが世論調査によると、普通の人は、「いらっしゃる」「なさる」「お〜になる」「られる」などの「尊敬語」や、「うかがう」「お〜する」などの「謙譲語」だけが敬語だと考える。

いっぽう文化庁文化審議会は二〇〇七年に『敬語の指針』を出して、敬語の使い方を示した。インターネットでも読める。『敬語の指針』では、これまで使われていた尊敬語、謙譲語、丁寧語の三分類を五分類に変えた。新たに謙譲語ⅠとⅡを区別し、美化語を敬語と見なした（1-3）。学校教育の現場では敬語五分類が唱えられて困っている。特に「謙譲語」ⅠとⅡの違いがわかりにくい。

また「お天気」や「お花」などの「美化語」を設けたが、普通の人は敬語と考えない。

敬語の三分類と所有者敬語

結論から言うと、敬語の三分類「尊敬語」「謙譲語」「丁寧語」は変えなくてもいい。それぞれの用法が広がりつつあると考えればいい。単語の分類でなく、用法の広がりの問題なのだ。敬語の使い方を、文化庁の『国語に関する世論調査』の集計表を使ってグラフにしたら、方向が見えた。敬語の理論としては、簡単には三分類、広げて五分類と唱えられているが、尊敬語の新しい用法を「尊敬語Ⅱ」として入れると、六分類として表せる（井上 2017）。古代からあった尊敬語を出発点にして、謙譲語が生まれ、中世には丁寧語がよく使われるようになり、最近は決まり文句が盛んになる方向に向かいつつある。1-3の図1「現代敬語の分類と周辺への拡散」では左上から右下への矢印で示した。

この裏には、だれに、どんな場合に、心理的な隔たりを表すかという、人間関係のとらえ方の変化がある。かつての敬語は、生まれつきの身分を手がかりに、話題として登場する人への敬意を示したが、現在は目の前の話し相手への心配りを大事にするようになった。身分や目上目下をあまり考えないようになり、人々の心、気配りのあり方が変わったことになる。この点でも敬語は発展途上である。

敬語の民主化・平等化

ことばはいつでも変わり続ける。新たなしくみを作り上げようとしているのだ。社会が変われば、ことばも合わせて変わる。「敬語は世につれ　世は敬語につれ」である。敬語の「乱れ」は変化の先駆けである。

愛知県岡崎市の戦後五〇年以上をへだてた敬語調査結果で、大きな変化が見られた。社会の民主化・平等化がことばづかいに現れて、全体が丁寧になった。民主化・平等化は、敬語を使う手がかりが身分から役割へ、目上目下関係から親しさの度合いへと変わったことに見られる。今は親しさを表す手段を探し求めている段階である。岡崎でいえば、職業・仕事内容によることばの違いが薄れたのは、社会全体として職業の格差意識が少なくなったことと関係がある（2-4）。

敬語の地理・社会・心理

敬語には、さまざまな事柄がからむ。いくつか目立つものを取り上げて、予告編として示そう。

まず**地理**については、方言差を見る。敬語の地理的分布は大まかには敬語の歴史と対応して、古い敬語は国土の周辺に残り、新しい敬語は文化的中心地の近くに広がる。昔の都、京都から新しいことばが広がった（3-1）。近世の近畿地方の敬語が名古屋に受け入れられ、さらにその東の岡崎に広がったさまが、方言分布図から読み取れる（3-2）。また敬語には東西差があって、天気予報みたいに「西高東低」とも言われる（3-1）。今は東京からの影響が大きく、都市化とも連動する

（1-3）。敬語は国土全体で、発展途上なのだ。

敬語の**社会**的な違いを見るとしたら、大勢のデータを集める必要がある（1-2）。具体例として、岡崎市の職種・仕事内容の違いを見た（2-4）。昔はどんな仕事をする人かで敬語の程度が違っていたが、最近は人々全体のことばが丁寧になって、職種の違いが少なくなった。また性差も薄れた。

敬語は**心理**的なへだたりを表す。「敬」語は漢字の見た目と違って、敬意を表すものではなくなった。古文の授業で習うような平安時代の古典文学では、身分・地位に応じた使い分けがあったので、敬意と関係したが、現在の敬語の使い方は、いわゆる敬意とは遠ざかって、むしろ心理的な距離を表す働きをする。目の前の相手に気を使うほうが、人間関係には効果的なのだ（2-6）。

その意味で、いわゆる敬語と逆方向のことばを考える必要がある。これまでの「敬」語の研究では排除されていた悪口・卑罵語（3-3）と乱暴な言い方（マイナス待遇表現）（3-4）も考えてみた。ののしりことばは敬語と逆の働きをする。しかし地理的分布を見ると、敬語と似て近畿地方で発達している。この本では省いたが、敬語殺人事件、敬語傷害事件、敬語障害事件は、数多い（井上1999, 2017）。命に関わるという点では、言語研究のなかで一番重要なテーマと言ってよい。敬語は研究の方法や位置づけからいっても発展途上なのだ。

以下では、もっと詳しく、具体的データに基づいて、話を進める。

（井上史雄）

コラム① 「敬語景観」とポライトネス理論

街を歩いていると敬語に関わる看板やポスターをよく目にする。街なかにある文字言語を調査・分析する「言語景観」と呼ばれる研究があるが、注意喚起や禁止の看板やポスターなど働きかけの強い言語表現には敬語（待遇表現）が多く出現する。身近な敬語の例として、近年は敬語入門書などでも取り上げられている（高橋 2016）。これを「敬語景観」として見てみよう。

図1は、地下鉄の駅構内の貼り紙で、「ご通行ください」と丁寧に依頼し、「ありがとうございます」と感謝を表している。走ったり人にぶつかったりするような危ない通行を禁止する意図があるのだから「走るな」としてもよいのだが、読み手を意識して丁寧に表現しているのだろう。一方で、**図2**は駐車場に書かれた手書き看板で「すいがら厳禁　すてるな」とあり、敬語がないことから、迷惑行為に対する書き手の怒りが伝わってくる。かつてはこのような敬語のない看板が多く見られたが、最近は図1のように敬語を入れた丁寧な表現が増えているようだ。

こうした敬語使用をもっと広く位置づけるものとして、ブラウン&レヴィンソンによる「ポライトネス理論」がある。人間には「フェイス（面子）」と呼ばれる欲求があり、それは「よく思われたい・認められたい」面（ポジティブ・フェイス）と、「邪魔されたくない・自由でいたい」面（ネガティブ・フェイス）からなるという。相手になんらかの働きかけをすれば、多かれ少なかれ相手の欲求を侵害するとされる。そのため、前記のような迷惑行為の禁止は、すべての読み手を犯人扱

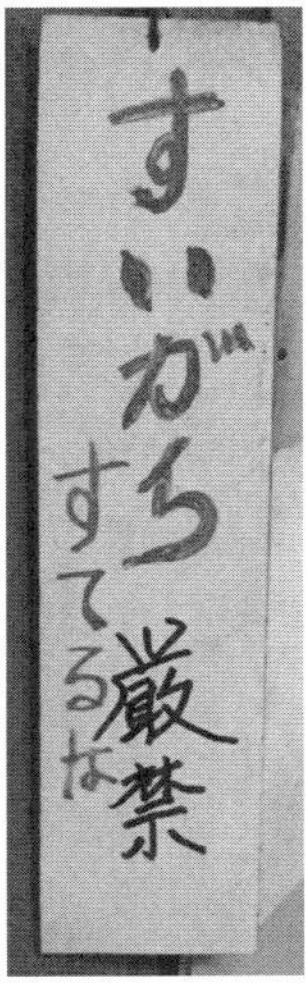
すいがら
すてるな
厳禁
図 2

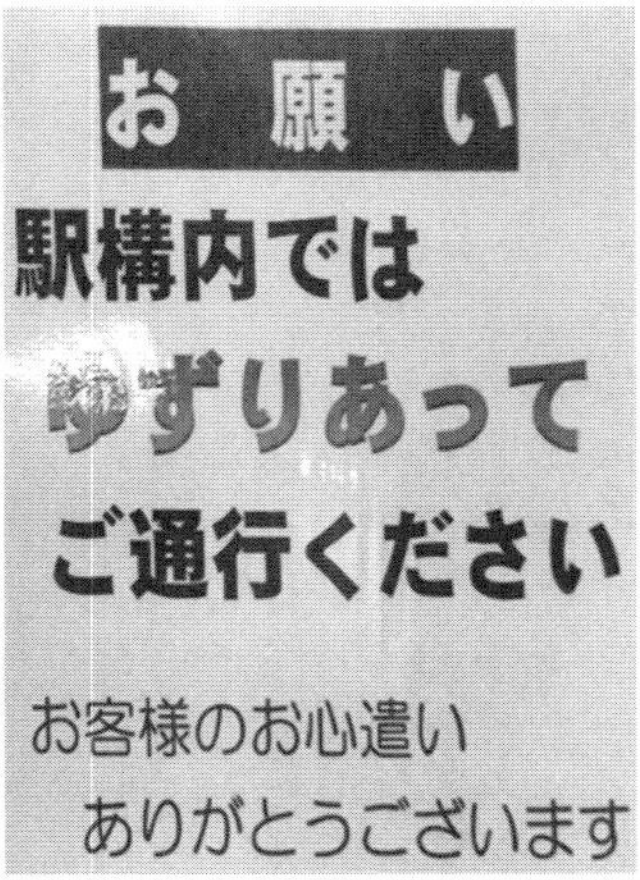
お願い
駅構内では
ゆずりあって
ご通行ください
お客様のお心遣い
ありがとうございます
図 1

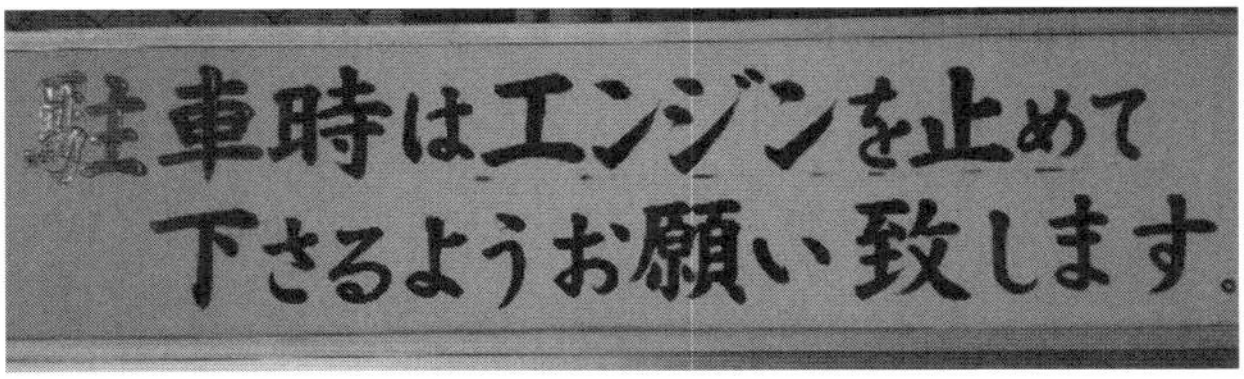
駐車時はエンジンを止めて
下さるようお願い致します。
図 3

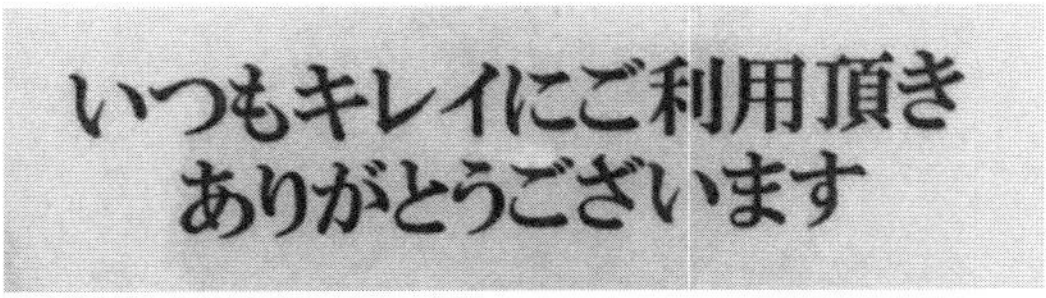
いつもキレイにご利用頂き
ありがとうございます
図 4

水がはねないようご使用いただけたらうれしいです。
図 5

いし、頭ごなしに行動を束縛する恐れがある。

「ポライトネス理論」によれば、言語的な配慮表現にも考察を広げる必要がある。図3は駐車場でエンジンを切るよう要求する看板だが、「止めて下さるようお願い致します」とへりくだった表現になっている。これは相手の邪魔されたくないという欲求に配慮した表現（ネガティブ・ポライトネス）と考えることができる。また、図1にあった「ありがとうございます」は、よく思われたいという読み手側の欲求に配慮している（ポジティブ・ポライトネス）と言える。近年は「ありがとうございます」のような配慮のある表現が好まれるようになっている。図4の「いつもキレイにご利用頂きありがとうございます」は読者もよく見かけるだろう、トイレによくある貼り紙だが、ルールを守っている人への配慮が見られる。ただし、図2のように書き手が怒り心頭の場合は配慮がない表現になるが、手書きであることからわかるように、配慮なしのタイプは、公共的な表現の中では減少している。

最近は図1・図4のような表現がさらに進化している。図5はコンビニエンスストアのトイレの貼り紙だが、「ご使用いただけたらうれしいです」と、相手の行為のおかげで店側が喜んでいる気持ちを表現しており、よく思われたいという読み手側の欲求をくすぐっていると言えるだろう。

皆さんも、街なかに見られる「敬語景観」を観察してみると面白い使い方が見えてくるのではないだろうか。本書では、これら以外にも「敬語景観」写真を掲載しているので、ぜひ楽しんでいただきたい。

（鑓水兼貴）

1-2 敬語はどう調査されてきたか

女子中学生の自称詞の使い分け調査（東京一九九〇年、山形一九八九年実施）
自分のことを何と言うか。
東京　先生と話すときは「ワタシ」、友だちと話すときも「ワタシ」
山形　先生と話すときは「ワタシ」、友だちと話すときは「アタシ」や「オイ」
（アクセントは「オイ｜」）

テーマ　敬語使用に関する多人数調査の方法と敬語の原理

ポイント
・ことばの調査には、「しくみ」の調査と「使われ方」の調査がある。
・「使われ方」は人によって大きく異なるため、多人数調査が求められる。
・「敬語」とは「特別扱い」することばである。

この節では、敬語使用の調査とはどのようなものであるかを考える。わざわざ手間をかけて調べなくてもわかるという考えもあろうが、敬語の実態は複雑で、大勢のデータをきちんと集めないと結論を出せないこともある。学校の中で生徒たちが使っている敬語の調査資料をもとに論じる。この本の中心テーマである岡崎市での敬語調査との関わりについてもふれる。

(1)「調べる」という行為

私たちの知的活動の一つに「調べる」という行為がある。少し大げさに言うと「調査」である。私たちはどんなとき「調べる」という行為をしているかと振り返ってみると、当たり前ではあるが、わからないことがあったときである。何かわからないことが生じ、そのまま終わらせたくない、この状況を何とか解消したいと思ったとき、私たちは調べるのである。

「ことば」についても調べるという行為をすることがある。典型的には、本や新聞・雑誌を読んだりテレビを見たりしていて意味のわからないことばに出会ったときや、漢字表記の読みがわからないことばに出会ったときである。そのようなとき、私たちは国語辞典や漢字辞典を開いて調べることがある。もっとも現代では、紙の辞書よりも電子辞書や携帯電話（スマートフォン）の辞書機能、インターネットの辞書を使う人のほうが多いかもしれないが。

さて、辞書にはことばの意味や漢字の読みは載っていても、私たちが使うことばが全体としてどのようなしくみになっているかまでは書かれていない。そこがよくわからないので詳しく知りたいと思ったときはどうするか。

そのようなときは、ことばについての専門の本を開いて調べることになる。本書もそうした本の一つである。本書を開いている読者の皆さんは、ことば（特に敬語）がどうなっているか、ことばがどう変化しているかを知りたいと思ったからこそ読んでくださっているに違いない。

しかし、専門の本であればあらゆることが書いてあるかというと、そういうわけでもない。研究者がまだ十分明らかにしていないことばの現象はじつはいろいろとあるし、そもそも実際に使われていることばの存在に気づかないということもある。たとえば岡山では「言わない」を、「言（い）わん」に加えて「言（ゆ）わん」と発音する人が若い世代を中心に少なからずいるが、この言い方があることに私が気づいたのは最近のことである。これを取り上げて説明している研究論文もどうやら見当たらない。このように、比較的最近生じたためその存在がそもそも気づかれていないことばや、以前からあるけれどもまだ研究が及んでいないことばは専門書にも書かれていない。

では、それでも知りたいと強く思ったらどうするか。そのときは自分で調べるしかない。

(2) ことばの調査——しくみ

ことばは私たち個々人の頭の中にあり、他者とのコミュニケーションにおいてはそれが表出されたものであるから、そのことばを使う人であれば自身のことばを内省することで（つまり自分自身のことばを調べることで）、あるいはそのことばを使わない人であっても関連することばと比較しながらそのことばを分析することで、ことばのしくみをある程度明らかにすることができる。

たとえば、「いいですよ」を「いいっすよ」、「俺、行きますよ」を「俺、行くっすよ」とする敬語があるが（コラム③）、このことばのしくみについて自分で調べようと思ったとしよう。

「いいよ」と比べると「いいっすよ」には確かに丁寧さが感じられること、しかしその一方で従来の「いいですよ」と比べると「いいっすよ」の丁寧さはずいぶんと落ち、丁寧さと同時に近しさも感じられると分析するかもしれない。親しい先輩に言うときなどが典型的な使用場面としてイメージされるだろう（井上 2017）。また、従来の丁寧語が「です」（「いいですよ」）と「ます」（「俺、行きますよ」）の二種類であったものが、「っす」一種類になっていることから（「いいっすよ」「俺、行くっすよ」）、敬語の体系が単純化しているという分析もできるかもしれない。

このように、ことばについてわからないことがあり、本などを調べても解決されないときは、そのことばを自分で調査し分析することである程度明らかにすることができる。つまり、自分のことばに注目して内省的に分析したり、身近にいる比較的少数の人たちのことばを分析すれば、わからないことがわかるようになるということである。

(3) 多人数を対象とする調査——使われ方

ことばのしくみがどうなっているかを知りたいときは、このようなごく小規模な調査で明らかにできるところが少なくない。では、この方法は常に有効かというと、そうでもない。知りたいことがことばの〈しくみ〉というよりも、ある地域や社会の中での〈使われ方〉である場合はそうはいかない。たとえば仮に、「いいっすよ」を使う人が特定地域の全員である場合は、だれか一人を調べれば十分である。これはちょうど、「テレビ」のことを今ではだれもが「テレビ」としか言わないので、このことばのしくみ（たとえば音声の連なり）を調べるのなら、一人を調べれば十分であるのと同じである。

しかし「いいっすよ」は、実際には使う人もいれば使わない人もいる。つまり、このことばの使われ方は人によって違うのである。明らかにしたいことがもしその点にあるならば、当然のことながら、一人を調べてもらちが明かない。ではどうするか。

最善は、対象として想定する地域や社会の構成員全員を調査することである。これがたとえば、ある学校のあるクラスの生徒たちによる使われ方を知りたいということであれば全員調査も可能であろう。しかし、言語研究においては通常、「○○市」のような広い特定地域を対象とするし、さらには全国を対象とすることさえある。こうなると全員調査は難しい。

そこで実際には、特定地域の代表者としてサンプルを選んで調査することになる。サンプルによって対象地域全体（母集団）の状況をできるだけ正確に推し量ろうとするわけであるから、たとえば一〇人では危ない。できれば数百人はほしいところである。しかし、その数百人をつてによって選ぶのも問題である。選ばれた人たちにことばの点で何らかの片寄りがもしあれば、母集団の状況が正しく推し量れないからである。つまり、母集団をできるだけ正確に推し量るためには、〈多人数〉を〈無作為に〉（＝くじ引き式で）選ぶ必要がある。この本の他の節で紹介されている愛知県岡崎市での敬語調査や、山形県鶴岡市での共通語化調査（2-1）も、じつはこのようにして数百人の回答者を求めている。

「いいっすよ」だけでなく通常の敬語も、じつは人によって使われ方が異なる。たとえば学校の先生に対し明日の在不在を聞くとき、「あしたはいらっしゃいますか？」と聞く人もいれば「あしたはいますか？」と聞く人もいる（コラム⑥）。中には「あしたはいる？」と聞く人もいるかもしれない。ことばの中でも敬語の〈使われ方〉は、人によってずいぶん異なるのである。そうであれば、一人だけを調査するのでは不十分である。ある程度の人数を調べなければならない。

数百人を対象に敬語の調査をしていると聞くと、「どうしてそんなにたくさんの人を調査する必要があるのか？」とか「身近な数人を調査すれば十分ではないか？」という疑問を持つかもしれないが、明らかにしたいことが敬語の〈しくみ〉というよりも〈使われ方〉である場合は、このような調査が求められるのである。

(4) ことばが「敬語」として機能しているとは?

日本語の代表的な敬語の一つに「いらっしゃる」がある。「居る」「行く」「来る」という三つの意味を持っている点はユニークであるが、今はそこは置いておく。ここで考えたいのは、「いらっしゃる」が敬語(この場合は尊敬語)として機能している〈原理〉である。つまり、「いらっしゃる」が「敬語」として機能しているとはいったいどのような〈原理〉によるのかを考えてみたい。いわば「敬語原論」である。

「いらっしゃる」は目上の人に対し使われることばであるから敬語として機能しているのだというのが一般的な説明かもしれない。確かに納得できそうな説明である。しかし、これで説明として十分であるか、再検討してみよう。

「テレビ」ということばが日本語にある。これも目上の人に対し使われる。一般的に話題にするときも、目上の人が持っているテレビについて話題にするときも「テレビ」と言う。では目上の人に対し使える「テレビ」は敬語と言えるかと言うと、そんなことはないと直感的に思うであろう。では、ともに目上の人に対し使える「テレビ」と「いらっしゃる」はどこが違うのだろうか。

その違いは、「テレビ」は目上の人だけでなくそれ以外の人に対しても使えるのに対し、「いらっしゃる」は目上の人や高めるべき人あるいは距離を置くべき人に対しては使えるけれどもそうではない人に対しては使えない(使いにくい)という点にある。これを少し抽象的に言うと、あることばが目上であるAさんにもそうではないBさんにもCさんにも使えるならば、そのことばは敬語として機能していないということになる。これに対し、あることばが目上であるAさんには使えるけれどもそうではないBさんやCさんには使えないということであれば、敬語として機能しているということになる。

つまり、あることばがある人に対し使われるというのは「敬語」としての必要条件ではあるけれども十分条件ではなく、それ以外の人に対しては使われないという条件が満たされて初めて「敬語」として機能していることになる。わかりやすく言えば、これはことばによる「特別扱い」である。「特別扱い」と言うからには、それに該当しない人も当然ながら必要になる。だれに対しても使われるなら「特別扱い」ではなくなるからである。端的に言えば、「敬語」とは「特別扱い」することばである。用法にそうした実態があるか否かが、「敬語」として機能しているか否かの分かれ目となる。「敬語は敬語でない語との対応においてのみ敬語なのである」とも表現できる（辻村敏樹『現代の敬語』）。

ある表現が使える相手（あるいは使いやすい相手）と使えない相手（あるいは使いにくい相手）の違いがあるということであれば、狭い意味での「敬語」以外のことばも敬語的に機能している可能性がある。その例を、人称詞の使用に関する多人数調査のデータから見てみよう。

(5) 自称詞の使い分け

国立国語研究所では、日本人が敬語をどのように意識し使用しているかを明らかにするために、地域社会や職場において多人数調査を行ってきた。他の節で分析結果を紹介している愛知県岡崎市での調査はその代表例である。数十年間隔で経年調査まで行っている。そうした調査研究の流れを受けて、地域社会や職場といった実社会に出る前の高校生や中学生が、学校の中で敬語をどのように意識し使用しているかを把握するための調査をその後行った。その調査結果から、人称詞のうち自称詞（話し手が自分自身を指し示すことば＝一人称代名詞）の使い分けを見てみよう。

自称詞はほとんどの言語に存在する。私たちに馴染みのある英語では「I」と言うし、中国語では「我（ウォー）」と言う。基本的にそれ以外の言い方がないため、だれに対してもこのことばを使う。ということは、「I」や「我」は敬語として機能していないということになる。

これに対し日本語には、「ワタシ」もあれば「アタシ」もある。男性であれば「オレ」や「ボク」もある。改まった場面では「ワタクシ」もある（1-1）。最近では、関西起源と考えられる「ウチ」やその複数形の「ウチラ」も、若い女性たちの間で全国的に使われている。つまり、日本語には自称詞が複数あり選択可能なのである。ということは、ある表現には、使いやすい相手とそうではない相手の違いがある可能性がある。つまり、日本語の自称詞は敬語的に機能している可能性がある。そうした観点からこの調査結果を見てみよう。

図1と図2は、東京の中学生を対象に一九九〇年に実施したアンケート調査から、女子生徒（一一七一人）の結果を示したものである（国立国語研究所編 2002）。回答者には六人の人物を想定させ、グラフの縦軸に示した自称詞について、その人物に対し使うか否かをチェックしてもらった。ここでは六人のうち「同性の友人」と「担任の先生」の結果を示した。「使う」の数値（使用者率）に注目しながら結果を見てみよう。

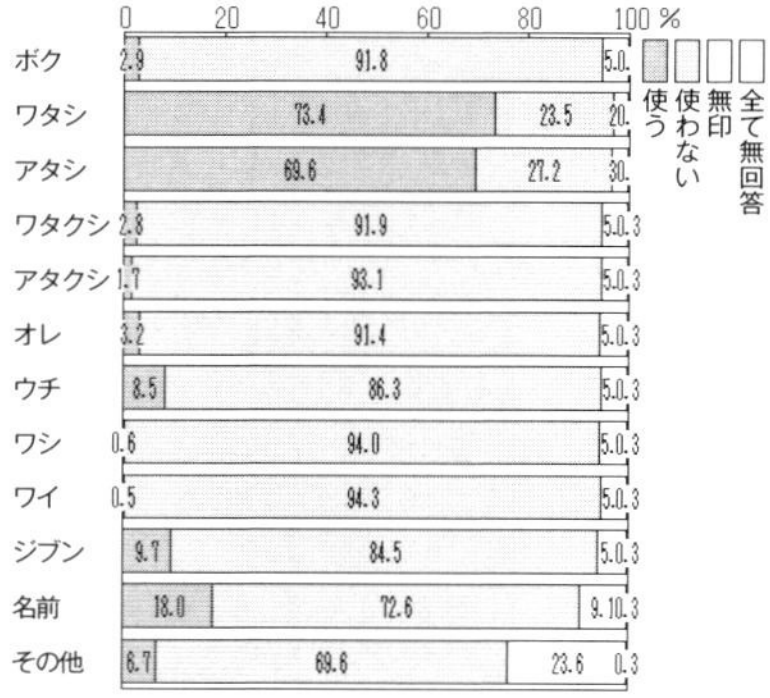

図１　同性の友人に対して

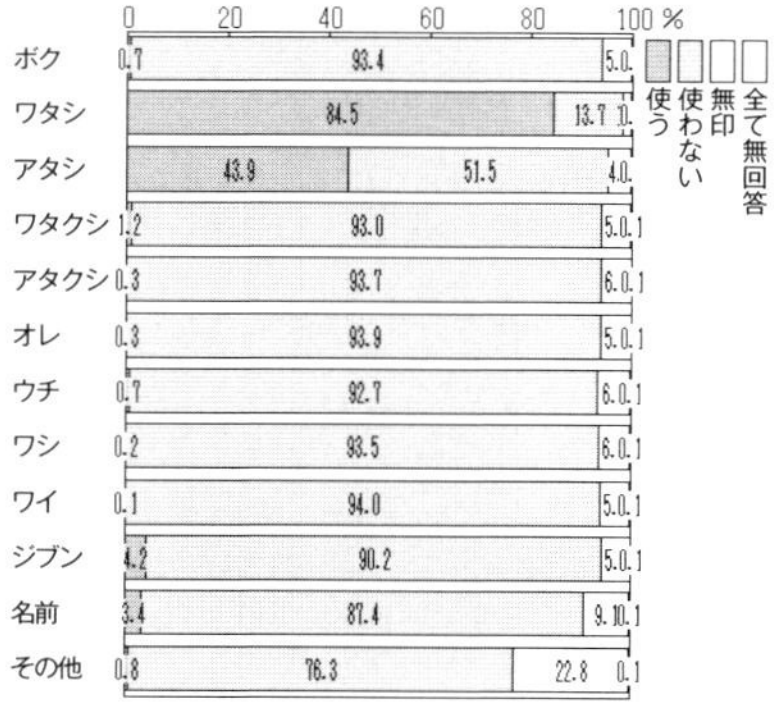

図２　担任の先生に対して

女子中学生の多くが使っている自称詞は、いずれの相手に対しても「ワタシ」と「アタシ」であることがまずわかる。このほか、数値はこれらよりずっと低くなるが、友人に対しては「名前」

（下の名前のこと）や「ウチ」「ジブン」も一定の割合いる。1-1で述べているように、「ワタクシ」を使う女子中学生はほとんどいない。

注目したいのは二つの図の「使う」の数値の違いである。「ワタシ」に注目すると、同性の友人に対する場合と比べ担任の先生に対する場合は数値が一割ほど高くなる。ということは、「ワタシ」は担任の先生を特別扱いする傾向が多少あることば、すなわち多少丁寧なことばということになる。逆に「アタシ」は数値が三割ほど低くなる。ということは、「アタシ」は担任の先生を逆の方向に特別扱いする傾向のあることば、つまり友人に対しある意味で敬語と逆方向の「親しみ」を表す傾向のあることばと見ることができる。方向性こそ逆であるが、特別扱いするという点では同じである。プラス方向に特別扱いをすることばとマイナス方向に特別扱いをすることばをまとめて「待遇表現」と呼ぶ。そうすると、「ワタシ」も「アタシ」も「待遇表現」として機能していることが、複数場面で数値に「落差」があることから確認できる。

(6) 自称詞「ワタシ」の使い分けと使い分け方の地域差

図1と図2では、選択肢として示したすべての自称詞の結果を示したが、このうち「ワタシ」に注目し、六つの場面での「使う」の数値を示すと図3のようになる。「東京中学」は先ほど見た東京の女子の結果、「山形中学」は山形県（ただし三川町のみ）で前年の一九八九年に同様に調査した

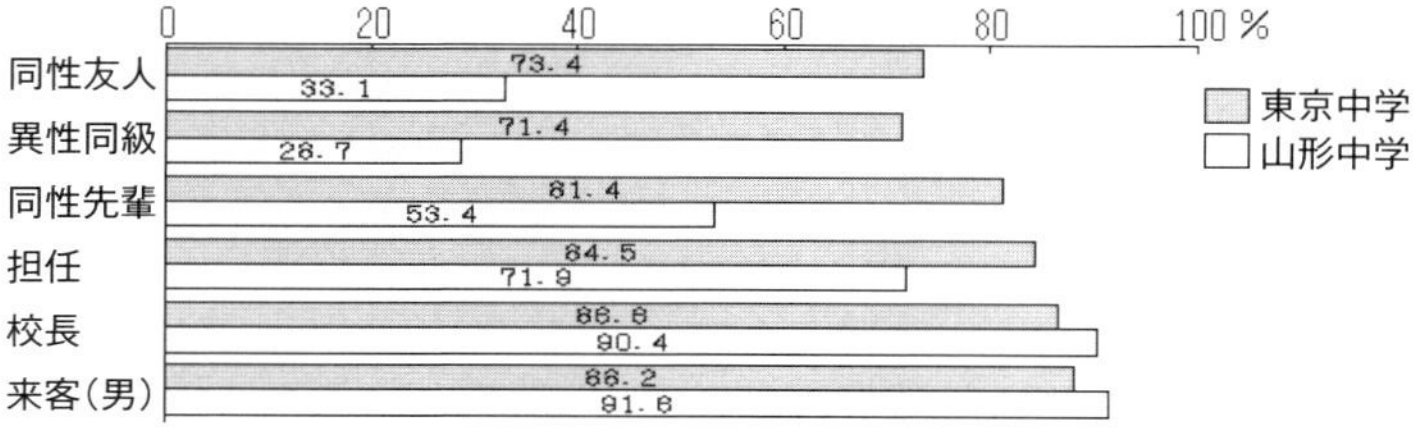

図3 「ワタシ」の使用者率（女子）

女子（一七八人）の結果である。グラフの縦軸は、話をする相手として回答者に想定してもらった六人である。「異性同級」は異性の同級生、「来客（男）」は学校に来た男性の来客で、たまたま廊下でその人と話すことになった場面を想定してもらった。グラフの下の人物になるほど、一般にことばづかいをいっそう気にし、丁寧なことばや敬語が意識される人物である。

東京を見ると、基本的にグラフの下の人物になるほど数値（使用者率）が高くなっており、「ワタシ」がプラスの待遇表現として機能していることが改めて確認される。

この傾向は山形でも同様である。しかし東京と比べると大きな違いも見られる。どこが違うかというと、グラフの上の人物と下の人物との数値の開きが東京よりも大きい点である。ということは、東京では確かに待遇表現として機能しているもののその度合いは相対的に小さいのに対し、山形はその度合いが大きく、待遇表現としてより積極的に機能しているということになる。換言すれば、山形の女子中学生にとって「ワタシ」は非常によそ行きのことばとして使われているということになる。同じ自称詞であっても、数値の「落差」の度合い、すなわち待遇表現として機能する度合い、少し硬いことばで表現すると「待遇表現としての機能負担量」は、地域によりずいぶん異なりうるのである。

(7) 待遇表現としての機能負担量

待遇表現としてどれほど積極的に機能しているか（＝特別扱いできる強さがどれくらいか）が数値化できれば、その観点から表現同士を比較したり、同じ表現について地域間比較がしやすくなる。そこで、すべての表現について、六場面（人物）での平均点をまず求め、その平均点と六場面の数値の差の平均点を数値化し（厳密には「標準偏差」により求めた）、これを「待遇表現としての機能負担量」とした。**図4と図5**はそのように計算してグラフ化したものである。

そもそも平均点がある程度ないと（つまり全体的にある程度は使われていないと）意味がないので、その数値も参考として「平均」として示した。平均点がある程度ある自称詞について待遇表現としての機能負担量（グラフでは「標準偏差」）を見てみると、東京の女子中学生では「アタシ」の数値が高いことがわかる。これと比べると「ワタシ」は数値が相対的に小さく、だれに対しても使える自称詞となっている。

これに対し山形の「ワタシ」は数値が高く、特別扱いする度合いの強い自称詞となっている。なお、山形で特徴的なのは「オイ」（アクセントは「オイ」）である。「オイ」は先生などには使いにく

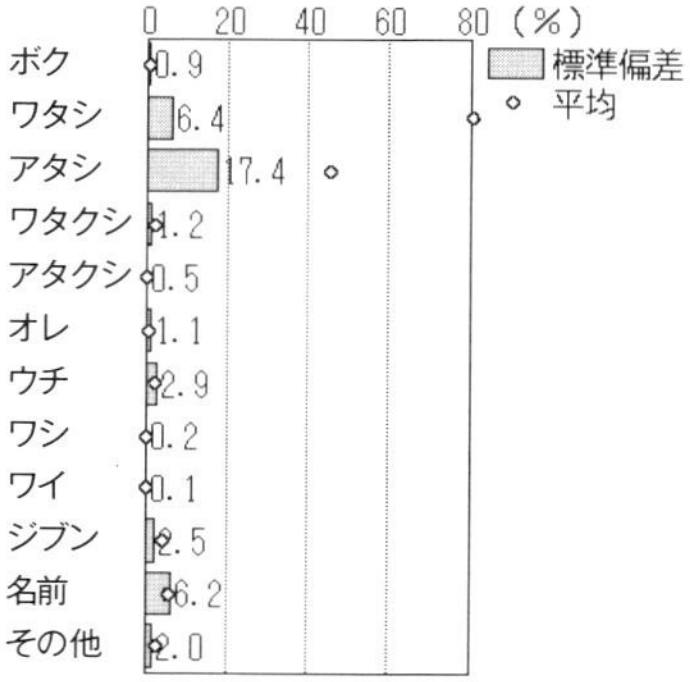

図 4　東京の女子中学生

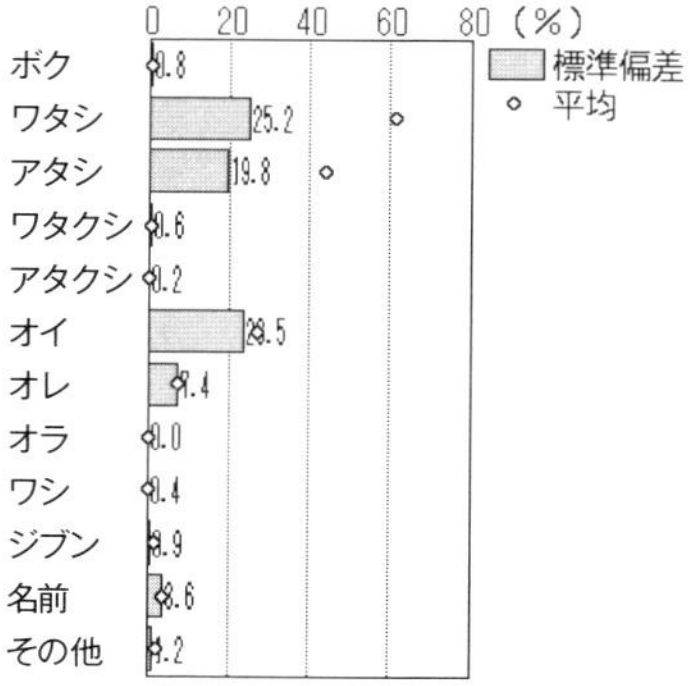

図 5　山形の女子中学生

いが友人には使いやすい表現であり、待遇表現として積極的に機能している。

こうした敬語の根本原理について測定することも、多人数調査がなければできないことである。このような敬語の本質を探るためのデータとなりうるという点で、岡崎敬語調査も、敬語研究において重要な位置を占める。

（尾崎喜光）

1-3 『敬語の指針』に見る現代敬語の性格変化

文化庁『国語に関する世論調査』で「敬語が入っているか」を尋ねた結果
「あの方は何でも御存じだ」には敬語が入っている。（尊敬語）
「よろしくお願い申し上げます」には敬語が入っている。（謙譲語）
「私は野菜を食べます」には敬語が入っていない。（丁寧語）
「お茶」は敬語が入っているとは認められない。（美化語）

テーマ 敬語の分類
ポイント
・『敬語の指針』で敬語五分類が提案されたが、従来の敬語三分類のままでよい。
・尊敬語・謙譲語・丁寧語は、それぞれに用法の拡散や機能の発展が起きている。
・現代敬語では丁寧語化（聞き手への配慮）の方向へ変化が起きている。

(1) 敬語の三分類とさまざまな分け方

二〇〇七年に文化庁文化審議会国語分科会によって『敬語の指針』という答申が提出された。従来は「尊敬語・謙譲語・丁寧語」と三分類されていたが、新しく「尊敬語・謙譲語Ⅰ・謙譲語Ⅱ・丁寧語・美化語」という五分類が示され、ただでさえ難しいと思われている敬語が、さらに複雑になったとして、議論を呼んだ。

この節では、現代敬語の理論的な整理と分類を試み、従来の敬語三分類が有効であることを指摘する。敬語の分類案は、徐々に変化している。敬語本来の機能が薄れた用法を位置づけるためで、これは敬語の社会的・心理的性質の変化に呼応したものである。現代敬語は発展途上にあるので、常に理論の微調整が必要なのである。

まず敬語三分類に関して、別のまとめ方を紹介し、基本的な解説をする。

つぎたし敬語と言いかえ敬語（一般形と特定形）

まず敬語を、形の作り方という観点から「つぎたし敬語」と「言いかえ敬語」に二分類する。

「つぎたし敬語」は、一般形、付加形、敬語添加形式とも呼ばれる。「取る」から「お取りになる」「取られる」や「お取りする」を作るように、普通の動詞の前や後に付ける敬語である。規則的に作れる点で、やさしい。

「言いかえ敬語」は、特定形、補充形、敬語交替形式、融合形式とも呼ばれる。これは「言う」を「おっしゃる」や「申し上げる」に置き換えるように、個々の動詞について暗記する必要がある敬語である。英語の不規則動詞と同じで、よく使われる動詞に用意されている。数が限られているが、使いこなしにくく、難しい敬語である。原理的には、言いかえ敬語があるときはそれを使い、ないときにつぎたし敬語を使う。

敬語三分類（尊敬語・謙譲語・丁寧語）

以下は、従来唱えられていた敬語三分類である。

① 尊敬語

尊敬語は、動作主を「高める、たてる」働きを持つ。「仕手敬語」「主体敬語」とも呼ばれる。聞き手の（または話題に出た）人物に関して使う表現で、敬語の典型で、中心的な部分と言える。言いかえ敬語「いらっしゃる」「召し上がる」の類と、つぎたし敬語「お～なさる」「お～になる」「（ら）れる」「お～だ」の類を使えば、理論的にはすべての動詞を尊敬語にできる。

② 謙譲語

謙譲語は、話し手が、自分自身（および自身の側の物や動作）を、卑下し、謙遜し、へりくだって表現する語で、「受け手敬語」「客体敬語」とも呼ばれる。言いかえ敬語の「うかがう」「いただく」、つぎたし敬語の「お～する」などである。

謙譲語は使いにくい。まず相手を持ち上げるために自分を低めるという論理がわかりにくい。また使える文脈が限られる。謙譲語は形としてはすべての動詞の前後に「お〜する」を付けて作れるが、実際には相手に対して働きかけがあり、恩恵関係があるような文脈でしか使われない。

③ 丁寧語

丁寧語は、「です」「ます」「ございます」などが例である。これを使うかどうかで、文体は**敬体**と**常体**に区分される（コラム⑥）。丁寧語は謙譲語・尊敬語と性格が違う。「聞き手敬語」とも言われるように、話題に出た人物でなく、目の前の聞き手・話し相手のために使う敬語である。「中止だ」「中止する」と「中止です」「中止します」を比べると、違うのは聞き手の扱い方であって、客観的なできごと自体には何の違いもない。

素材敬語と対者敬語という区別

敬語の三分類、尊敬語・謙譲語・丁寧語には、別の分け方がある。

素材敬語は尊敬語と謙譲語で、話題に登場する人物に言及するときの敬語で、対象は面前の話し相手とは限らない。「話題敬語」「言及敬語」「登場人物敬語」とも言われる。

対者敬語は丁寧語「です」「ます」「ございます」など、聞き手に向けた敬語で、面前の話し相手が対象となる。聞き手への敬語、呼びかけ敬語とも言われる。

「所有者敬語」「所有傾斜」という連続体

以上の理論的分類は、境界線がきれいに定まる。しかし実際の敬語の使い方にはグレーゾーンがあり、曖昧性が付きまとう。そのために、後述の典型対周辺とか、連続体とか、傾斜という概念が必要になる。いずれも、境界線は一刀両断には引けない。

尊敬語や謙譲語の使用がどの場合に許されるのか、例文がどの程度受け入れられるかは、きれいに区分することが難しい。代わりに「所有者敬語」「所有傾斜」という発想が役立つ（角田 1991、井上 2017）。「所有者敬語」とは、敬語を話題の人物以外に関係者や所有物にまで広げる現象である。人間が当然所有すると思われるものについては、敬語が使われやすい。しかし所有と関係のない物への敬語は誤用とされる。人から切り離すことのできない体や、当然所有するものから、ふつう所有できないものまで、「所有」のとらえ方には、傾斜（連続性、程度、段階の違い）がある。これを「所有傾斜」という。

「かわいいおぼっちゃまがいらっしゃいます」は家族であるため、尊敬語を用いても問題ない。「ネクタイが曲がってらっしゃいます」や「お宅の犬はよく芸をなさいますね」のように身につける物やペットの場合は、使われることがあるが誤用と指摘される。「お車が故障なさったんですか」のように単なる所有物になると、非難される程度が大きい。

変化のきざしを知るにはこうした間違いが手がかりになる。敬語の乱れと非難されていたものが、時間が経過すると新しい敬語と思われるようになる。誤用は変化の先駆けなのだ。

(2) 敬語三分類の典型から周辺への拡散

敬語を考えるときには、「典型」（プロトタイプ、原型、理想型）対「周辺」というとらえ方が役立つ。さまざまな表現が時代とともに変化し、境界が引きにくいときに有効である。所有傾斜の発想も、変化が連続体をなすという考えも同根である。

図1にさまざまな敬語の相互関係を示す。敬語は中心部分から周辺部分へと段階的に広がる傾向がある。尊敬語と謙譲語が敬語の一番中心的な典型の部分で、丁寧語はその周辺にある。さらにその外側に、マニュアル敬語やことばづかい一般がある。ぼかし表現・あいまい表現なども、この外側に位置づけられる。

敬語を分類するのに、広狭三つの考え方がある。

A 歴史的に古くからあった敬語は、尊敬語と謙譲語である。本節冒頭の文例のように、文化庁の世論調査や、国立国語研究所の各種敬語調査でも、国民が一致して「敬語」の実例としてとらえるものは、尊敬語と謙譲語で、丁寧語「です」「ます」は敬語だと思わない人が多い。図1の左上の二つだけである。これを「**世論敬語**」と名付ける。

B 近世以降、丁寧語が発達し、敬語は尊敬語・謙譲語・丁寧語の三分類で説明されるようになった。敬語論の通説となっているので「**通説敬語**」と呼ぼう。学校教育でも敬語の入門書でも用いられてきた。覚えやすいし、分類としても十分に通用する。図1の左側である。

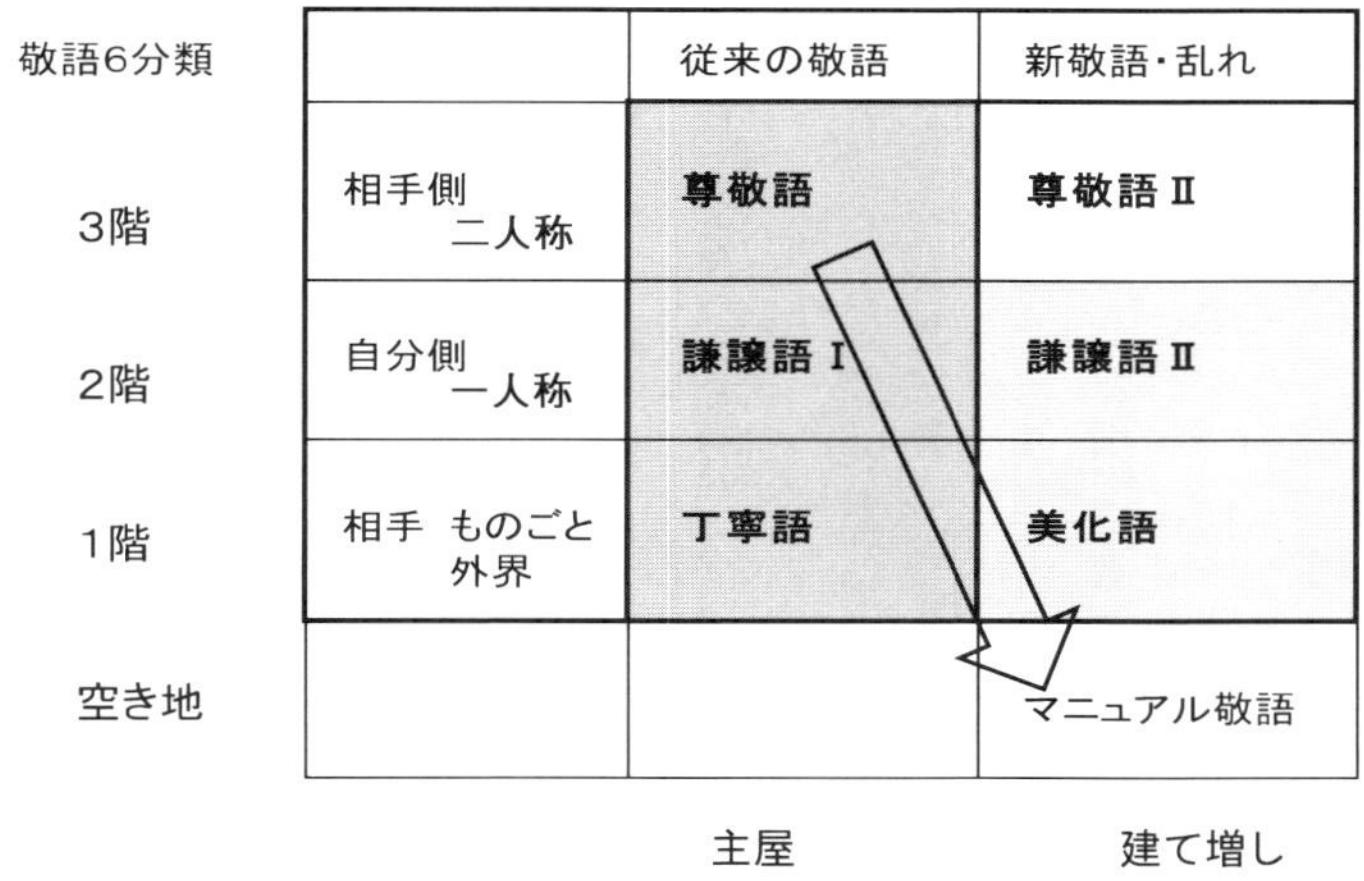

図1　現代敬語の分類と周辺への拡散

C　近代に都会に広がった敬語の現象を説明するには、(3)で述べる文化審議会の『敬語の指針』が提唱した五分類が役立つ。謙譲語を二つに分け、美化語（「お」や「あげる」）を敬語と見なした。「**指針敬語**」である。図1の左三つに、右下二つを加えたものにあたる。しかしこれは覚えにくい。また、個々の単語を五分類するのは難しく、きれいな境界は定めにくい。

建物の例えを使おう。従来の通説では敬語は尊敬語・謙譲語・丁寧語の三階建てと考えられていた。しかし「お」の付くことばの使い方が広がって「美化語」と名付けられた。敬語の一種と扱うのは、一階に建て増ししたようなものである。指針敬語で謙譲語Ⅰと謙譲語Ⅱの区別が唱えられたのは、二階への建て増しにあたる。これに図1右上の「尊敬語Ⅱ」(後述)を付け足して六分類とするのは、三階部分の建て増しである。敬語五分類を採用しても、六分類としても、敬語の建物は三階建てのままと考えればいい。

さらに現代敬語は、ことばづかい全体の使い分けを伴う「マニュアル敬語」の方向に拡散している。建物のそばの空き地を駐車場として活用するようなものだ。敬語の実用書の類では多様な実例が扱われていて、「敬語的表現、敬意表現、配慮表現、待遇表現」などとさまざまに呼ばれる広い範囲が含まれる。現代社会で多く耳にするようになった。図1右下の欄外に付け足した。

これで現代敬語の変化方向を説明できる。現在進行中の変化によって「通説敬語」の三分類のそれぞれに用法の拡散、機能の発展が見られるのだ。

(3) 指針敬語の五分類

文化庁は『敬語の指針』で、敬語を五つに分類する案を出した。謙譲語をⅠとⅡに二分し、美化語を敬語と見なした。五分類にするとどこがわかりやすく、どこに難点があるかをまとめよう。

美化語「お酒」「お掃除」の連続体

『敬語の指針』の第一の特徴は、「美化語」という分類である。美化語は、敬語の五分類の中に位置づけられた。『敬語の指針』の発表以前から、聞き手に対して丁寧に言う場合に使われるとして、敬語の一種とされることがあった。しかし敬語本来の機能を失ったので、敬語と扱われないこともあった。

美化語「お」は機能が拡散して、本来の尊敬の意味合いを薄め、ことばづかいを上品にするだけになった。「お酒」「お掃除」という語は、相手が(口に)する「酒」「掃除」を指すときには尊敬語として使われる。自分が(口に)するときには謙譲語と解される。そのどちらでもない場合には美化語とされるわけだから、単語自体をいずれかに分類することは、難しい(井上2008)。

「お」の用法の変化は、使用率の拡大から見ると、最初は「誤用」や「付けすぎ」として騒がれる。しかし所有者への「尊敬語」として関係づけられれば、地位が安定する。「謙譲語」としての用法に発展すると、常に「お」が付くと解釈され、女性が多用する段階になって「女性語」と呼びうる。男性にも普及すると性差が薄れて「美化語」になる。なお「幼児語」として普及するルートもある(井上2011)。美化語は敬語としての機能を失ったとも言える。

「お」の付きやすい単語の性格についてはさまざまな研究がある。「お車」のような尊敬語としての用法、「お電話」のような尊敬語と謙譲語を兼ねた用法については、どんな単語に付きやすいかを前述の「所有傾斜」で説明ができる。美化語としての用法では、女性の暮らしに関わるもの、食べ物によく付くと言われる。食事や食べ物を所有傾斜の高いグループに位置づければ説明できる。美化語かどうかの境界を定めるのが難しく、きれいに一線で区切ることができないことも理解できる。「美化語」という用法はあるが、単語自体を切り取って、独立の単語のグループは作れない。また単語により、話し手の性や年齢によって使用率が違うので、単語自体を分類するのは困難である。

美化語「あげる」の所有傾斜

「あげる」も「美化語」として扱われるが、現在急速に変化をとげており、用法の違いも大きい。「あげる」についても所有傾斜と似た現象が観察され、文化庁の世論調査で示された（井上2017）。「自分の子どもへ」の「あげる」の使用はいち早く広がり、「植木に水を」は後を追い、「相手チームに点を」だと「あげる」は少ない。「あげる」は本来「やる」の謙譲語だが、用法がいち早く広がって、理論的説明のために「美化語」とされたのだ。「謙譲語Ⅱ」の先駆的な例として扱うほうがいい。

なお、「ていただく」という受恵表現は（2-3）、その場の心理的なとらえ方によって左右される。「〜と考えさせていただいております」などは、謙譲語Ⅱとそっくりな用法を発達させている。ここでも所有傾斜と似た傾向が見られる。

「あげる」と「いただく」は、ともに「やりもらい」（授受）に関わる動詞で、「やる」と「もらう」の敬語形である。相手との恩恵のやりとりに関する表現でいち早く変化（使い過ぎ、誤用）が広がった。今や敬語としての効果は薄れたと言える。

謙譲語Ⅰ・Ⅱの区別は用法の違い

『敬語の指針』の第二の特徴は、謙譲語Ⅱという分類を新たに設けたことである。謙譲語Ⅰは本来の謙譲語で、「お～する」や「うかがう」など、自分の動作をへりくだって動作の受け手を高める。これに対し、謙譲語Ⅱは、「参る」「申す」「いたす」「おる」などで、動作の受け手がなくても使う。「これから大阪に参ります」のように、相手に対して丁重に述べ、ことばづかい自体を丁寧にする。「丁重語」と呼ばれたこともあった。歴史的には江戸時代に謙譲語本来の用法から発展したものである。

しかし、「貴社には私が参ります」のように動作の受け手が聞き手になるときは、「参る」は依然として謙譲語Ⅰとして用いられている。「いたす」「申す」「おる」も謙譲語Ⅰの用法を失っていない。つまり謙譲語Ⅰは、謙譲語Ⅱと重なる用法を保ちつつ、守備範囲を広げている。単語自体を分類するのは、用法の広がりを説明するには向かない。

さらに、『敬語の指針』で謙譲語Ⅰにとどまっているとされる語の一部も謙譲語Ⅱに近づきつつある。謙譲語Ⅰの「うかがう」は謙譲語Ⅱの「参る」と用法が違うとされるが、会議のような改まった場面では「来月から施行されるとうかがっております」というような使い方がある。改まった場面で、丁重に述べようとして、できる限りの謙譲語を使っていると解される。同じく謙譲語Ⅰの「拝見する」も、「近頃の新聞を拝見しておりますと」のような言い方は謙譲語Ⅱの用法になりかけている。『敬語の指針』が世に出た段階で、すでに別の語で用法の拡散が進んでいた。

「存じる」は「知る」の謙譲語Ⅱとされるが、現実の用法は謙譲語ⅠとⅡの間で揺れ動いている。

「存じ上げる」は謙譲語Ⅰのままだろう。例文ａの謙譲語Ⅰにあたる「存じ上げております」はおかしい。知っている対象（目的語）としての「野良犬」への謙譲語と解釈されるからである。

×ａ「その野良犬でしたら、私が存じ上げています」

次の例文ｂはある敬語の本に正用として載っているが、筆者にとってはおかしい。

△ｂ「その野良犬でしたら、私が存じています」

自分の動作「（その野良犬を）知っている」をへりくだって表すのだから、謙譲語Ⅱとしての「存じています」を使ったのだろう。「存じています」は、聞き手に配慮した表現で、知っている対象（目的語）が「先生」「店」「近道」「件」「計算法」なら抵抗がない。しかし「野良犬」や「ごまかし方」「だまし方」だと変な感じがする。つまり敬語の用法として、文法的に正しくても、内容的には成立しにくいことがあり、正誤の判断に連続性・傾斜があるのだ。

謙譲語を使える範囲も問題になる。謙譲語の新しい用法には、前述の「所有者敬語」と同様のメカニズムが働く。「相手に対して丁重に述べる」ときに、使いやすいものから使うのである。「おる」「まいる」「もうす」「いたす」は、早くから謙譲語Ⅱとして使われたが、「うかがう」「拝見する」は、謙譲語Ⅱへの変化の途中にあると言える。

つまり謙譲語Ⅰ・Ⅱの違いは、個々の単語の問題ではなく、その用法の広がりなのだ。謙譲語は本来の意味を薄めて、丁寧語と同じ方向に変化しつつある。尊敬語の用法が丁寧語に連動している（コラム⑥）のと同じであり、用法が拡散したからといって、分類を変えるのは、過剰反応である。

言語変化が進行するときに、いっせいに変わるのでなく、連続体をなして単語ごとに少しずつ変わることは、歴史言語学でも社会言語学でも、観察されていたことである。

(4) 現代敬語の六分類から三分類への回帰

『敬語の指針』の五分類は、新しく出てきた用法を踏まえたものである。その動きには、それなりの論理がある。説明のために、前掲図1では左の欄に従来の敬語三分類を掲げ、その右に新敬語または乱れと言われる現象を並べた。謙譲語Ⅱは謙譲語Ⅰから派生したもので、ことばづかい自体を丁重にひびかせる働きをする。美化語も丁寧語と似た機能を持ちはじめたもので、さまざまなことばに「お」を付け、「あげる」を使い、ことばづかいを上品にする。

「尊敬語Ⅱ」の設定

こう並べてみると、従来の敬語三分類に比べて、尊敬語についてのみ新しい用法が欠けているように見える。所有者敬語の例であげた、「お宅の犬はよく芸をなさいますね」や「ネクタイが曲がってらっしゃいます」、「お車が故障なさったんですか」はどれも尊敬語の新しい用法と考えられる。単なる誤用として度外視して、これまでだれも名前を与えなかったから、一まとまりの動きがつかめなかったのだ。「尊敬語Ⅱ」(または「新尊敬語」)と呼ぼう。これらを入れると、現代敬語は、六分類に向かっているように見える。しかし三分類のそれぞれが、本来の敬語から離れて拡散する方向へ、新しい用法を発達させつつある、と考えるほうがいい。敬語は発展途上なのだ。建物の例えを使うと、敬語は依然として尊敬語・謙譲語・丁寧語の三階建てである。

「尊敬語Ⅱ」は単語の分類ではない。尊敬語の用法拡散である。謙譲語Ⅱも、同様に謙譲語の用法拡散である。美化語も「お」や「あげる」の用法を見ると、尊敬語や謙譲語から離れたから、拡散とみてよい（井上2011）。敬語の理論分類としては、図1のように、基本的三分類、詳しくは六分類として表示できる。矢印で示したように、重点が左上の尊敬語から右下、外側のマニュアル敬語に拡大し、拡散するという長期的変化が読み取れる。

尊敬語Ⅱと「いらっしゃる体」の萌芽

尊敬語の使いすぎは、どういう原理で起こるのだろうか。尊敬語Ⅱの具体例として「いらっしゃる」がある。動詞に付く場合、形容詞に付く場合、名詞に付く場合に分けて考えよう。正用として普及する以外に、誤用としても広がりつつある。

①　動詞＋「ていらっしゃる」が増えているが、それには理由がある。日本語では動詞の後に「て」を付けてさらに別の動詞をつなげる言い方が発達して、近代に増えた。単に「見る」でなく、「見ている」「見ていく」「見てくる」のように細かく言い分けるようになった。日本語学者は「補助動詞」と呼ぶ。これらを敬語にするときに、「て」の前の動詞も「ご覧になる」のように言い換

えられる。「て」の後の三つの動詞「居る」「行く」「来る」は、尊敬語にするとすべて「いらっしゃる」になる。ところが、前と後ろの両方を敬語にするのは行きすぎで、実際の場面では片方だけでいい。となると「見ている」の尊敬語としては「ご覧になっている」と「見ていらっしゃる」が可能だが、敬語の実用書では、文の最後の部分（だけ）を敬語にする簡素な言い方を勧めている。これで「ていらっしゃる」が増えることになる。

さらに「いらっしゃる」の命令形「いらっしゃい」も増えた。命令を表すのに、裸の命令形「こい」などでは乱暴に響くために、尊敬語を使った「早くいらっしゃい」や「寄ってらっしゃい、見てらっしゃい」などの言い方が広がったためである。これが「いらっしゃる」全体の増加に有利に働いたと考えられる。つまり「ていらっしゃる」は、近代になってから正用として使用率を増やしたのだ。これが拡大すると、「ネクタイが曲がってらっしゃいます」のような（動詞の）誤用例が報告されるようになる。

② 形容詞+「ていらっしゃる」も、正用として広がった。『敬語の指針』では、形容詞・形容動詞の「（指が）細くていらっしゃる」「お忙しくていらっしゃる」「ご立派でいらっしゃる」などの「くていらっしゃる」「でいらっしゃる」の使用を勧めている。「お若くていらっしゃる」「おきれいでいらっしゃる」を推奨する敬語実用書もある。

語源からいうと、「敬語の乱れ」として突っ込みを入れたくなる。「いらっしゃる」は「居る」「行く」「来る」の敬語を兼ねる。「（指が）細くていらっしゃる」「お忙しくていらっしゃる」などの「ていらっしゃる」を敬語でない形に戻すと、「行く」「来る」ではないから、「居る」になる。しかし「(指が)細くている」「お忙しくている」というのは、普通の言い方ではない。「ていらっしゃる」は、敬語表現を作るために、後世にできあがったものと考えられる。

とはいえ、「ていらっしゃる」は、尊敬表現であることをはっきり示せる利点がある。文法的な敬語三分類は動詞において発達したが、形容詞でも敬語三分類は可能である。前に「お」を付けると「お美しい」は聞き手や第三者について使われ、「お恥ずかしい」は自分について、「お暑い」は客観的事態について使われることが多い。後ろに「です」または「ございます」を付けても、違いがある。「美しいです」「美しゅうございます」は尊敬語、「恥ずかしいです」「恥ずかしゅうございます」は謙譲語、「暑いです」「暑うございます」は丁寧語と扱うことができる。さらに前にも「お」を付けると、違いが際立つ。「お美しいです」は尊敬語、「お恥ずかしいです」は謙譲語、「お暑いです(ね)」は丁寧語とわかる。しかし動詞と違って、形の上で敬語三分類の区別がない。

ところが、形容詞に「ていらっしゃる」を付ければ、尊敬語であることを明確に示せる。「美しくていらっしゃる」は自然な表現である。しかし「恥ずかしい」と「暑い」に「ていらっしゃる」を付けて「恥ずかしくていらっしゃる」「暑くていらっしゃる」と言ったら、変な日本語になる。「ていらっしゃる」は形容詞の尊敬表現であることを明晰に示せる言い方なのだ。

インターネットで公開されている「青空文庫」で戦前の文学作品を検索しても、「〜くていらっしゃ〜」は出てこない。インターネットの「国会会議録」では一九六〇年代から多く使われる。ことばの歴史から見るとごく新しい言い方である。ある議員は次のように発言している。尊敬語を使っているが、その直接の相手がいない。

「日本政策金融公庫ですね。こちらは農業向け融資が随分と残高が多くていらっしゃるということでございまして、」

「地方議会会議録」のデータベースで調べたところ、東京付近と九州を除くと、普及しているとは言いがたい。「ていらっしゃる」は、方言では発達していない。都会的な表現なのである。

③ 名詞につく「いらっしゃる」も用法を広げつつある。次の電話口での文例のうち、1a「鈴木さんですか」は、文献をたどると、明治以来使われており、ごく普通の言い方だった。1bは、断定しない形で相手への配慮を表している。また1c「鈴木さんでございますか」も、「である」の特別丁寧体（「です」「ます」よりさらに丁寧な「ございます」）だから、十分に丁重な表現である。1dの「でいらっしゃる」は、戦前から用例があり、今は推奨する実用書もある。（以下、○は正用、△は慣用、×は誤用、?は判断に迷うもの。）

○ 1a「鈴木さんですか」
○ 1b「鈴木さんでしょうか」
△ 1c「鈴木さんでございますか」
○ 1d「鈴木さんでいらっしゃいますか」

最近は「鈴木さんのお宅でいらっしゃいますか」のような使用例が増えた。この場合、人でなく、その所有物、家（お宅）にまで、尊敬語が使われている。

名詞での似た表現で「所有傾斜」が働くことが、次の例でも示される。「出身」というような相手の「所有」と関係する表現では2bのように「いらっしゃる」が許容される。しかし3bのように相手と関わらない表現では、「いらっしゃる」は不自然である。

○2a「ご出身は京都ですか」

△2b「ご出身は京都でいらっしゃいますか」

○3a「次（の停車駅）は京都ですか」

×3b「次（の停車駅）は京都でいらっしゃいますか」

誤用例の感じ方からいっても「いらっしゃる」は「お〜になる」などよりも許容度が大きい。次の動詞のペアaとbを比べると、aの「いらっしゃる」は何とか許せる。NHKの世論調査（1996）では「ネクタイが曲がってらっしゃいます」がおかしいとする人は四割だった。また、本人の「所有」と関係する4aの「いらっしゃる」は、5aよりも許容度が大きい。

△4a「ネクタイが曲がっていらっしゃいます」

×4b「ネクタイがお曲がりになってます」

？5a「雪が降っていらっしゃいますか」

×5b「雪がお降りになってますか」

所有傾斜により、相手に関わる表現では「いらっしゃる」がよく使われる。つまり「でいらっしゃる」は丁寧語「です」のさらに丁寧な言い方になりつつある。もし他の活用形も出てきて整備されれば「いらっしゃる体」の萌芽と呼びうる。1cの「鈴木さんでございますか」は1d「鈴木さんでいらっしゃいますか」に比べると失礼に響くというから、「でございます体」より上になる可能性がある。丁寧語の出自としては謙譲語から生まれるものが日本語史上多かったが（辻村1967）、この場合は尊敬語から生じたことになる。「やる」「もらう」の敬語形「あげる」「いただく」が、最近用法を広げたのと並行的な変化である。

まとめると、①「動詞＋て」、②「形容詞＋て」、③「名詞＋で」に「いらっしゃる」を付けた表現は、他の尊敬語よりも早く、尊敬語Ⅱ（直接相手に向けたのでない用法）を発達させている。恐らく次のような文の基本的（深層）構造が考えられるからだろう。

「（先生は）（ネクタイが曲がって）（いらっしゃいます）」

「ていらっしゃる」が増えるのは、さらに明晰化という言語変化による。「ていらっしゃる」によって、尊敬語であることを明晰に示すことができる。いっぽう「ていただく」は謙譲語の代理表現として広がりつつある。また「てございます」は丁寧語でも一段上の言い方として広がっている。「会社の所在地」についての表現を考えよう。「京都でございます」だと、尊敬語とも謙譲語とも丁寧語とも解釈される。しかし「京都でいらっしゃいますか」と言えば尊敬語として解される。「京都とさせていただいております」が使われたら謙譲語的な用法だ。「(登記上は)京都としてございます」が許されるなら丁寧語である。いずれも完璧な正用とは言いにくいが、誤用すればすれとして使われそうだ。この使い分けによって、形の上で明晰に尊敬語・謙譲語・丁寧語が区別される。これらの補助動詞の敬語形を普通の動詞に直すと、「ている」「てもらう」「てある」である。元々の動詞「いる」「もらう」「ある」の意味から離れて、敬語的な文法的な言い方に特化したわけである。近世・近代以降発達した表現で、近代日本語の大きな変化傾向に合致する。

発展途上の敬語

敬語は常に発展途上である。「お」の付け方や「あげる」の用法が広がったために「美化語」という分類が唱えられた。図1で言うと一階の建て増しである。また「謙譲語」で先駆的に「まいる」などの用法が変わったために、文化庁の『敬語の指針』で「謙譲語Ⅱ」を設けた。二階の建て増しにあたる。この節ではそれにならって、「(て)(で)いらっしゃる」を「尊敬語Ⅱ」と呼んだ(井上2017)。三階の建て増しである。建物は大きくなったが、三階建てのままである。六分類は単語・表現の用法の違いであって、単語自体を分類するわけではない。

日本語の敬語は千年以上にわたって、登場人物重視から相手(聞き手)重視に変わってきた。尊敬語Ⅱと謙譲語Ⅱと美化語への用法拡散は、その反映である。この背景には、人間関係のとらえ方の変化がある。かつての敬語は、固定的な身分を背景に、話題として登場する人物への敬意を示したが、現在は目の前の話し相手への配慮を優先するようになった。

現代敬語は心理的距離を表す。話し手と聞き手の心理的な関係を表すのにふさわしい方向へと変化しつつある。依頼や負い目、負担の度合いによる流動的な使い分けが発達して、心理が前面に出るようになった。

以上、敬語の分類について述べてきた。「尊敬語Ⅱ」を設定して敬語を六分類すると、現代敬語の発展方向を説明できる。しかし従来の尊敬語・謙譲語・丁寧語の三分類は覚えやすい。三分類それぞれに用法の拡散、機能の劣化が見られる。誤用すれすれの敬語が多く使われるのは、現代敬語の性格が変化したからだと位置づけうる。所有傾斜の原則に従って、できるだけ敬語を使うという傾向であり、敬語用法単純化（経済的使用）の流れの一つでもある。

敬語は発展途上。しかし敬語の分類は三分類のままでよい。

（井上史雄・鑓水兼貴）

コラム② 方言敬語と「お」の付く語

「お」の付くことばは、昔は京都から広がった。京都が文化の中心地だったのだ。今は首都圏付近に多く、東北や九州の人はあまり使わない。上品なことばが都会から地方に「威光」に従って広がるというパターンを見事に示す。二段階に分けて、具体的に見よう。

第一段階として、京都からの「お」の広がり方。中井幸比古『京都府方言辞典』を使って、京ことばで「お」がつくことばを拾い出した。その五一語について『日本方言大辞典』で使用地域を調べて、単語と県で並べた集計表にした。

まず県ごとに集計した。**図**の縦軸は京ことばの「お」がつくことばが各県でどのくらい使われているのかを表している。横軸には京都からの距離を示した。一九八〇年代の京都から県庁所在地への鉄道（と一部は船）の距離である。北海道と沖縄は、船の距離でも遠く、「お」の使用率が低いので省いた。また京都自体の五一語一致は当然なので省いた。

図の全体を見ると、鉄道距離に従って、「お」の使用率が低くなる。京ことばと同じ「お」をよく使う地域（近畿地方）は、いわゆる敬語が発達したところにあたる（3-1）。その外は、「お」の使用率が急に低くなる。東西に離れるほど、京ことばと同じ「お」を使わない。九州と関東・東北では、一致数が少なくなる。ただ東日本に比べて、西日本では同じ距離でも京ことばと同じ「お」を多く使う。「敬語の西高東低」にあてはまる。四国特に香川が多い。お遍路さんや瀬戸内海運の

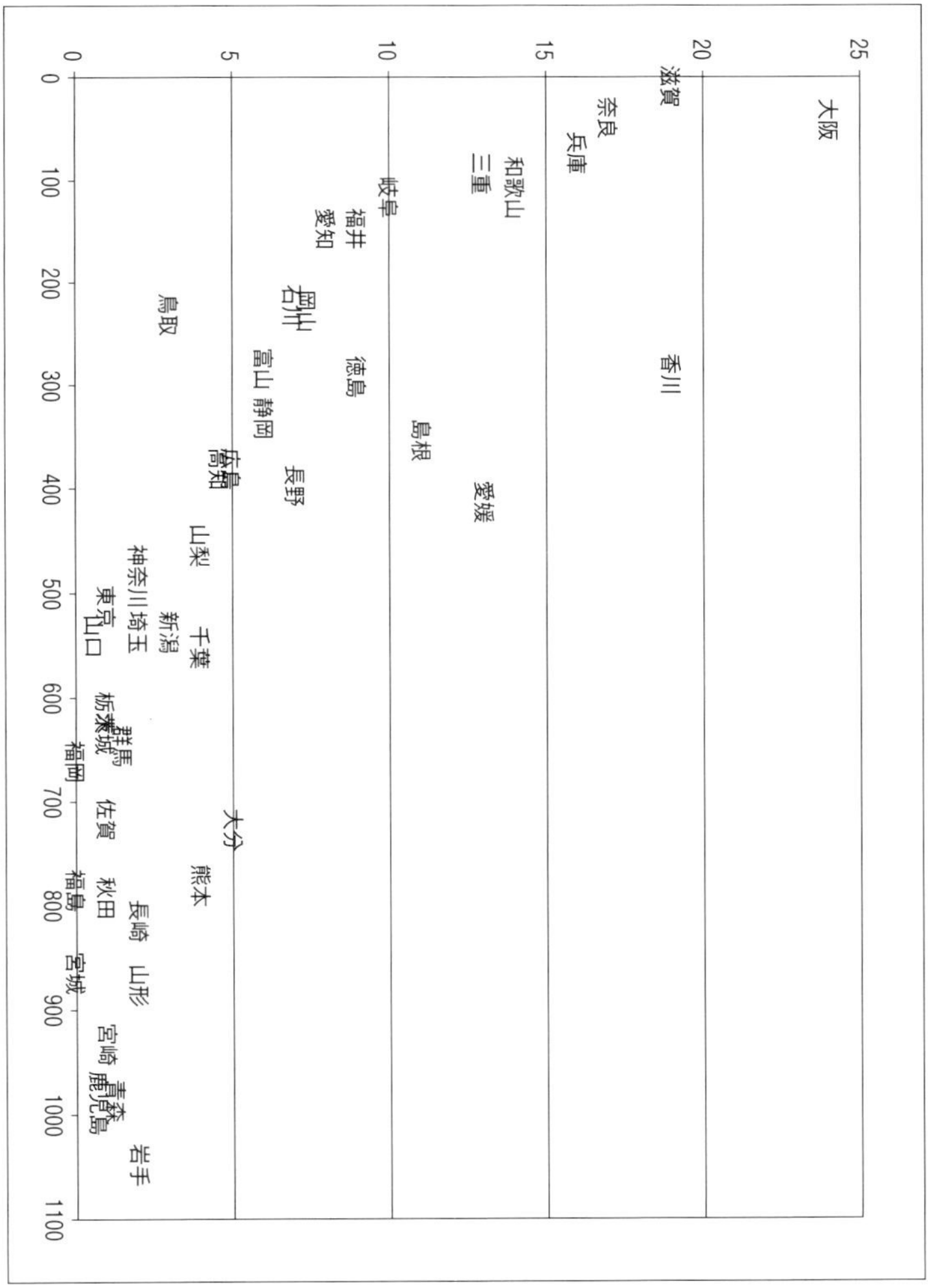

図 「お」の付く京ことばとの一致度
縦軸は一致する語数、横軸は京都からの距離

関係で関西との結び付きが豊かだったのだろう。交通路に沿って文化が広がったのだろう。

次に同じ表を単語ごとに集計した（グラフ省略）。「お」がつく京ことばを使う県が多い順に単語を並べ変えたら、一番多いのは、オジャミ（お手玉）だった。子どもの遊びの名称は、一般に方言量（方言形の種類）が多いと言われる。その次は、オマハン（おまえさん）である。次に中世の女房詞《にょうぼうことば》の広がりが浮かびあがった。オカベ（豆腐）、オイド（尻）など、多くの語が各地方から報告されており、昔の京都の公家の由緒正しいことばを残すものとしてよく取り上げられる。

結論としては、京都に近いところほど京ことばの「お」がつくことばが多く使われることがわかった。また、東北地方や九州は京都から遠い距離にあって京ことばの使用率が低かった。個別のことばにとらわれずに、多くの語を扱って、京都中心の分布を示すことがわかった。

第二段階として、東京中心の「お」の広がり。現代も「お」の増加傾向はさまざまな面で見られる。文化庁の『国語に関する世論調査』で二度調査したので、九年間に全国レベルで増えたことが、数字でわかる。首都圏を筆頭に関東・中部地方で「お」を多く使う傾向が出てきた。近代に東京から新しいタイプの敬語が広がった動きを示す（1-3・3-1）。

単語ごとに見ると、「お皿」「お弁当」「お薬」のように、上品に言い表すために「お」がよく使われるようになった。さらに「おビール」などの、誤用と言われる「お」の付く語の増加も見られる。

また性差がある。「お」は最初は女性が使い、のちに男性に広がる。平成八年度の文化庁の世論調査では、「皿」に「お」を付ける人は男性は三割だが、女性は七割だった。その九年後にはそれぞれ五％ほど増えた。岡崎でも調べたが、東京よりやや遅れている。今でも育児の場面では女性が「お」をよく使う。先年医療系の大学で「お」の付くことばの調査をしたが、「お薬」「お外」「お小水」などは男子学生も多用していた。看護師・介護士を目指す女子学生に合わせて、付けるのだろう。

今観察される「お」の増加は、日本語敬語がタブーや敬意を示す作用から、相手への心理的距離表示、さらには自分の上品さの表示へと、性格を変えてきた歴史を反映する。この変化は、千年前から連綿として続いていたし、将来も続くだろう（1-3）。敬語は発展途上なのだ。

一つ一つの単語の広がり方は多様だが、多くの例を集めて、全体としてどう広がるかを見ると、大数の法則が働いて大きな規則性が見える。「お」の付き方は、上品な言い方が広がるときにどんなことが起きるかを、典型的に示す。

（井上史雄）

第2章　岡崎敬語調査の理論的成果

—岡崎で何がわかったか—

①
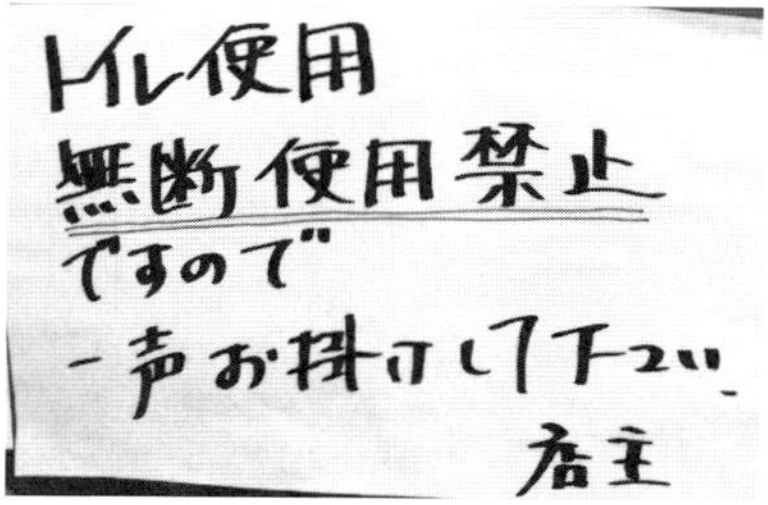
トイレ使用
無断使用禁止
ですので
一声お掛けして下さい
店主

②
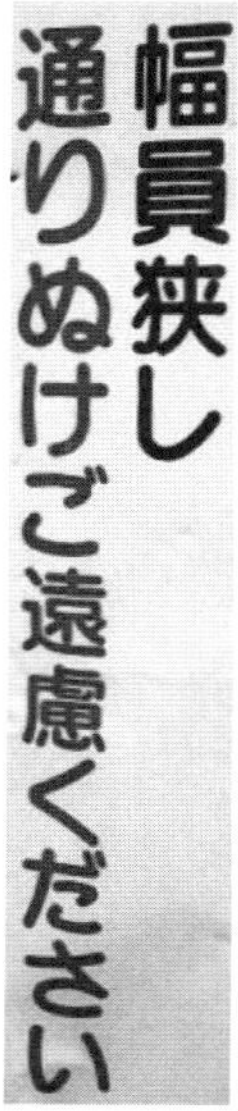
幅員狭し
通りぬけご遠慮ください

③

線路に物を落された方は
駅社員にお申し出ください

④

モバイルSuicaはご利用できません
Mobile Suica service not available.
チャージのみのご利用はできません
Charge only is not accepted.

敬語景観〈2〉　誤用と正用の間

①のように相手の行為に謙譲語「お（ご）～する」を使ってしまう誤用は多い。一方で、②③の「お（ご）～ください」は敬語としては正しいのだが、中の単語が「遠慮」「申し出」と謙譲語イメージが残る場合、違和感を持つ人が多いようだ。

④の「ご利用できません」は謙譲語使用による誤用だが、下の「ご利用はできません」から、背後に「ご利用（美化語）＋できません」という意識があることが見て取れる。誤用と正用の間に線を引くのは難しい。

（鑓水兼貴）

2-1　年をとると話が長くなる

岡崎敬語調査「荷物預け」場面　一九三七年生・男性
一九五三年・一六歳「この荷物を預かってください」
一九七二年・三五歳「ちょっとすいませんが、この荷物を預かってください」
二〇〇八年・七一歳「あのー、ちょっとほかへ行きますので、一時この荷物を保管しておいていただけませんでしょうか」

テーマ　ことばの実時間調査

ポイント

・加齢とともに文は長くなる。
・岡崎敬語調査のような実時間調査によって初めて加齢による変化がわかった。
・同一人物の追跡調査からも加齢で文が長くなることがわかった。

(1) ことばづかいも成長する？

若い人のことばづかいは乱れている。そう思う人は多いだろう。実際、若者の話し方などを聞いていると、そう思えるところもある。しかし、みんな最初から立派なことばづかいができていただろうか。社会での経験を積むうちに、次第にうまく話せるようになるという面もあるだろう。

本節冒頭の例文は、約半世紀の間に三回の同じ内容の調査を受けた一九三七年生まれの男性の回答を並べたものである。この例の質問は、買い物の後、他の場所を回るために、なじみの店で荷物を預かってもらう場合、店員にどう言って頼むかを聞いたものである。調査では103「荷物預け」場面と呼ばれている（4-2）。

最初の調査は一六歳のときで、回答は「預かってください」という、用件のみの簡潔な表現である。次の三五歳のときの調査では、いきなり頼まずに「ちょっとすいませんが」と店員に呼びかけている。そして三回目の調査で七一歳になると、「ちょっとほかへ行きますので」と預ける理由の説明があるほか、「保管しておいていただけませんでしょうか」のように「～ください」より丁寧な言い方がされている。

この男性のことばづかいは、だれもが五五年間で丁寧になったと感じるであろう。では、「丁寧になる」とは、どのようなことを言うのだろうか。まず考えられるのは、敬語表現を適切に使えるようになることだろう。この例では、敬語的表現がないとすれば「預かれ」「預かってくれ」となるところだが、「〜ください」や「〜いただく」といった敬語形式が使われている。また表現においても、直接的な願望を述べずに、「〜ませんでしょうか」のような間接的な言い回しがされている。次に考えられるのは、相手への配慮である。用件しか述べないと自己中心的な印象を与えやすいが、「すいませんが」と相手に負担があることを予告したり、「ほかへ行きますので」といったように頼む理由を伝えたりすることで、頼まれた相手に一方的な押しつけでないように配慮した表現がなされている。

ここで気づくのは、敬語や配慮の表現を使うことによって（2-5）、「文が長くなる」ということである。敬意表現の研究では、敬意が高くなると回答が長くなるという研究結果がある。回答にはさまざまな表現が含まれているが、回答の長さからもことばづかいの傾向がうかがえそうだ。

(2)「実時間」と「見かけ時間」

一人の例だけでは普遍性がないので、大量データによって立証してみよう。生涯のことばの移り変わりを調べるのだから、同じ内容の調査を何回も実施しなければならない。このような手間のかかる調査手法を「実時間調査（経年調査）」という。

有名な実時間調査として、国立国語研究所が山形県鶴岡市で行った言語調査がある（通称「鶴岡調査」）。発音や単語、文法などがどの程度共通語化したかを調べたもので、一九五〇年から二〇一一年まで約二〇年ごとに四回の調査を実施している。これだけ長期間の経年変化の研究は世界でも数少ない。

実時間調査における、発音の共通語化についてのグラフを図1に示す。縦軸は共通語と同じ発音をする割合で、横軸は回答者の生年を表す。若い人を右側にした。それぞれの調査で一〇代から六〇代まで（第四次調査は七〇代まで）調べているため、四本の線が描かれる。ただし時代（調査時）を経るごとに回答者の生年がずれるため、線は二〇年ずつ右側にずれていく。

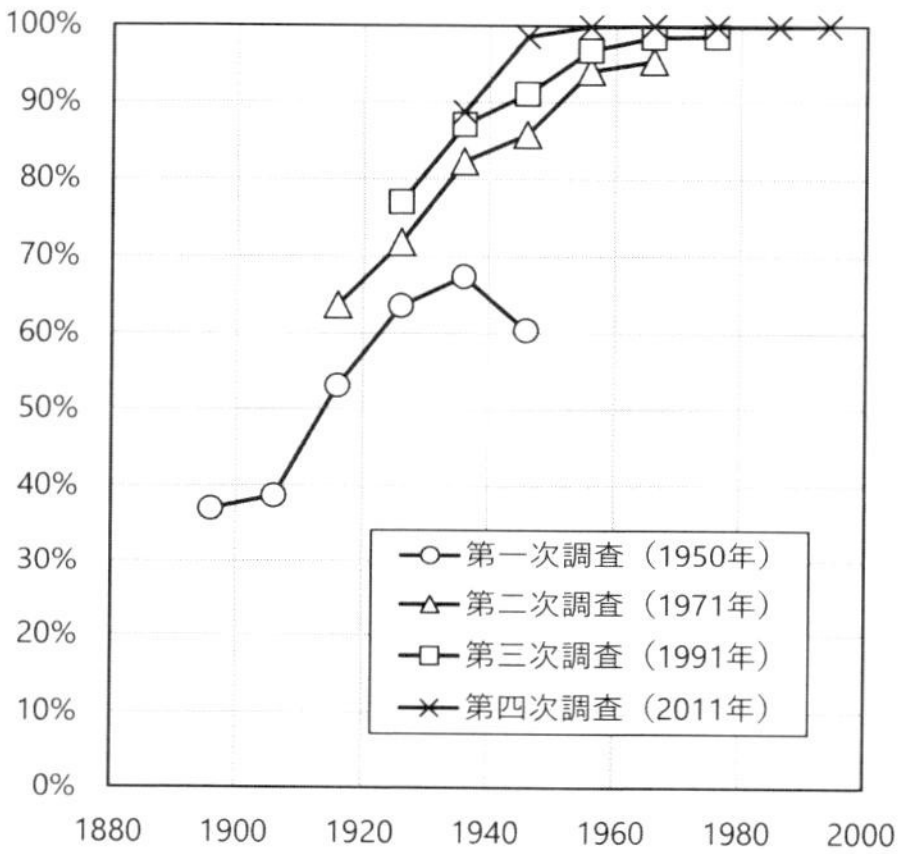

図1　鶴岡市における実時間調査
発音の共通語化

図1の四本のグラフを見ると、どれも後から生まれた人ほど共通語化が進んでおり、全体としてほぼ一本の動きにつながっていることがわかる。グラフは、はじめは緩やかで、途中で急になり、終わりにまたゆるやかになるという「S字カーブ」を描き、発音の共通語化が一〇〇年程度かけて完成する過程（の後半）を示している。

年齢差は、あくまで異なる時期に生まれた人を比較したものであり、同じ世代の人々の生涯の変遷ではない。このように、一時点での年齢差のことを「**見かけ時間の変化**」と言う。それに対して、実年代の経過を「**実時間の変化**」と言って区別する（コラム⑦）。

図1では、年齢差（見かけ時間）の傾向が、実時間でも同じ傾向を示している。各調査のグラフの両端を線の傾きに沿って延長すると、前後の調査の線とだいたい重なる。つまり一回の調査だけを取り出しても、「若い人ほど値が高いから、将来も高くなるだろう」と変化を予測できる。

年齢差からことばの変化を分析できるとしたら効率的だ。何しろ同じ調査を繰り返すために何十年も待っては、卒業論文や大学院の論文に間に合わないし、場合によっては結果を見る前に自分がこの世から去ってしまう。しかし、常に年齢差が実時間と同じ傾向になるとは限らない。新語・流行語などは、年をとってからも取り入れないと、若い人と話が通じない。高齢の人が使っていたとしても、「年配の人が使っているのだから、昔からあったことばなのだろう」と考える人はいない。一生の中で、新しいことばを習得することも、古いことばを使わなくなることもあるのだ。ことばの変化をきちんと調べるためには、結局、長期間かけて行われる実時間調査が必要なのである。「急がば回れ」だ。

(3) 「岡崎敬語調査」での回答の長さ

本節冒頭例文の立証の話に戻ろう。例文は、岡崎敬語調査の実時間調査の結果である。実際の敬語使用を想定して、道を教えたり、ものを頼んだりする場面が設定されており、回答を集計することによって、半世紀以上にわたる敬語使用を観察することが可能となる。調査手法の詳細については4-2で説明する。

例文の場面は、なじみの店で買った荷物を預かってもらう「荷物預け」場面である。多くの人々が、例文の男性のように、年をとるごとに回答が長くなり、丁寧になるのだろうか。まず客観的な測定が容易な、回答の長さについて見てみよう。図2は、一二場面の回答の長さ（モーラ数：図2の説明を参照）の平均値を、図1と同様のグラフで示したものである。

三本の線は、図1の鶴岡とは逆の、右下がりの結果となった。岡崎調査三回の年齢差の傾向は、どれも若い人が短く、お年寄りが長いという右下がりのパターンとなる。単独の線からは、「若い人の答えが短いから、将来はもっと短くなるだろう」と予測してしまうが、三本の線はつながらない。S字カーブにはならない。つまり見かけ時間から実時間の変化が予測できないのだ。これはどういうことだろうか。

同じころに生まれた世代の人々を「コーホート」（cohort 同時出生集団）という。コーホートの変化を見れば、実時間の変化がわかる。ただし半世紀以上にわたる調査なので、三回とも調査対象となったコーホートは一九三〇年代生まれの世代しかない。

図2の一九三〇年代の部分に注目して、調査ごとの回答の長さを追うと、第一次調査のときは一〇代で短く答えたが、第二次調査のときに三〇代になって、やや長くなり、第三次調査のときには七〇代になり、とても長く答えるようになっている。三回の調査の線が離れて並ぶので「川の字変

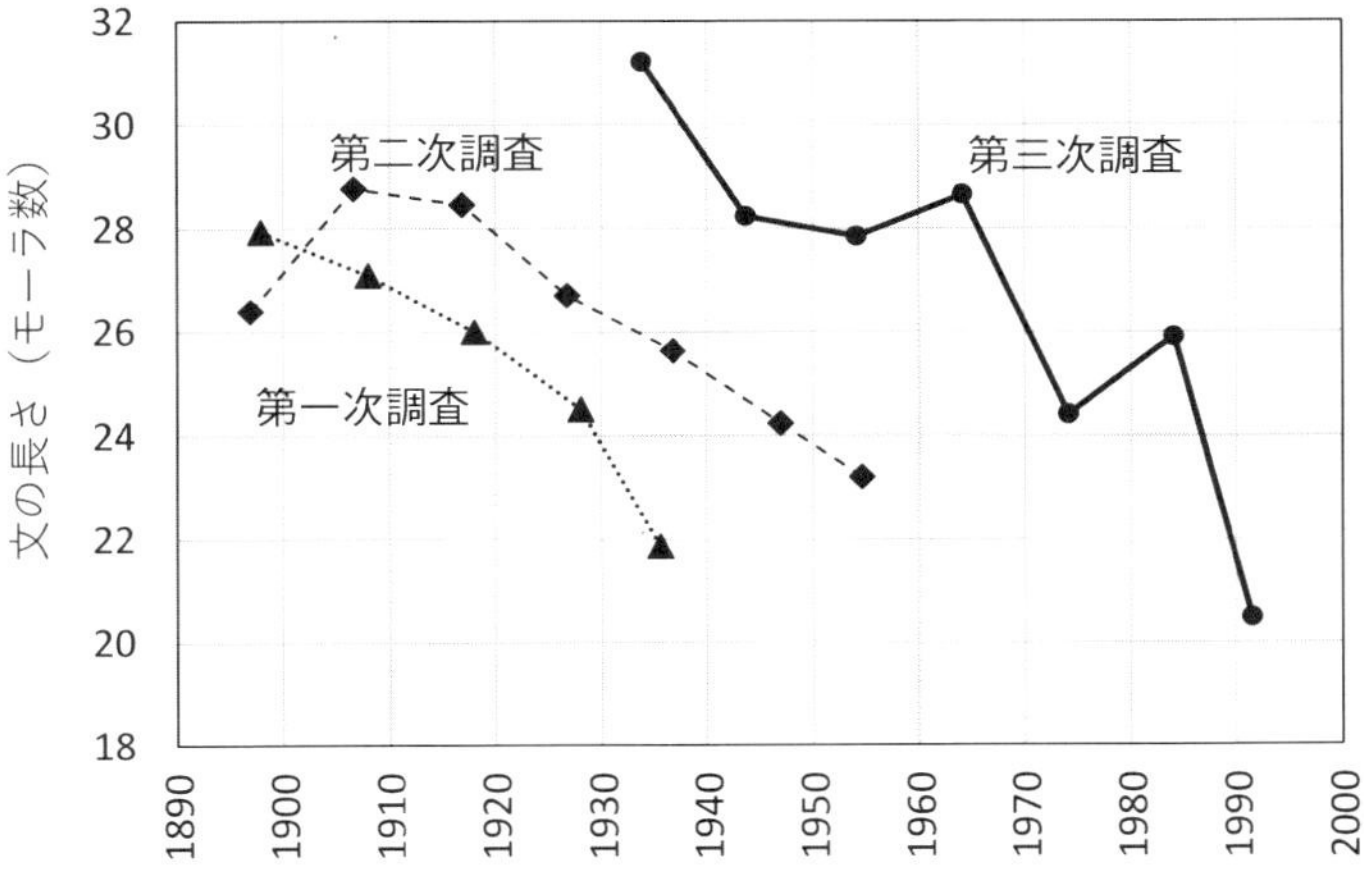

図 2　岡崎敬語調査における回答文の長さの変化

【グラフの説明】

グラフの横軸が生年（10 年刻み）で、左側が昔のお年寄り、右側が今の若い人となる。縦軸は回答の長さで、モーラ数（下参照）で示している。上側は文が長く、下側は短い（下端が平均 18 モーラであることに注意）。

グラフの線は、点線は第一次調査、破線は第二次調査、実線は第三次調査を表す。

3 本の線はすべてほぼ右下がりとなっている。つまりお年寄りほどモーラ数が多く、若い人は少ないことがわかる。

モーラ：ほぼ仮名 1 字にあたる単位で、「拍」とも言われ、日本語の長さをはかる場合に有用である。
仮名との違いは、「きゃ」「しゅ」などの拗音が 1 単位に数えられる点である。

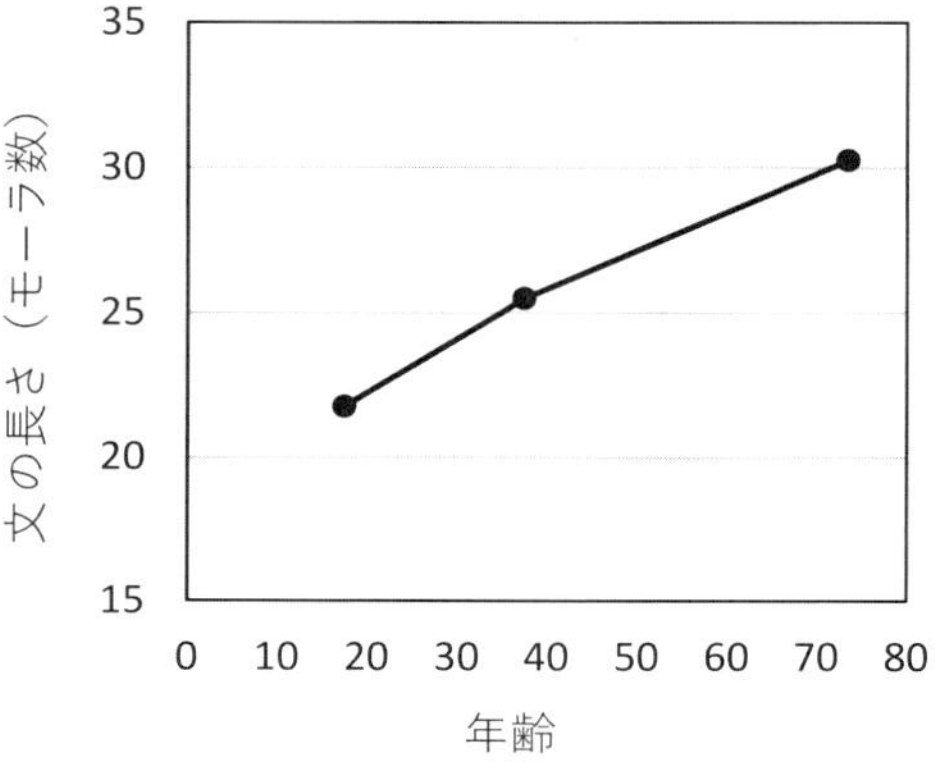

図3　文の長さの変化
1930年代生まれの話者

化」と名付けた。この「川の字」は、以下の2-3の「ていただく」や2-5の談話機能要素でも現れた。

もっとわかりやすく、一九三〇年代生まれのコーホートだけを取り出してグラフにしたものが図3である。横軸の年齢は、調査時期に合わせた。年をとって答えが長くなったことがよくわかる。

図2・図3のような結果は想定外だった。図1のようなS字カーブは典型的な普及曲線として知られており、言語変化はどれもこのパターンをとると思われていた。また、回答の長さというのは、質問ごとに違うということはあっても、調査の時期による違いは少なく、個人差が大きいと考えられていた。しかし、岡崎敬語調査の回答の長さは、見かけ時間の動きが実時間の動きとはつながらず、年齢差が大きく現れた。これは加齢変化の一種であり、言語形成期（ほぼ小中学校）以降の習得、すなわち「成人後習得」（成人後採用）の例と考えることができる。

加齢とことばの関係について、インターネットで学術論文検索のグーグル・スカラーを使って検索をすると、多くの論文がヒットする。知能の衰えとともに的外れな発言が多くなる、という研究が多かった。

冒頭の男性の例を見ると、たしかに年を重ねるごとに、用件以外への言及が増加しているが、的外れな発言はしていない。知能の衰えによって適切なことばが出なくなったのではなく、相手への配慮や預ける理由、より丁寧な表現などによって長くなったものである。むしろ、より適切なことばづかいができるようになったと考えることもできる。

ただ、話すことばの長さに年齢差があるということは、長く話すことに対する印象にも年齢差があることを示唆している。よく「年寄りの長話」と言われるが、簡潔な話し方を好む若者からすれば、高齢者の丁寧な会話は不要な情報が多いと感じられるのだろう。

実時間調査である「岡崎敬語調査」の結果から、人は年をとると話が長くなるということが実証された。このことは年をとると丁寧な表現を使えるようになることと関係する可能性がある。従来の加齢変化の研究に見られたような、的外れな発言が増えたから長くなったというのは一面的な解釈と言える。

一般的に、言語の基本的な部分は、言語形成期といわれる五歳から一五歳くらいの間に決定され、それ以降はあまり変化しないと考えられている。一方で、成人後採用といわれる、言語形成期後にも言語習得をするという現象もある。敬語については、これまでも社会に出てから学ぶ部分が大きいことが指摘されてきた。文の長さが加齢によって増加するという現象も、成人後採用の結果ということができるだろう。

（4）岡崎市の外来住民の増加

ここまでは、「ランダムサンプリング調査」という、住民票から無作為に抽出された人（ランダムサンプル）に対する調査の分析に基づく。岡崎市全体の半世紀以上（生年を考えると一世紀以上）のことばの推移がわかる。しかし、岡崎での三回の調査結果の違いについては、「よそもの」（外来者）の流入の影響という可能性がある。岡崎市では以下のような住民構成の変化があった。

岡崎市は一九四五年七月の空襲により中心部の大部分が焼け野原になった。第一次岡崎敬語調査は空襲の八年後である。また第一次調査の一九五三年から第二次調査の一九七二年にかけては、集団就職、高度経済成長などにより、人口大移動があった。岡崎市は、豊田市という工業都市に隣接していて、他地域から流入する住民が増えた。

話者の出生地を見ると、他地域からの移住者が多いことがわかる。ランダムサンプルの岡崎市出生者は、第一次四四％、第二次五一％、第三次四八％で、半数ほどにすぎない。それに対し中部地方以外出生者は第一次一一％、第二次一六％、第三次二二％と増えていた。ランダムサンプルの結果は住民構成の変化で変わるため、成人後採用だと思っていたものが、じつは新しい住民の影響の表れだという可能性もある。

他方パネルサンプル（同一人物を探し出して追跡調査したもの）では、第二次・第三次とも岡崎市出生者が六〇％前後で、中部地方以外出生者は六〜七％にすぎないから、岡崎市出生者は永住傾向がある。パネルサンプルの数値を比較すれば、岡崎出生者の傾向を確かめられる。

(5) 同一個人の追跡調査（パネルサンプル）

長く話すという傾向は、同一個人が数十年経って年をとったときにも見られるだろうか。この節冒頭の例文のように、一個人の生涯変化のデータには説得力がある。純粋の言語変化を扱うには、同一人物追跡による「パネル調査」の結果が重要である。岡崎敬語調査の同一人物追跡調査データは、かけがえがない。

ただ、追跡調査が可能だった話者は少なく（4-1）、平均値で論じるには信頼性が低い。とはいえ個々のケースを個別に論じるだけでは、一般性を見失うので危険である。そこで、平均値を計算するとともに、パネル調査のデータを一度に表示して、全体として検討する。すべての人の追跡調査の結果を一枚のグラフで示すことにより、個人の加齢変化（生涯変化）を考察できる。第一～二次のパネルサンプル一八五人を主に論じ、第二～三次のパネルサンプル六二人は参考程度に扱う（4-2）。第一～二～三次共通のパネルサンプル二〇人のグラフは別の本で示した（井上2017）。

まず、図4に第一～二次と、第二～三次のパネルサンプル全体の文の長さ平均値を示す。

左の線は第一～二次のパネルサンプル一八五人の各調査の平均値で、二六から二八モーラに増えた。右の線は第二～三次のパネルサンプル六二人の各調査の平均値で、二七から三三モーラに増え

(6) 岡崎パネル調査の文の長さの斜め表示技法

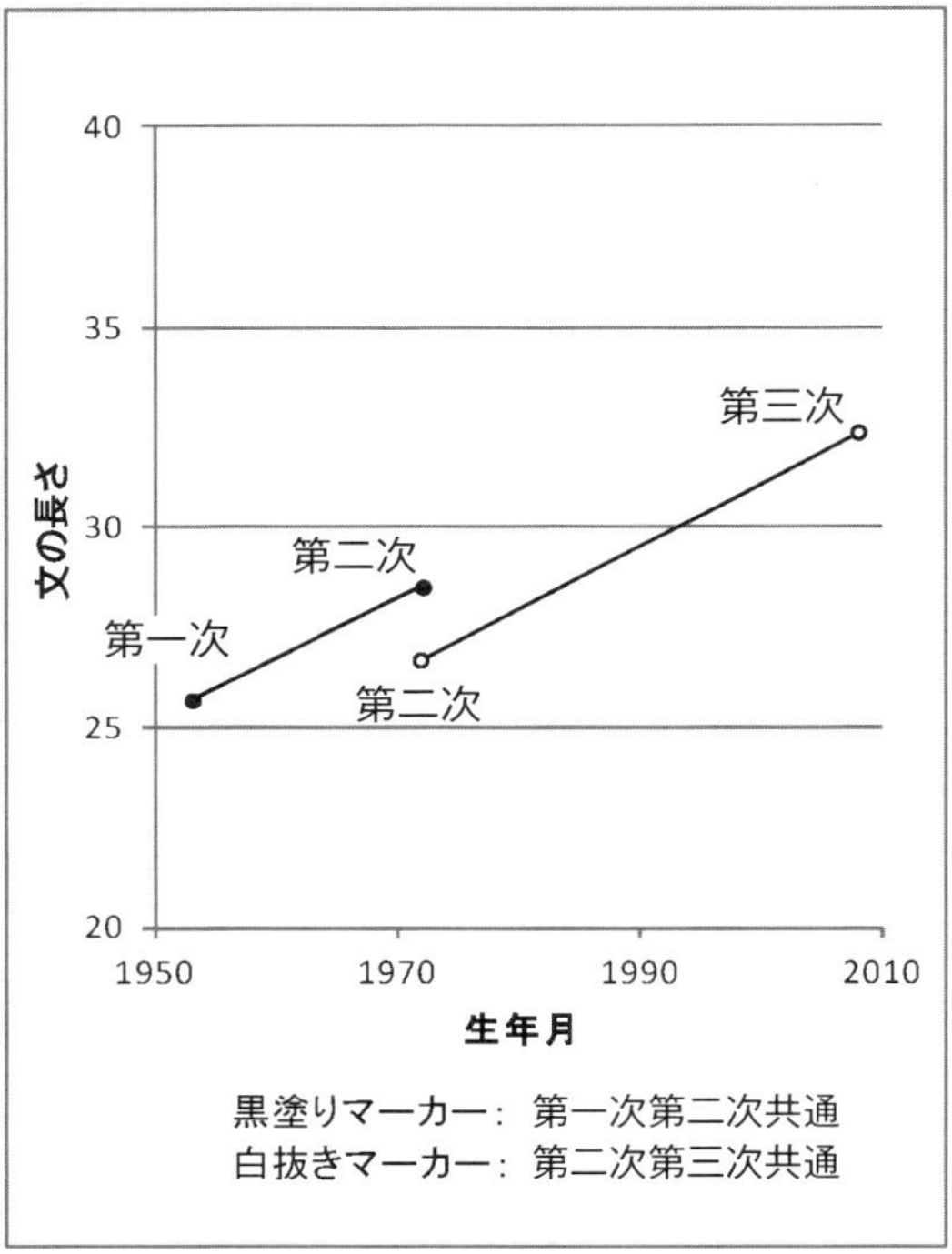

40
35
30
25
20
文の長さ
第三次
第二次
第一次
第二次
1950
1970
1990
2010
生年月
黒塗りマーカー: 第一次第二次共通
白抜きマーカー: 第二次第三次共通

図4　岡崎敬語調査　丁寧さ平均使用数
11場面全体調査次ごと年代

た。横軸は生まれた年月の平均で、第三次調査は第二次調査との間隔が長かったため、追跡調査できた人の生年は隔たりが大きい。こう表示すると、二つの線の傾きが似ている。これは文の長さの変化が、岡崎市民の大勢としては戦後ほぼ同じペースで動いたことを意味する。外来者が増えたために比率が変わったわけではない。

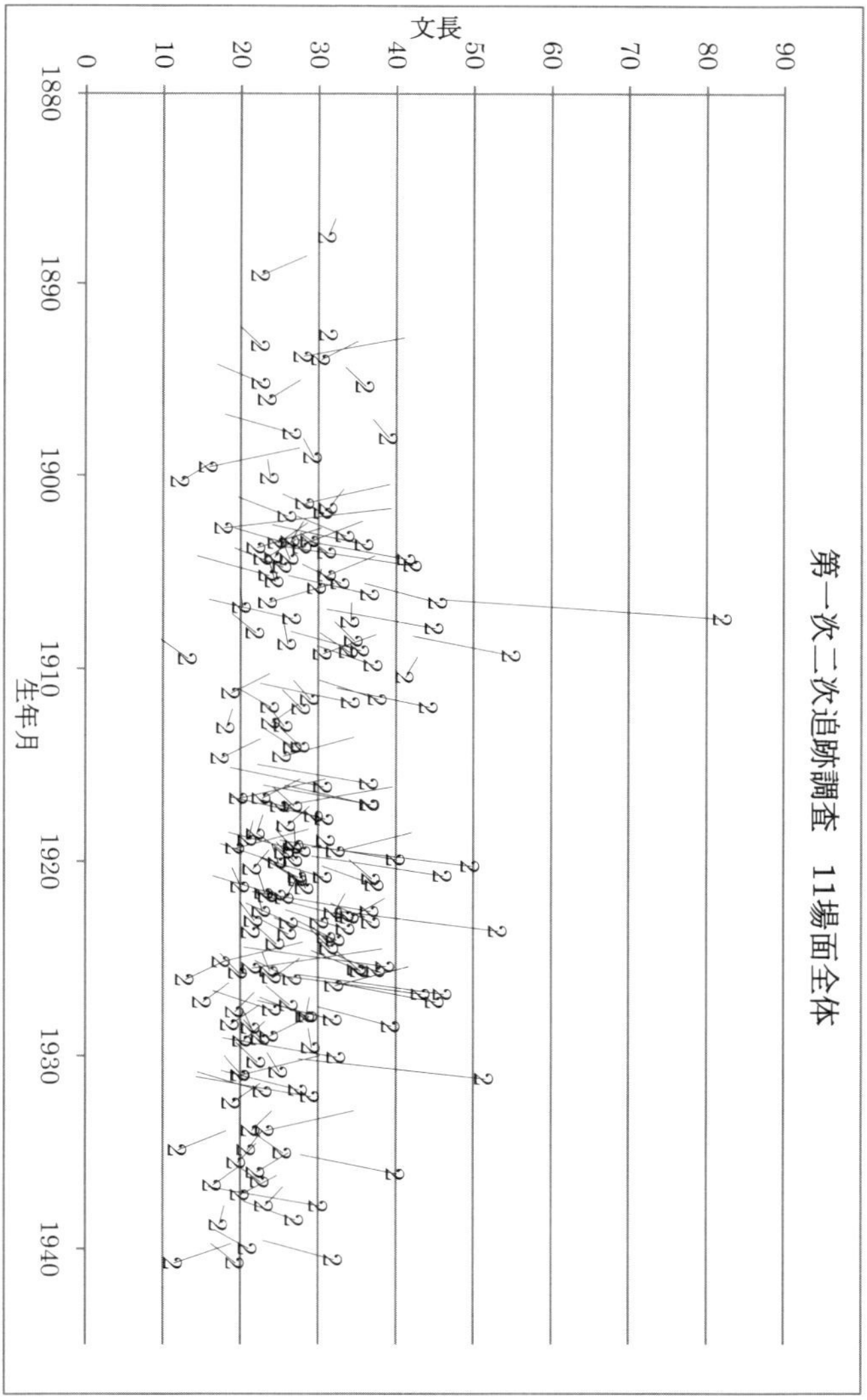

図5　文の長さ増大（岡崎パネルサンプル）

以下ではパネルサンプル個人ごとの値の変化を考察する。一人の異なった時点の調査結果に少しずれた表示箇所を与え、斜めの線で結んで、右上がりか右下がりかで増減を表示して、動きを探る手法を採用した。

図5に第一～二次の調査を通して協力の得られた一八五人の回答文の長さを個人別に示す。この図では、一人に二つの位置を与えて、第二次の位置に2という数字を付けたので、矢印のように読み取れる。生年の順に並べた。当然左のお年寄りはまばらで、一九二〇年代生まれの人は大勢の協力が得られたために密である。

多くの人が右上がりの線を描き、第二次で長く表現するようになった。一部に右下がりの人もいるが、数値の違いは少ない。第一～二次の調査を通じてデータの得られた人々全体として、のちになるほど長くなるという傾向は、個人ごとにも視覚的に確認された。第二次と第三次の共通サンプル六二人でも、右上がりの線が多く、増加傾向が認められ、平均値も多くなった（図は略す）。また第一～二～三次全部に協力の得られた二〇人でも確認できた。

文が長くなるのは、岡崎の住民構成が変わった（外来者が増えた）という理由によるのではない。実時間の差を見ることによって、個人の経年変化、加齢変化が実証できた。これこそ同一人物を追跡して行うパネル調査のよさである。

次の節からは、文が長くなる理由について見ていくことにする。

（鑓水兼貴・井上史雄）

2-2　年をとると話が丁寧になる

第一次岡崎敬語調査112「物売り」場面
（第二次・第三次調査では112「魚釣り」場面に変更）
見知らない物売りの子に、父親がいるか聞くとしたら何と言うか
一八九六年生まれ・男性「おまえ　おとっつあんが　あるのか」
一八九〇年生まれ・女性「あんた　とーさん　あるの」
一九三一年生まれ・女性「おとーさん　みえますか」

テーマ　敬語の成人後採用

ポイント

・岡崎敬語調査の「丁寧さの段階づけ」でも成人後採用が見られた。
・生年実年代グラフによって「敬語の成人後採用」が観察された。
・成長とともに丁寧な文が使えるようになる。

(1) 岡崎の丁寧さの段階づけ

2-1では、岡崎敬語調査で文の長さが、年をとるほど長くなることがわかった。「成人後採用」と呼ぶことにしたが、同じ傾向が、密接に関わる他の現象でも見られる。ここでは岡崎調査の「丁寧さ」の結果を見る。丁寧さはまさに敬語研究の中心課題で、第一次、第二次岡崎敬語調査の報告でも主題になった。

図1に、岡崎調査三回の結果全体を示した。縦軸は「丁寧さの段階づけ」という手法で計算した各回答文の平均点を示す。「丁寧さの段階づけ」とは、敬意の高い言い方に1点、低い言い方に3点を与えたものである。丁寧な答えが低い値になるため、y軸の上下を反転して示した。なお丁寧さの判断には**表1**のような基準を使った。段階2がほぼデスマス体に相当する。それより上か下かの分類には、「でございます/だ」の使い方以外に、多様な表現の出方も考慮に入れた。

図1の横軸は調査対象者の生年で、間隔は調査実施年に合わせた。全体を位置づけよう。第三次調査の結果で、「丁寧さ」の程度が過去の調査よりも大きく増えたことがわかる。しかし図1のグラフは2-1図2の回答文の長さほどにはきれいでない。第一次調査と第二次調査の間の傾きが全体のパターンを崩しているが、これには理由がある。調査の手法による違いである。

第一次調査の調査員は、PとCの二グループに分けられる。◆印のP (Proper or Professional)は、「熟練した調査員六人」で、統計処理の研究者なども含む。図では、これを第二次、第三次と線でつないだ。C（Control or College）は愛知学芸大学（現愛知教育大学）の男女学生九人で、これまでの報告書では補助的に扱われていたので、左端の孤立した◇で示す。第二次調査はPとCの中間になる。つまり第一次調査のPとCの値を基準にすると、第一次と第二次は横ばいになり、第三次調査で丁寧さは大きくなる。第二次調査の報告書で、二〇年間の変化について明瞭な結果が出

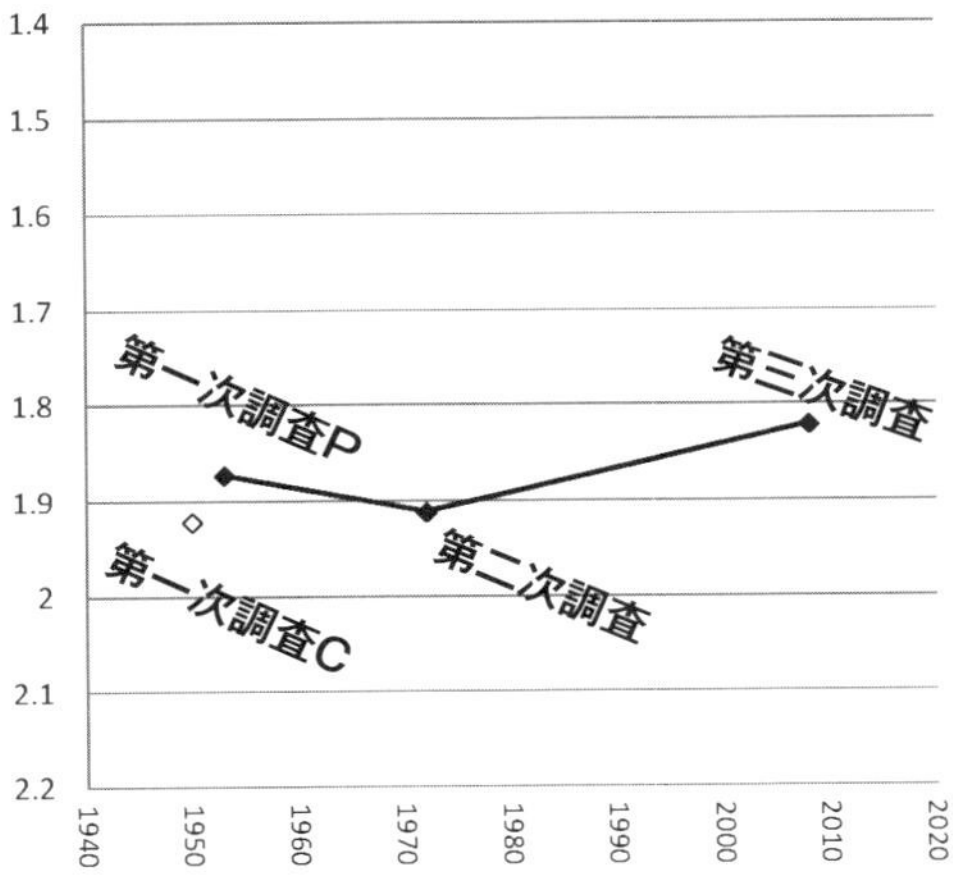

図１　岡崎敬語調査　丁寧さ平均点　12 場面全体　調査次ごと

【グラフの説明】

グラフの横軸が調査の年で、左側が昔、右側が最近。縦軸は「丁寧さ」の 12 場面での平均点を示す。数値が小さい上側は丁寧な言い方が多く、数値が大きい下側は丁寧な言い方が少ない。

グラフの線は、第一次調査Ｐと第二次調査、第三次調査を結ぶ。第一次調査Ｃは単独の◇で示す。第一次調査Ｐ、Ｃと第二次調査の数値は似ていて変化が目立たないが、第三次調査で丁寧な言い方が多くなった。

表１　岡崎調査の丁寧さ（3段階方式の基準）

段階1	（…）デゴザイマス、（…シテ）イタダキマス、（…シテ）クダサイマセ、イラシテクダサイ、イラッシャイマセ、のように、だいたい２つの高い敬語形式の結合から成るもの。およびそれより丁寧な形。
段階2	…デス、…マス、（…シテ）クダサイ、イラッシャイ、のように、「デスマス体」や１つの高い敬語形式から成るもの。
段階3	…ダ、…ヨ、…シテ（依頼）、…シロ、言い捨て（たとえば「電報用紙！」）、のように、高い敬語形式がないと見られるもの。およびそれよりさらに乱暴な形。 …シテクレ、…シテモラオウ、のように、簡単な頼む言い方や、オクレ、オイデ、…（シ）ナサイ、のように目下などにしか使わない言語形式。

にくかったのは、第一次調査のデータのうち、Ｐによる調査結果だけを扱ったためと考えられる。なお第二次、第三次調査の調査員は、方言研究のフィールドワーク経験者で、「ふだんのことば」を聞きだす態度・技術を身につけた人たちであるため、Ｐに相当する。

(2) 生年実年代グラフから読み取れることの概要

もっと詳しく年齢差を見よう。図2では三回の調査結果を「生年実年代による表示法」で示した。2-1の図2と同じ表示法によって、大まかには似たパターンが示された。「丁寧さ」が場面全体として第三次調査で増加したと読み取れる。

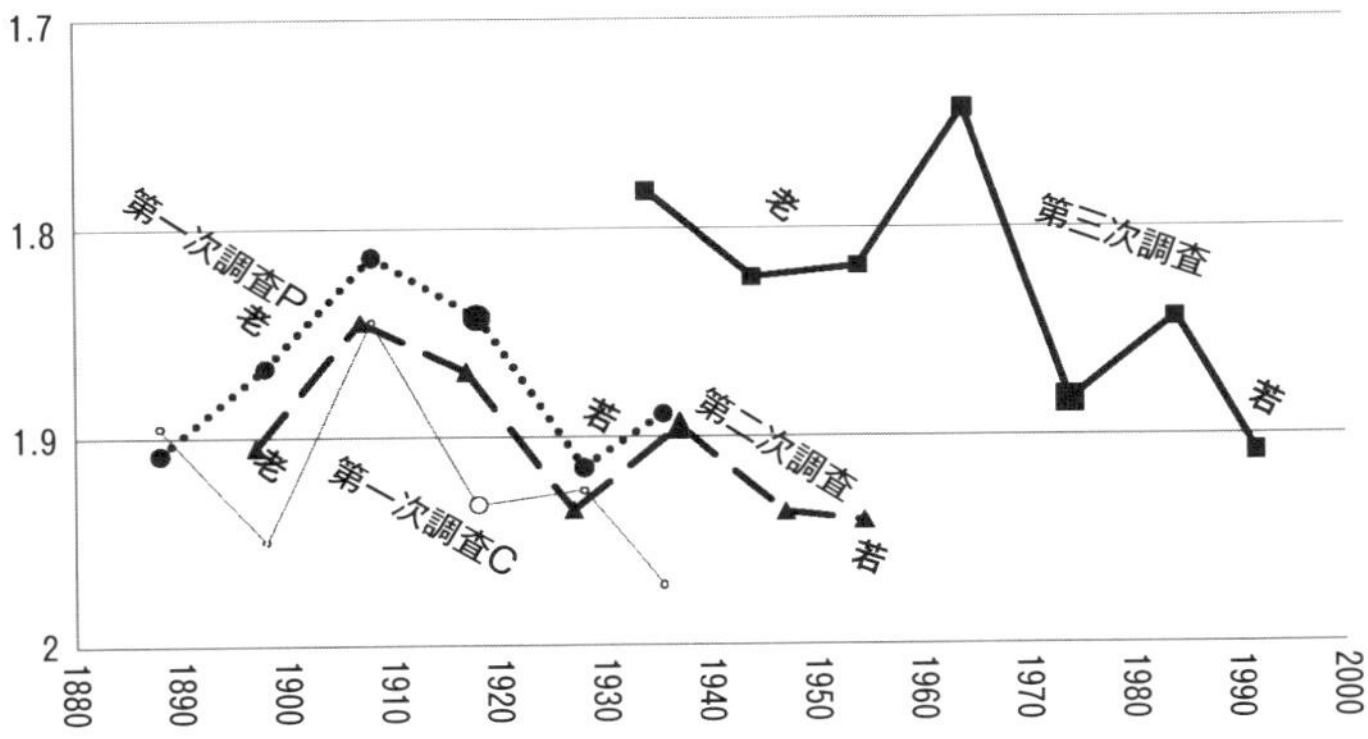

図 2　岡崎敬語調査　丁寧さ平均点　12 場面全体　調査次ごと年代

【グラフの説明】

グラフの横軸が生年（10 年刻み）で、左側が昔のお年寄り、右側が今の若い人。縦軸は「丁寧さ」の 12 場面での平均点を示す。数値が小さい上側は丁寧な言い方が多い人、数値が大きい下側は丁寧な言い方が少ない人にあたる。

グラフの線は、2 本の点線は第一次調査 P と C、破線は第二次調査、実線は第三次調査を表す。第一次調査と第二次調査のパターンは似ていて変化が目立たないが、第三次調査で丁寧な言い方が多くなった。

第一次、第二次、第三次調査ともに中年以下の線はほぼ右下がりとなっている。つまり中年層は丁寧な言い方を多く使うが、若い人は少ないことがわかる。

「敬語の成人後採用」が、敬語の典型とも言える「丁寧さ」でも観察されたわけである。ただし、各調査の年齢差を見ると、ほぼすべてで中高（または右下がり）を示しており、若い人が言語変化を先導するのでなく、中年層が最も丁寧な言い方を答えたことがわかる。つまり若い人の丁寧さは低く、中年層は高い。高年層は中年層より低くなる。

中年層から高年層に向けた線が下向きになることについては、別の説明が必要である。高年層の人数が少ないせいもあるが、お年寄りは社会活動から遠ざかり、また相手が年下であることが多くなるので、敬語を使わなくなるためとも考えられる。

図2では、同一年代に生まれた人々が、のちの調査でどう変わったかも読み取れる。一九三〇年代前後に生まれた人たちは、第一次調査では若い世代として、第二次で壮年層、第三次で高年層として、三回とも調査の対象になった。図2でこの世代を縦に比べると、半世紀が経つ間に、際立って丁寧さを上げている。本書2-1の文の長さ、2-3の「ていただく」をはじめとして、敬語関連現象で「成人後採用」が目立ったが、岡崎調査の中心課題としての丁寧さでも認められたわけである。これは同じ年代に生まれた人の実時間による比較に基づく。

第一次調査の報告書では主にPしか扱っていないが、図2ではCのデータも別の細い線で示した。また、三〇代のマーカー●○▲■は目立つように大きく表示した。敬語の正誤に関する世論調査で正用とされる答えをよく回答する年代だからである。

第一次では、CよりもPのほうが丁寧である。つまり、調査員が学生Cの場合よりも、調査員が研究者Pの場合のほうが、より丁寧な回答が得られたということになる。当時の学生はやや乱暴な言い方を得たわけだが、都会から来た研究所員に回答するときよりも、地元の学生に対しての回答のほうが、ふだんのことば（敬語）が得られた可能性がある。

そして、その両者のほぼ中間に第二次の線が位置する。第一次と第二次の結果は、似ている。第一次のPとC、および第二次の三本の線は、ほぼ同様の年齢パターンを示し、丁寧さの程度（図中の上下位置）の差はわずかである。第一次のPとCの話者数はほぼ同数なので、両者を平均した折れ線グラフを想定すると、第二次との差がそれほど大きくならない。敬語については、個人の中の使い分けが大きいため、調査結果がぶれるのだろう。第一次と第二次の報告書ではPのデータしか扱わなかったので、ここまで読み取れなかった。なお第二次調査の数値の低さは、七〇年代という時勢によるとも説明されうる（4-1）。

(3)「道教え」の丁寧さ

第一次・第二次の結果が類似することを解明するヒントは面接調査第1問である。第1問は、「わたしのような旅行で来た者が、東岡崎駅の北口で、明代橋（みょうだいばし）はどちらかということをあなたにたずねました。何と言って教えますか。」という質問文である。C（Control or College）の調査員は戦後まもなくの大学生で年下だったために、回答者の大部分は、文体として

「常体（ダ体）」を使い、ごく日常的なふだんの丁寧さを答えた可能性がある。この文体選択が、第2問以下に影響を及ぼしたことが考えられる。しかしCのデータは重要視されなかった。第二次調査の報告書で、二〇年間の変化について明瞭な結果が出にくかったのは、第一次調査のデータのうち、東京から来た研究者Pの調査員だけを扱ったためとも考えられる。

第2問以降は、場面によって増加傾向が違う。医者の場面では三回を通じて丁寧さが高く、荷物預けでは上昇ぶりが著しい。しかし第二次調査で減る場面が混じる。これが第二次調査の丁寧さ減少に働いた可能性がある。いずれにしろ、丁寧さの変化はゆるやかで、二〇年間では目立たなかった違いが、五〇年経って初めて際立ったと考えられる。

いっぽう、三回の調査の四本の線すべてで、世代差という見かけ時間で見ると、中年層以上が丁寧で、若年層は乱暴またはぶっきらぼうという傾向が見られる。このパターンは、2-1の文の長さ（モーラ数）でも見られたし、2-3の「ていただく」でも見られる。日本語の「丁寧」は、長いというニュアンスも含む。もっと多くの現象とともに、総合的分析を進める必要がある。

(4) 丁寧さを支配する要因

以上で「丁寧さの段階づけ」の三段階の数値を使って、三回の調査の一二場面別のデータについて、生年実年代という要因の作用を考察した。中年層がいつも丁寧な言い方を答える。第三次調査で丁寧な言い方が多くなったが、場面でいうと「荷物預け」で丁寧になった。若者が新現象を率先して採用するという、これまでの共通語で見られたパターン（言語以外でもよく観察されるパターン）は、敬語にはあてはまらなかった。敬語の典型とも言える「丁寧さの段階づけ」でも敬語の成人後採用が観察された。どの年齢層が敬語の変化を促すかの見当もついた。

この節の分析だけでは、なぜ成人後採用があったかの細かいメカニズムがわからない。予告すると、「ていただく」の使用増加（2-3）や、談話機能要素の多用（2-5）が主な要因であること、さらに接客系職業の人が先導していること（2-4）が考えられる。

なお、コラム⑦で提唱する「記憶時間」の調査（想起法）を活用すれば、一時点の調査で、簡単に過去と現在との比較ができる。ある個人で成人後採用があったかを確認できる（コラム⑪）。

（井上史雄）

コラム③　市民権を得つつある「ッス」

「アザッス」「ンッス」「アッシタ」などと言われたら、どんな意味だと思うだろうか。大学での集中講義でのこと（二〇〇六年度・関東北部）、数人の男子学生が軽い会釈とともに資料を受け取ったときに、私はようやく「ありがとうございます」「ありがとうございました」という意味らしいということに気づいた。

この「ッス」は、一九九〇年代の二〇代男性に使用者の増加が指摘された形式である。尾崎喜光は、一九九〇年代に職場での使用を調査した結果から、使用者は二〇代の男性が中心で、四〇代以降やごくわずかではあるが女性も使うことを明らかにしている（1-2）。この形は「です」が縮約された形と考えられ、大半が名詞や形容詞に付く形であることから、動詞に接続する形は後からできたもので、「です」「ます」二系列から「す」一系列へと丁寧語の体系が単純化しているという（1-2、井上 2017）。

最近では、使う人と使わない人で敬語としての評価が大きく分かれるようである。

首都圏の女子大学の出席カードの自由記述欄を使って、「これッス」「いいッス」「食べるッス」などの「ッス」の使い方を尋ねてみた（二〇一六年度・約七〇名）。自分も使うという人の回答を見ると（約二〇名）、媒体は「対話／メールやＬＩＮＥ」で、相手は「親しい目上の人／上級生／同級生／家族」などで、先生や年の離れた大人にはあまり使わないという。場面は「親しい先輩に軽くお礼を言うとき」「年の離れていない目上に何かもらったとき」「アルバイト先の飲食店バックヤードでの会話で常に使う」などである。使用の意図・理由を尋ねると、「意識的にわざとネタのような冗談のような感じで使う」「ふざけて使う」「ほめられて照れくさいとき」「恥ずかしいときに割と使います」「お礼を言われたとき、相手にあまり気にしてほしくないから」「普通に敬語を使うと親しみがなくなるから、軽い敬意で使う」などである。「ッス」を使うことで通常から少し外れた、中間的な改まりの雰囲気を演出し、相手や自分の精神的負担を軽減しようとしている様子がわかる。

いっぽう、不使用という人もあり（約二〇名）、使わない理由には、「敬語だと思ったことはなかった」「きたないことばだと思う」「自分で使いたいとは思わない」「使ったら親に怒られた」という。さらに、「相手が自分にッスを使ったらどんな気分がするか」を尋ねると、「馬鹿にされていると思う」「チャラい人だと思う」「身の回りでは二〇歳の女の子が使うのですが、いいとは思いません」「彼氏が使っていたら嫌だ」「使う人は家族に紹介できない」など、辛辣な評価が並ぶ。

同年代、同性、同じ大学と、属性に共通点が多いはずなのに、なぜこれほど食い違うのか。背景には、①人間関係を場面によって細かく調整しようとするかどうか、②調整するときに俗っぽい表現を使うかどうかの違いがあると推測される。コミュニケーションの緩衝材として敬意の低いくだけた心情表現を利用する（できる／したい）人にとっては、「敬語」と「タメ口」の「合間」を埋める便利で絶妙な表現なのだろうが、細かい段階分けをしない（細かい段階分けに興味がない）

人にとっては「合間」も存在しない。人間関係調整の段階分けが食い違っているのである。

呉《オ》泰均《テギュン》は、敬語未習得の若者がデスを使えないから「ッス」を使用するのではなく、むしろ「ッス」を使うことで社会的距離（敬避的機能による）を示しつつ、個人間における心理的距離を調整し、「親近感」といったプラスの発話効果を導き出す効果があると指摘する。ポライトネス理論の「ポジティブ・ポライトネス」の機能が認められるというのである。

ここまでくると、全国的な調査を行いたくなる。地域差はあるのか、性差と世代差は一九九〇年代と比べてどうなったか、他の敬語とどう違うか、自分で使いたいかどうか、使われたらどんな気分になるか、そして、自分の子どもの世代に使ってほしいか、外国人にも教えたいか。先の女子大学での授業では、留学生が「周りの人が使っているッスのニュアンスがやっとわかった」と目を輝かせていた。

「ッス」は、使用することによって相手を遠ざける機能を持つこれまでの敬語に、積極的に親近感を表現する機能を持たせた点で新しい。この新しい敬語を、日本語話者はどのように使いこなしていくのだろうか。

（竹田晃子）

2-3 「ていただく」の進出と敬語の変質

岡崎敬語調査「道教え」場面

第一次調査　一九〇八年生まれ・女性「ここまっすぐに行くと橋があります。それが明代橋です」

第二次調査　一九四九年生まれ・女性「四つ目の交差点を左へ入って、まっすぐ行ってもらうと、ありますけどねー」

第三次調査　一九四七年生まれ・男性「あー、ここをまっすぐ行っていただいたら、明代橋になります」

テーマ　「ていただく」の用法と使用者の広がり

ポイント

・関西風の「ていただく」が全国に、そして岡崎にも広がった。

・従来の敬語と別の観点から聞き手への配慮を表現するようになった。

・これは聞き手との対面コミュニケーションが重視される流れを示す。

(1) 岡崎の「ていただく」の増加

愛知県岡崎市での敬語調査の分析で、研究者にとって意外だったのは、「ていただく」の増え方である。第一～三次調査を比べてみると、「ていただく」が全体として増えている。ところが、第三次調査の話者を、生まれた年代に分けて並べたグラフを作ってみたら、思いがけないパターンが見えてきた（図1）。「ていただく」を多く使うのはいつも年が上の人で、一〇代はあまり使わない。若いときはあまり使わなくても、年をとると多く使うのだ。お年寄りがあまり使わず、若年層がよく使うという、普通の言語変化とは違っている。

一般に、新しい現象は若い人がまず採用する。その後で、もっと年上の人も使う。現代の新語・流行語がそうだし、かつての共通語の普及もそうだった。通常、そのような変化は右上がりの線が描かれるが、図1は、その逆の右下がりの線になっているのだ。三回の調査の線が並ぶ「川の字変化」である（2-1）。

この右下がりの線は、敬語行動の成人後採用の典型と読み取るべきである。第三次調査の年齢の線は凹凸が激しいが、大まかには右下がりで、若い人はあまり「ていただく」を使わない。一回の調査だけの年齢差を見たら、若い人の答えが少ないから、将来少なくなると考えてしまう。しかし、第一次、第二次の調査結果と比べると、近年の増加は明らかである。「ていただく」の最近の増加は全国で報告されている。また近代語史からも、文化庁の世論調査でも明らかである。岡崎もこの

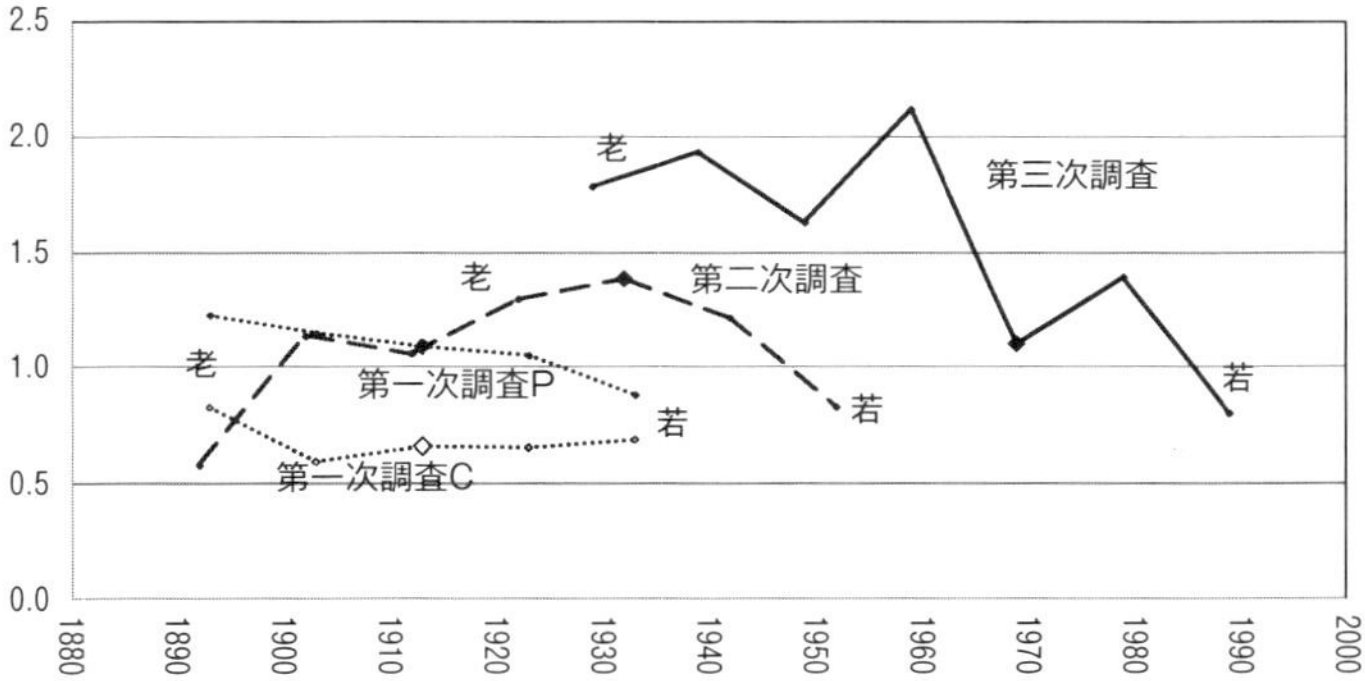

図1 「ていただく」の生年による推移

【グラフの説明】

グラフの横軸が生年（10 年刻み）で、左側が昔のお年寄り、右側が今の若い人。縦軸は「ていただく」の（物売魚釣を除く）11 場面での平均使用数を示す。上側は多く使い、下側はあまり使わない。

グラフの線は、2 本の点線は第一次調査 P と C、破線は第二次調査、実線は第三次調査を表す。第一次調査から第二次調査、第三次調査にかけて、多く使うようになった。

第二次と第三次の中年以下の線はほぼ右下がりとなっている。つまり中年層は「ていただく」を多く使い、若い人は少ないことがわかる。

波に乗っている。

敬語は社会に出てから習得する。成人後に、現場で熟練労働の一つとして覚える。冠婚葬祭のしきたりなども、人生経験を重ねて身につく。社会活動にかかわる現象は、「成人後採用」が普通なのだ。

岡崎調査では、過去に調査を受けてくれた人を探し出して調査をお願いしたことで、パネルサンプルの追跡調査が実現できた。その結果、同一人物が、年をとるほど「ていただく」を多く使うようになることがわかった。一九三〇年代あたりに生まれた人は、第一次調査の一〇代のときはあまり使わなかった。その後中年になったら若いときより多く使う。第三次調査ではお年寄りになり、中年のときよりさらに多く「ていただく」を使う。

「ていただく」は従来型の目上・目下の関係ではない、新しい関係のあり方にふさわしい表現として多用されるようになった。あたかも自分が恩恵を受けたように表現し、聞き手と第三者との上下や親疎の関係などにあまり考慮を払わないで済む点では単純である。「ていただく」の使用増加は、日本語の敬語で身分や地位の上下関係よりも相互の恩恵関係が重視される流れを示している。

「ていただく」により、従来の敬語と別の観点から聞き手への配慮を表現するようになった。「ていただく」を使用すれば、表現の丁寧さが上がり（2-2）、文の長さも長くなる（2-1）。ことば数が多くなって、話も長くなる（2-5）。岡崎では、「ていただく」のほかにも、聞き手に配慮した表現が広がった（3-2）。その原因はなんだろうか。

(2) 「ていただく」に見る社会と地域

この「ていただく」の源は深くたどられる。「ていただく」の前身は、「てもらう」である。日本語史の研究によると、文献に「してやる」「してくれる」「してもらう」などの「やりもらい表現」が出てくるのは、江戸時代中期からである。近代には「してもらいます」は関西人が使うという観察があった。「もらう」という受恵表現で相手への気持ちを表現して、本来の敬語の代わりに使うようになったというのである。ところが今では、「してもらいます」では失礼な感じがする。よりそれを避けるために、「もらう」を謙譲語「いただく」に変えた「ていただく」が登場した。より丁寧な言い方が進出するのは「敬意低減の法則」に合致する。

本節冒頭の例文でも示したように、道案内では、明治生まれが「行くと」と言っていたところを、昭和二〇年代生まれは「行ってもらうと」、さらに「行っていただいたら」と言うようになる。

共通語の敬語には、近畿地方から受け入れられた表現がある(3-1)。図2で、近代の敬語変化の中でも特に方言が関係する典型を見てみよう。目上の相手のところに「行きます」という表現で、「〜(さ)せていただく」という回答は、図2の二〇世紀はじめに生まれた人の分布では、近畿周辺に固まっている。それが、二〇世紀後期に東京に入り、さらに今、全国に広がりつつある。関西風の「ていただく」は全国に、そして岡崎にも広がった。

しかし、「ていただく」の問題点は、使う文脈、場面が適切かどうかである。相手から何らかの

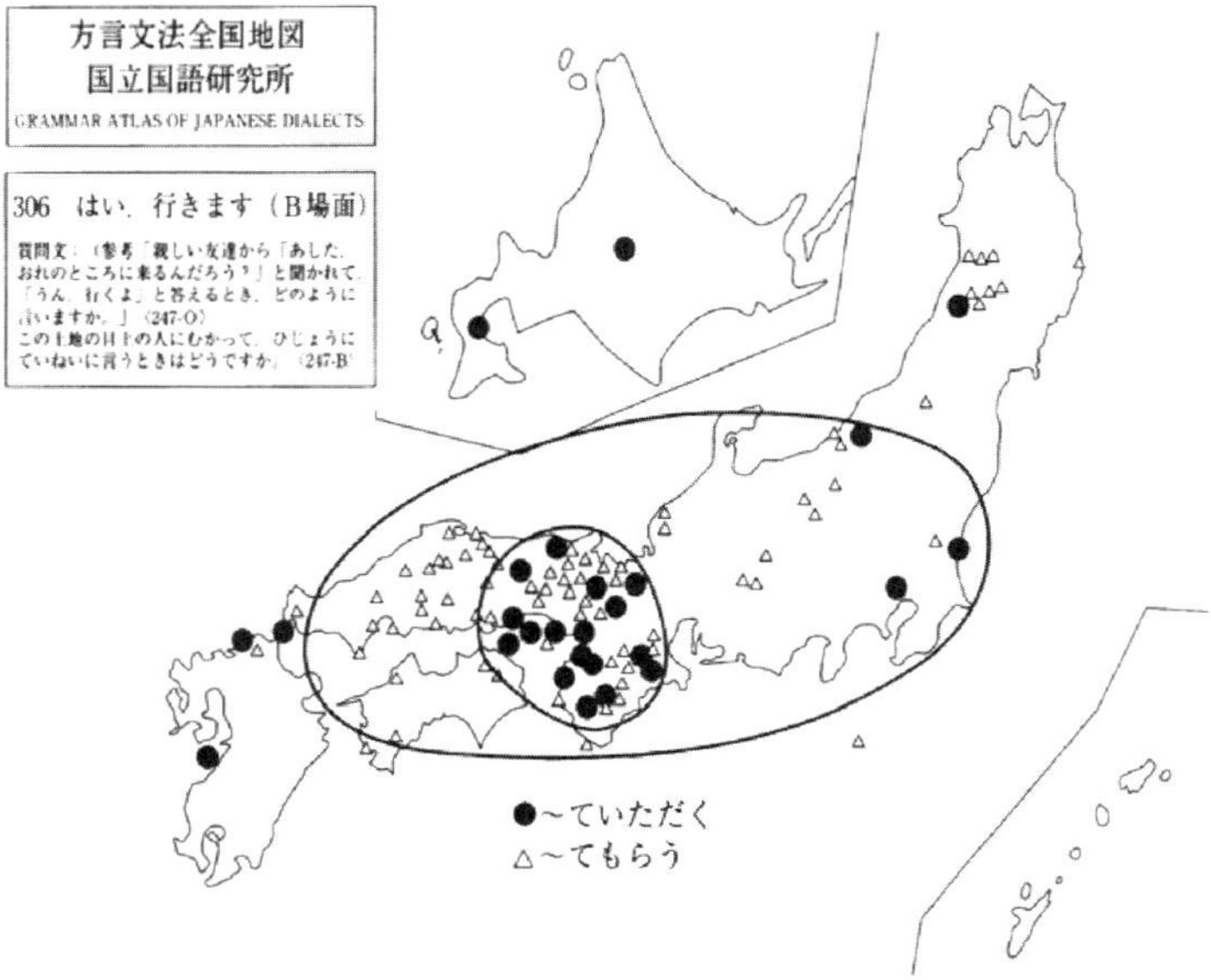

図2　受恵表現「ていただく」の分布図（GAJ）

恩恵を受ける場合は受け入れられるが、そうでない文脈では抵抗がある。文化庁の『敬語の指針』では、「〜（さ）せていただく」のさまざまな用例を分析して、次の場合なら使っていいとしている。相手側または第三者の許可を受けて行い、そのことで「恩恵を受ける」という事実や気持ちのある場合。しかし個人の許容度が違うと指摘している。

言語変化の普及過程でよく起こる現象で、連続体をなし、単純な境界線で区切ることはできない。「ていただく」は、岡崎でも、全国でも、まさに変化の真っ最中なのである。

（井上史雄）

2-4 平等な社会における平等な敬語の進出

第一次調査 1953年	
四九歳・男性・事務系職業	「この駅の前を歩いて三分くらいだから、まっすぐお行きになればわかります」
五一歳・男性・労務系職業	「まっすぐに進めばいいです」

第三次調査 2008年	
六二歳・男性・事務系職業	「駅前をまっすぐ一〇〇メートルぐらい行ってもらえれば、明代橋がありますからね」
六一歳・男性・労務系職業	「この通りを横断して、そこに信号がありますから、その信号をまっすぐ行けば橋ですよ」

テーマ　敬語の民主化・平等化

ポイント

・かつてはことばの丁寧さの「話者属性差」が大きかったが、差は縮小した。

・職業や性別による差が小さくなり、社会全体が丁寧になってきている。

・話し方の話者属性差の縮小は、敬語の「民主化・平等化」の現れである。

(1) ことばから職業がわかる？

職業によることばの違いはあるだろうか。たとえば銀行員と肉体労働者がいて、乱暴なことばづかいをするのはどちらかと聞かれれば、ほとんどの人は、肉体労働者だと答えるだろう。ステレオタイプなイメージなのだが、事務職・管理職などのデスクワークに従事する人のことばは丁寧で、工事現場や運送業などの肉体労働に従事する人のことばは荒っぽいと考えやすい。一方で、肉体労働者のことばは昔に比べて丁寧になったとも言われている。たとえば、最近の運送業の人や職人さん、工事現場の誘導員などは、マニュアル敬語的ではあるが、客へのことばが丁寧になったという印象を持つ人もいるのではないだろうか。

以上の素朴な観察は、いずれも岡崎調査の結果で裏付けられる。冒頭の例文は、岡崎調査の回答項目で、駅の近くにある橋までの行き方を教える、「道教え」場面の回答である。第一次調査（一九五三年）の例を見ると、労務系（肉体労働者など）の男性が、「まっすぐ進めばいいです」と簡単に述べているのに対して、事務系の職業の男性は、「歩いて三分くらい」という具体的情報や、「お行きになる」という敬語表現も出てきて、丁寧である。第一次調査ではこれらの例のように、労務系ではぞんざいな回答が多く、事務系ではより丁寧な回答が多く見られた。職業によって、明確な敬語使用の違いが見られたのである。ところが第三次調査（二〇〇八年）では、冒頭の例文のように、労務系の話者でも事務系の話者でも同じように丁寧で、「一〇〇メートル」とか「信号」とかの具体的情報を入れた回答が多く見られるようになった。かつて明確であったことばづかいの職業差が、最近になって縮まってきているのである。

前の二つの節（2-1と2-2）では、回答の長さに年齢差があり、丁寧さにつながっていることを述べた。本節では、回答の長さと丁寧さの段階について、職業をはじめとした話者の「社会的属性」による違いを見る。社会的属性とは、社会における話者の地位・立場・役割などと結び付けられる特徴のことで、年齢、性別、学歴、職業などがあげられる。本節では、冒頭で見た職業のほかにも性別によってことばに違いがあることを見ていく。一方で、こうした話者属性による敬語の違いは、現在縮小する傾向にあることがわかってきている。これは「敬語の民主化・平等化」という現象としてとらえることができる。話者の社会的属性と敬語がどのような関係にあるか、そしてその関係がどのように変化してきたかを見ていくことにしよう。

(2) 職業による敬語の違い

岡崎調査では、回答者の職業を大きく「事務系」「接客系」「労務系」という三つの職種に分類する（主婦や学生などは「無職」として別扱いする）。これは、各職業において中心的と考えられる職務内容による分類である。事務系は事務・デスクワーク、接客系は顧客とのやりとり（つまり接客）、労務系は肉体労働作業を主な職務とする（詳細な分類は図3の解説参照）。

この三分類は、職務の中でのことば・敬語の使い方が異なると考えられる分類である。接客系の話者は、顧客とのやりとりを基本的に敬語で行うので、職務の中での敬語使用量は多いと考えられる。事務系の話者は、同じ会社内での会話が多いと考えられるが、会話の相手に上司などを含むため、やはり敬語の使用量は多いと考えられる。いっぽう、労務系の話者は、ことばを使ったコミュニケーションが比較的少なく、したがって敬語の使用量は他の二職種に比べて少ないことが予想される。話者の職業をこのように分類することで、職務の中での敬語使用量の違いが、ふだんのことばにどう影響するかを見ることができる。

では、これらの職業により敬語の使用がどのように異なるだろうか。三回の調査のそれぞれについて、職業ごとの回答の丁寧さ（丁寧さの段階づけ）と長さ（モーラ数）を見てみよう。まず、三回の調査の中で最も明確な職業差が観察された第二次調査（一九七二年）について、丁寧さを図1に、回答の長さを図2に示す。「丁寧さの段階」は値が少ないほうが丁寧であるため、グラフの目盛りは値が小さいほうが上になっている点に注意して見てほしい。

図1、図2どちらのグラフでも事務系が高く、接客系、労務系の順に低くなっている。つまり、事務系が最も長く丁寧に話し、労務系が最も短くぞんざいに話し、接客系はその中間である。

図1の丁寧さの段階をもう少し詳しく見てみよう。ここでは丁寧さの値は「1〜3」の3段階であり、中心の2はいわゆるデスマス体に相当する。丁寧さ1はそれよりも丁寧な形で、3は敬語を含まないダ体、いわゆるタメ口に相当する。図1では、事務系と接客系の数値が2より小さく、デ

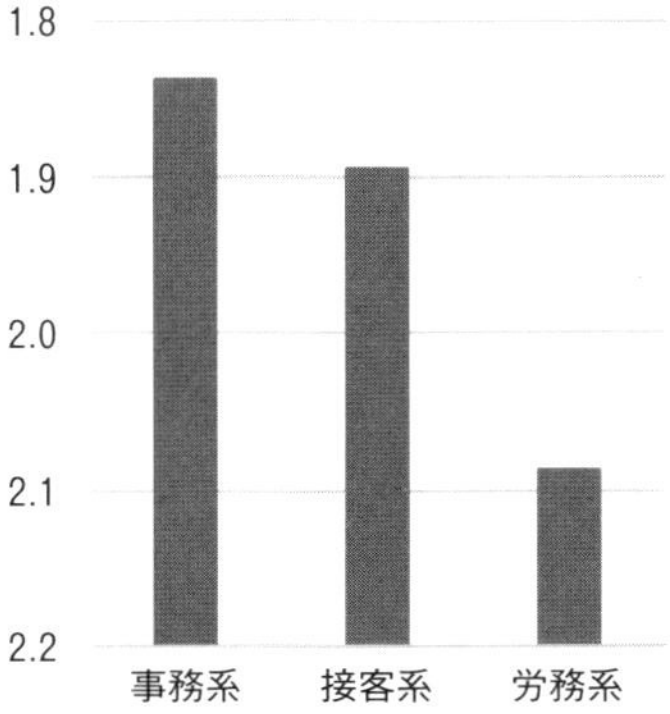

図1　職業別丁寧さ
（第二次調査 1972 年）

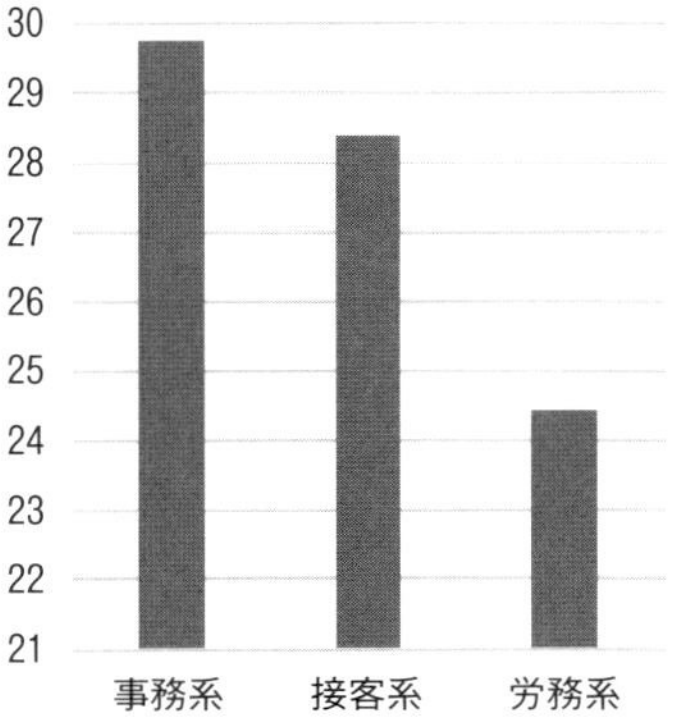

図2　職業別回答の長さ
（第二次調査 1972 年）

スマス体かそれよりも丁寧な敬語を使う人が多いとわかる。反対に、丁寧さの数値が2より大きい労務系は、回答中に敬語が入らない人が多くいるということを表している。これは図2の回答の長さにも反映しており、労務系の話し方が短くぞんざいであるというステレオタイプに沿うものである。

　ところで、接客系よりも事務系のほうが丁寧であるというのは、やや意外だったのではないだろうか。分類の基準のところで述べた通り、接客系は顧客との会話を主な職務とするため、職務中の敬語使用量が最も多いと考えられる。したがってふだんのことばも最も丁寧になりそうだが、実際にはそうではなく、事務・デスクワークに従事する人のほうが丁寧に話すと言えるのである。これはどういうことだろうか。この点については、2-7で詳しく述べることにする。ここでは、いずれにせよ、第二次調査では話者の職業によって敬語使用の特徴に差が見られるという点だけを確認して、他の調査結果も見てみよう。

図3は、丁寧さについて三回の調査結果を比較したものである。事務系は三回の調査で一貫して一番高く、労務系は三回とも低い。職種別の丁寧さの順番は変わらないが、第三次調査では差は縮まっていることがわかる。第一次調査から一九年後の第二次調査（一九七二年）では、まず接客系の丁寧さが上昇して、事務系とほぼ同じ水準になる。労務系の丁寧さは低いままである。しかし三六年後の第三次調査（二〇〇八年）になると、労務系の丁寧さも上昇し、事務系・接客系に接近している。

図4で回答の長さについても見てみよう。第一次調査では接客系のほうが事務系よりも長いなど、丁寧さとは異なる特徴も見られる。しかしここで最も注目したいのは、丁寧さと同様に職業による差が縮小しているという点である。第一次と第二次の調査では、長く答える職業とぞんざいに答える職業の違いが明確であったが、第三次調査ではその差が大幅に縮小していることがわかる。特に労務系での上昇が著しい。

以上、回答の丁寧さと長さのそれぞれについて個別に見てきたが、両者を総合すると、敬語使用の職業差について以下のように結論付けることができる。話者が長く丁寧に話すか、それとも短くぞんざいに話すかといった敬語使用の特徴は、話者の職業によって違いがある。事務職や接客業の話者は比較的長く丁寧に話し、肉体労働系の職業には短くぞんざいに話す話者が多いようである。こうした職業による違いは、最も新しい調査である第三次調査でも存在するが、その差は縮小して

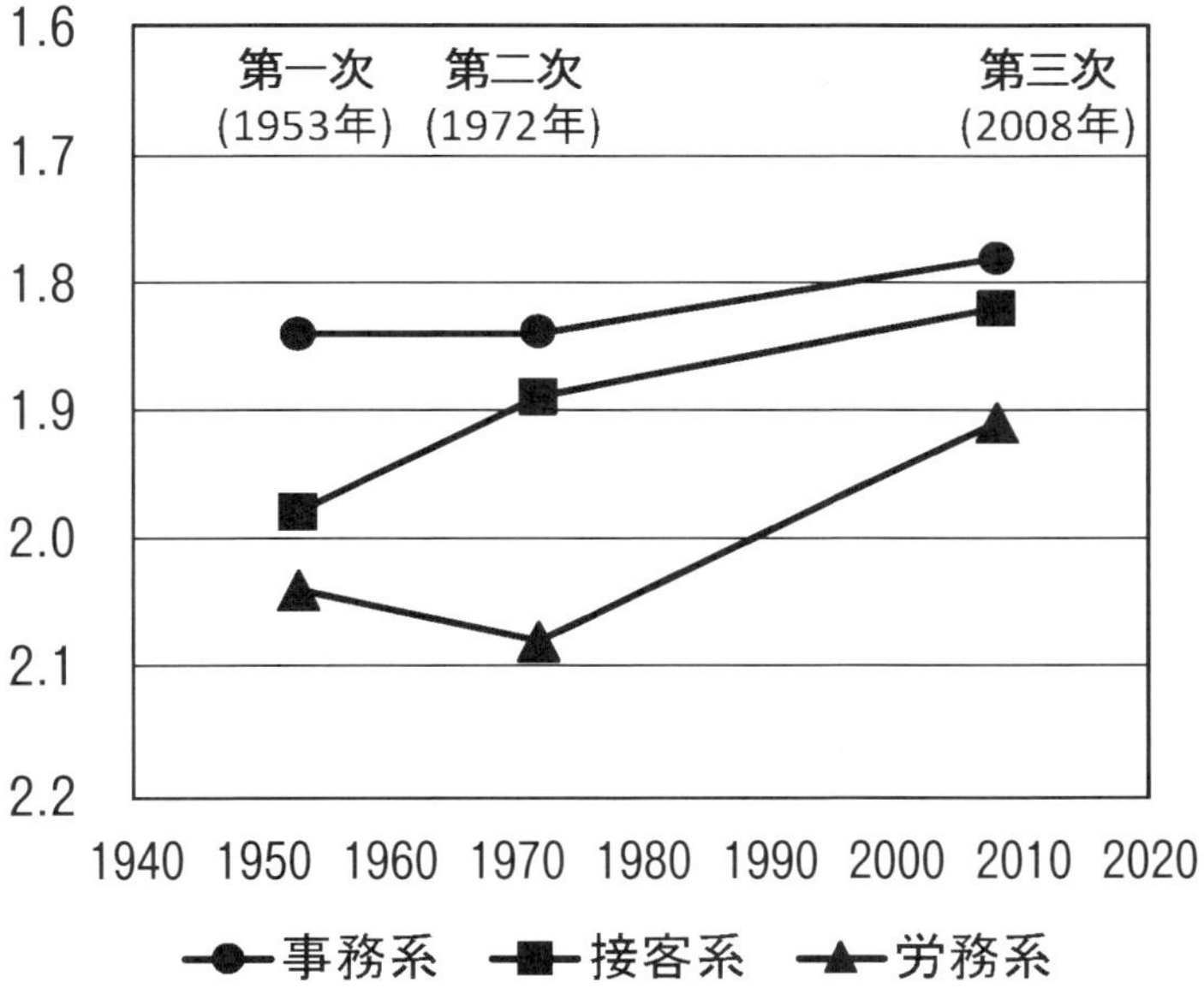

図3　職業別丁寧さ平均値（調査ごと）

【グラフの説明】

縦軸が丁寧さの段階づけ（2-2 参照）による値、横軸が調査年を表す。

職業分類は、調査時の分類を以下のようにまとめたものである。

事務系：専門的・技術的職業，管理的職業，事務
接客系：販売，サービス職業
労務系：保安職業，農林漁業，運輸・通信，生産工程・労務作業

いる。以前は職業と敬語が密接に結びついていたが、その結び付きが弱まってきているとも言える。本節のはじめに述べた日常的な観察は、こうした傾向を反映したものと言えるであろう。

なお「役割敬語」という用語が大石初太郎によって早くに提唱されていて、同一人物が職種や場面により、役割に応じて敬語を身につけ、使いこなすことは、指摘されている。

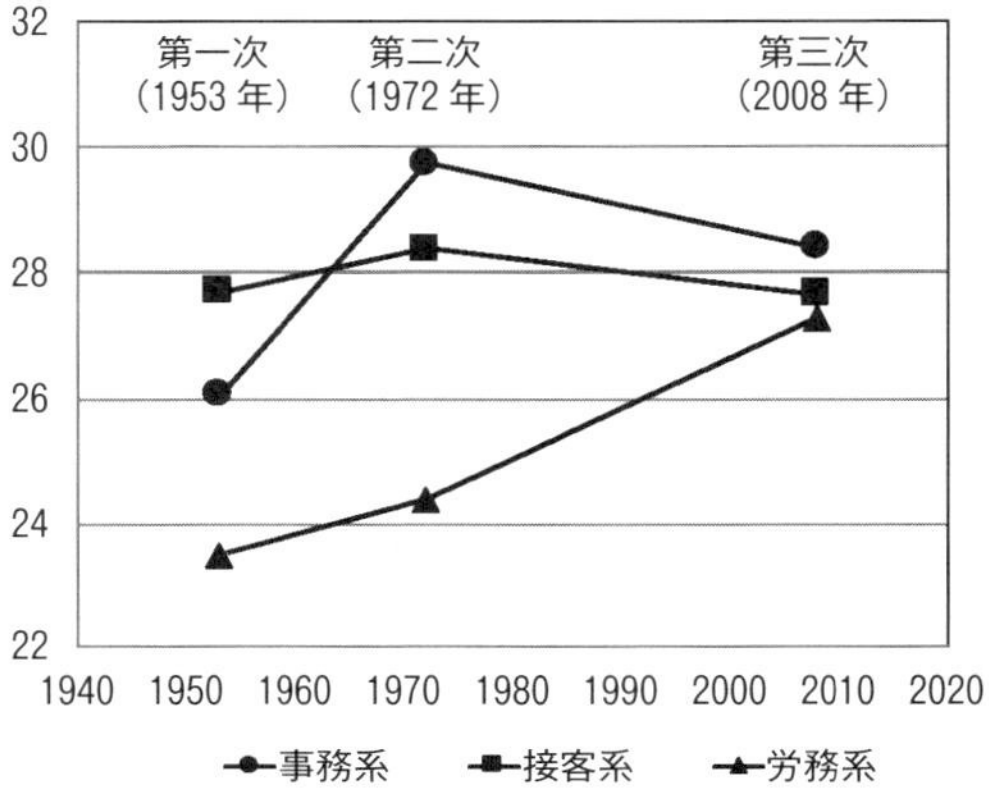

図4　職業別回答の長さの平均値（調査ごと）

(3) 性別による敬語の違い

ここまでは職業と敬語の関係を見てきたが、敬語と関わる話者の社会的属性は他にもある。その一つが性別である。敬語に限らず、ことばづかい全般が男性と女性とで異なるということは、多くの人が日常的に知っていることであろう。ステレオタイプ的に言うとやはり、男性よりも女性のほうが丁寧な話し方をするという印象を持っている人が多いのではないだろうか。このことも岡崎調査の成果によって裏付けられる。そしてさらに、職業差と同じように、（一部ではあるが）男女差も縮小してきていることがわかっている。

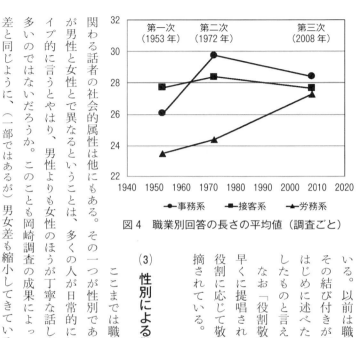

図5と図6は、回答の丁寧さと長さのそれぞれについて、三回の調査結果を男女で比較したものである。まず図5を見ると、三回の調査で一貫して女性の丁寧さのほうが高い。ただし、女性の丁寧さが三回の調査を通してほぼ変わらない（第二次でやや減少するが第三次では第一次と同じ水準に戻る）のに対し、男性の丁寧さは第三次調査で増加し、その差は縮まっている。依然として女性のほうが丁寧であるが、最近では男性もより丁寧な話し方をするようになってきている。

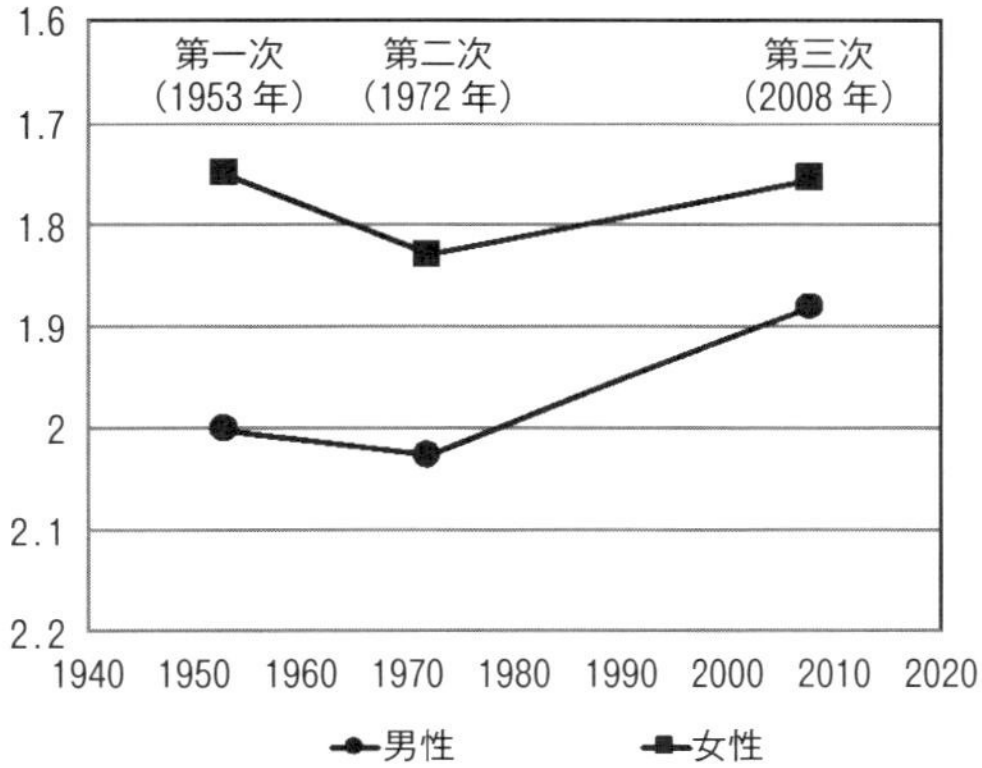

図5　男女別丁寧さの平均値（調査ごと）

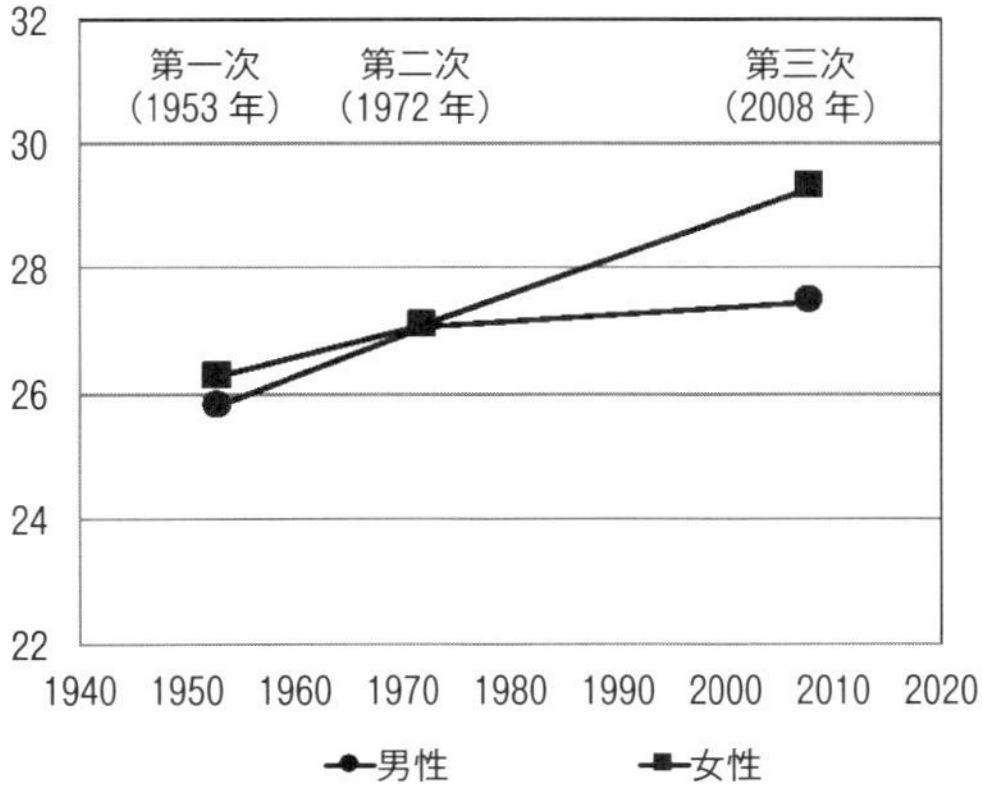

図6　男女別回答の長さの平均値（調査ごと）

いっぽう、図6の回答の長さではこれまでとは異なるパターンが見られる。どの調査でもやはり女性のほうが長く話すが、第一次と第二次の調査でははっきりとした男女差は見られなかった。第三次調査では女性の回答が長くなり、男女差は拡大する。男性の回答の長さは三回の調査を通してわずかに増加するもののほぼ横ばいである。丁寧さとの関係で言うと、男性ではより丁寧になるが長くならず、女性では丁寧さは変わらないが長くなるというパターンを示す。

2-1〜2-3、および本節での職業差に関して見てきたように、回答の長さと丁寧さは相関・連動する傾向にある。丁寧な敬語形式を使うとその分だけ回答が長くなるためである（「ダ〜デス〜デゴザイマス」など）。しかし男女別に見るとこうした傾向を示さない。これは、回答の丁寧さと長さが必ずしも連動するわけではないことを示している。たとえば、デスマス体だけを使って文の数や説明内容を増やせば、丁寧さは変わらないのに長くなる。反対に、より丁寧な敬語形式を使うものの、それで長くなった分だけ他の部分を短くして、長さは変わらないのにより丁寧にすることもできる。前者は女性、後者は男性が示したパターンであると解釈できる。女性は、丁寧さはあまり変わらないが、より長く話すようになってきている。男性は、より丁寧に話すようになってきているが、回答の長さは変わらない。

回答文の丁寧さ・長さは、職業や性別といった社会的属性によって異なることがわかった。このことは、話者の社会的属性と敬語使用が密接に関わるものであることを示している。ある人が、特定の場面で敬語を使うかどうか、使うとしたらどのくらい丁寧な表現を用いるか、といった敬語使い分けの原理は、その人が社会においてどういった役割・立ち位置の人であるかに影響を受ける（2-7）。ここでは職業と性別という二つの属性のみを取り上げたが、このほかにも学歴や出身地（地元の人か、他の地域から転入してきた人か）によっても敬語使用は異なることがわかっている。ほかにもさまざまな要因が関わってくるだろう。

そしてもう一つわかったことは、こうした社会的属性による差が縮小してきているということである。職業差については、第一次調査から第三次調査にかけて、違いが少なくなった。性差については、回答の丁寧さについて男女差が縮小する傾向にあった。ただし回答の長さについては、男性と女性がそれぞれの特徴を維持し、その差が拡大するという面も見られた。このように一部の例外があるが、男女差は縮小する方向へと変化してきている。やはり、社会的属性による差は全体として少なくなってきているのである。敬語の使用について、多くの人が同じような話し方をする方向へと変化してきていると言える。では、こうした変化はなぜ起こっているのか。そしてこれは何を意味するのであろうか。次にこうした問題を考えてみよう。

(4) 敬語の民主化・平等化

敬語の使い方に関する職業差や男女差といった話者属性による差は、なぜ縮小してきているのだろうか。こうした変化は、社会の変化に伴う「敬語の民主化・平等化」の表れと見ることができる。

敬語の民主化・平等化とは、敬語使い分けの基準が、社会的立場の関係から心理的距離の関係へと移行するという変化である。かつて敬語使い分けの最も重要な基準は、話者間の社会的立場や身分などに基づく上下関係・階層関係であった。話し相手が目上の人物であれば丁寧な敬語を使う、目下の人物であれば使わない、というように、敬語をどう使い分けるかが話者間の社会的上下関係によって規定されていた。しかし、現代では、社会構造の変化に伴い、かつての封建的身分制度のように明確な身分・階層関係がなくなった。このため敬語使い分けの基準としては、社会的な上下・階層関係は重要ではなくなった。これに代わって敬語使い分けの原理において重要な基準となったのが、話者間の親疎関係、心理的距離、心理的優劣関係などの心理的関係である。話者間の社会的属性による固定的な関係ではなく、その場の状況に応じた恩恵の有無や心理的立場の強弱関係によって、敬語が使い分けられるようになった（2-3も参照）。こうした社会構造の変化に伴う敬語使い分けの原理の変化を、民主化・平等化と呼ぶ。

日本語の敬語のこうした歴史的変化過程を踏まえると、本節で見てきた敬語と話者属性の関係の変化は、民主化・平等化の一部として位置づけられる。かつて身分・階層などの社会的属性と密接に結び付いていた敬語は、そうした上下関係から離れ、多くの人にとって対等な関係で、状況に応じて使い分けられるようになった。敬語の画一化・均質化とも言える。こうした変化の流れの中で、職業や性別といった社会的属性と敬語の結び付きが弱まってきていると言える。

敬語の変化は、社会そのものの変化の現れと見ることもできる。現在の日本では、かつての封建的身分制度だけでなく、性別や職業といった社会的属性についても、その上下関係の意識そのものが薄れてきている。敬語の話者属性差の縮小、すなわち敬語と話者属性の結び付きの希薄化は、こうした社会の変化を反映したものと考えることができる。

（柳村裕）

コラム④ 韓国語の敬語

韓国語と日本語は同じ膠着語で、共に体系化された敬語を持っている。しかし、現代日本語の敬語が同じ人に対する敬語使用を相手や状況に応じて相対的に変えていく「相対敬語」を中心とするのに対し、韓国語の敬語は自分より目上の人物はどんな場面でも絶対的に高める「絶対敬語」であるという点に違いがある（3-1）。

ただし、韓国語の敬語の中にも相対敬語的な一面がある。それが「圧尊法」である。「圧尊法」とは、「할아버지《ハラボジ》、아버지가《アボジガ》 왔습니다《ワッスムニダ》（お祖父さん、父が来ました）」のように、尊敬すべき話題の人物への敬語使用を抑圧することを意味する。最上位者である聞き手（お祖父さん）の前で、やや目上の人物（父）について言及する際に、敬語を控える（1-2）。これはその場にいない人物より目の前にいる聞き手を、より重視する敬語法であると言える（コラム⑥）。

この圧尊法は、家族間や師弟間のような私的な場面で適用されるべきだと指摘されているが、職場のような公的な場面での使用が増え、その使用法に関する混乱は絶えることがない。混乱の原因の一つとして軍隊での敬語使用が影響していると思われる。兵役義務のある男性の場合、軍隊で圧尊法が使用されるために定着してしまい、圧尊法が社会生活の中でも現れるようになる。そこで、圧尊法の使用経験が少ない女性との間にずれが生じ、結果的に圧尊法の使用に混乱を起こしていると言える。

図は、韓国国語院の調査報告書『大都市地域社会方言調査』(2015) の結果の一部を点数化したもので、一文（センテンス）あたりの尊敬語要素（尊敬主格助詞や尊敬接辞）の一回の使用に1点を与えた。女性では3点が多いが、男性では0点か1点が多い。つまり、男性は尊敬すべき話題の人物への尊敬語を控えており、男女差があることが確認できる。

前述の通り、圧尊法は元々私的な場面で適用されるべきもので、さらに圧尊法が使われすぎると序列関係を助長する側面もある。今後国防部でも軍隊で正しい圧尊法の使用を教育していく方針なので、将来的には男女差が減っていき、混乱が減っていくだろうと予測される。

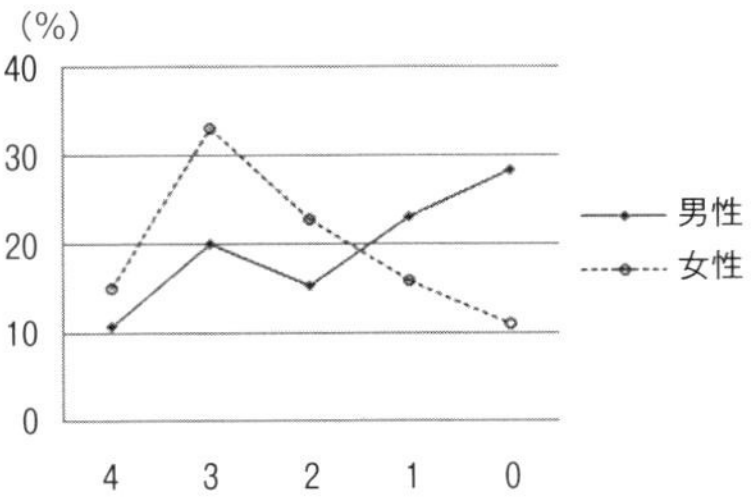

図　職場での敬語要素の使用回数

さらに、聞き手重視の敬語使用のもう一つの例として「事物尊称」をあげることができる（1-3）。「事物尊称」とは、元々は主体である人の行動や状態を高める機能をする尊敬接辞「시 si」を、事物にも用いる現象をいう。「피자가《ピジャガ》 나오셨습니다《ナオショッスムニダ》（ピザができあがられました）」や「인지는《インジヌン》 4백원이십니다《サーベグォニシムニダ》（印紙は四〇〇ウォンになられます）」のように、無生物にも尊敬接辞「시 si」を用いる。

この現象は九〇年代後半に出現したとされている。二〇〇〇年代半ばにマスコミなどで指摘されるようになり、二〇一二年に初めて韓国国語院の指針で言及されるようになった。

このような現象が広まった原因は簡単明瞭で、サービス業界に携わっている人々が接客の場面で、できるだけ丁寧なことばづかいをしようとした結果であると考えられる。現在はさまざまな接客の場面で観察されているが、これは日本語の「マニュアル敬語」に類似していると言えよう。公的機関やマスコミなどの指摘により現在の流行に歯止めがかかるか、それともサービス業界の競争で使用がより広まって、敬語法自体の変化にまで及ぶか、今後の行方が注目される。

（金順任）

2-5 配慮表現と談話機能要素の増加

第三次岡崎敬語調査「傘貸し」場面における談話機能要素の組み合わせ
一六歳・男性・前置き0「傘　つかってください（本題）」
四四歳・女性・前置き1「よかったら（条件追加）　傘　おつかいになりますか（本題）」
七四歳・男性・前置き2「まー（注意喚起）　雨が　降ってきたで（理由）　この傘を　もってってください」（本題）

テーマ　相手への配慮を示す表現における若者とお年寄りの両極化

ポイント

・加齢とともに相手への配慮を示す表現が増える。
・加齢とともに談話機能要素の組み合わせが豊かになる。
・対人コミュニケーションの機会の減少と敬意低減の法則が関係している。

(1) 結論は最後に

2-1で説明のあった「年をとると話が長くなる」について、この節では話の構成から考えてみたい(藏屋 2017)。そのため岡崎敬語調査の回答文を「談話データ(コラム⑤参照)の断片」の発話と見なす。回答文を意味のまとまりで分割することで、各部分を機能で分類できる。これを「談話機能要素」と呼ぶ。談話においては、話し手(岡崎敬語調査では回答者)が一番言いたいことを「本題」として、他に配慮表現を添えたり、情報を補足したり、本題の内容を再提示したりする要素が本題と共起する。本題の前に提示される談話機能要素を特に「前置き」と呼ぶ。本題に共起するものには、本題の再提示のような本題の内容自体に直接関わるもののほかに、注意喚起、理由、条件追加、都合伺い、謝罪、報酬がある。これらは本題の後ろに提示される場合もある(補足情報と呼ぶ)。

この節では「前置き」として本題の前に提示される談話機能要素について考える。冒頭の例は、急に雨が降ってきた時に自宅前を知っている人が通りかかり、傘を貸してあげようとする「傘貸し」場面の回答で、一〇代と四〇代と七〇代から、回答文の例とその談話構成(談話機能要素の組み合わせ)をあげたものである。

一六歳男性は、ただ「傘　つかってください」と本題のみにとどまっているのに対し、少し年齢が上がった四四歳女性は、「よかったら」という配慮表現を前置きとして添えている。この「よかったら」は、強制ではなく、相手が良いと思った場合に限るという制限を付けて相手に選択権を与える配慮をしているため、条件追加である。

七四歳男性は、「まー」という注意喚起の間投詞の後に、自然な話のつながりになるような「雨が降ってきたで（きたから）」という理由を提示してから、本題を提示している。このように、年齢層が上になるほど、本題に配慮を表すような前置きを追加する傾向があると言える。

こうして、個々の談話（岡崎敬語調査では回答文）で、談話を構成している談話機能要素について、合計数や本題に付随する要素の種類や数から分析することができる。この「傘貸し」場面について、一〇代から七〇代までの各年齢層の平均前置き数を小数点以下で四捨五入すると、一〇代がちょうど0になり、二〇代から六〇代までが1になり、七〇代が2になった。まさに冒頭の例文の通りである。

もっとも、ここでは各一例を示しただけである。他に「あのー　この傘　あのー　つかってください」（七五歳・男性・前置き2・注意喚起―注意喚起―本題）のように、前置きが増えたのは、単に躊躇（注意喚起に含まれる）が増えただけという単純なものもあった。それは、今回説明しようとしている傾向とは異なり、従来のイメージ通りの「年寄りは若者のように一息にはしゃべれない例」と言えるかもしれない。

日本語では、文章作法の「起承転結」に代表されるように、会話でも本題が最後に来ることが多い。そのことを談話構成で言うと、一つ以上の談話機能要素が提示された後に本題が提示されるパターンが多いということである。実際にデータを見ると、本題の後に提示される談話機能要素は非常に少なく、談話機能要素総合計（前置き＋本題＋補足情報）の推移は、前置き数の推移に非常に似ている。つまり、極端な言い方をすると、前置き数だけが変化したと言えるので、ここでは前置きだけに注目することにする。では、次から実際に岡崎敬語調査の回答文のデータを見ていこう。

(2) 談話機能要素数の増加も成人後採用

図1は、岡崎敬語調査の一二場面について、調査次と、生年を基準とした年齢層ごとに、前置きの数を表したものである。この図を見ると、第一次調査でわずかながら左が一番高い右下がり、第二次調査はほぼ横ばいではあるが大半が右下がり、第三次調査は、明らかに左が上の右下がりであり、全体位置も前の二回の調査次よりも高い。この三本の折れ線のうち、二本以上の折れ線が横切っている生年、たとえば一九四〇年に着目したとき、右側にある後の調査次の線が左側にある前の調査次の線よりも上に位置していると、その生年の人々がこの二つの調査次の間、つまり一九四〇年代生まれの人の例では三〇代から七〇代になるまでの間に前置きを増やすことを習得したと見なすことができる。また、各折れ線の右下がり（または左上がり）は、年齢層が上になるほど前置きが増えることを示しているので、これら二つの特徴から、前置きの数が増えるのは成人後採用の例と言える。しかし、その経年変化の様子は、場面ごとにさまざまな様相を示している。

そこで、実際に場面ごとに見てみる。経年変化を見る前に、まず三〇代女性に絞り、場面間でど

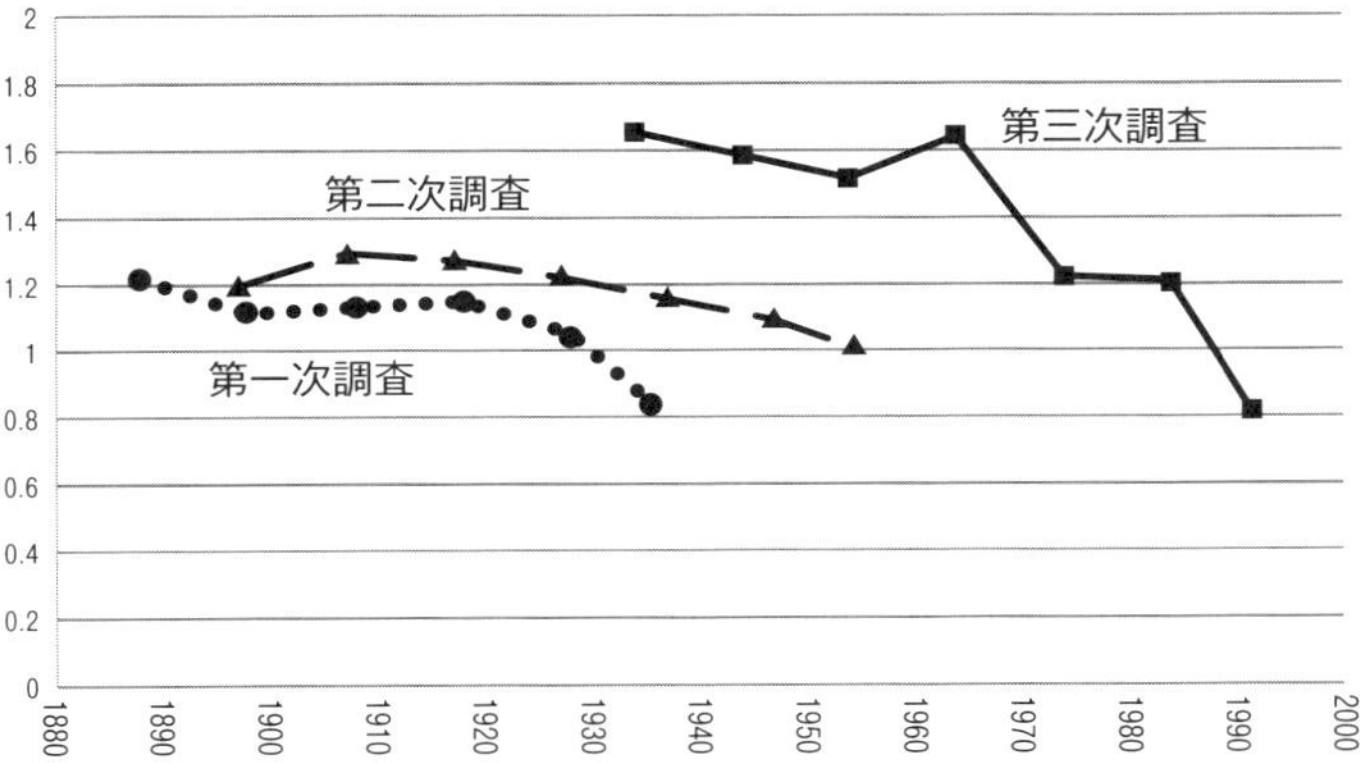

図１　12 場面全体調査次ごと年代（前置き）

【グラフの説明】

グラフの横軸が生年（10 年刻み）で、左側が昔のお年寄り、右側が今の若い人となる。縦軸は前置きとして提示されている談話機能要素の数である。上側は要素数が多く、下側は少ない。

グラフの線は、点線は第一次調査、破線は第二次調査、実線は第三次調査を表す。

3 本の線はすべてほぼ右下がりとなっている。つまりお年寄りほど提示する談話構成要素数が多く、若い人は少ないことがわかる。

談話機能要素：

談話を機能別に分けた場合の要素。本題のほか、本題に直接関わる言い換えや繰り返し、配慮を示したり情報を補足したりする注意喚起、理由、条件追加、都合伺い、謝罪、報酬などがある。

のような違いがあるかを見ることにしよう。次ページの例は、各場面で全調査次を通して採用率一位となった談話構成とその実例の一つである。なお、紙面の関係上、一部の場面は省略している。

右から順番に見てみよう。電報局の窓口で電報用紙を要求する場面では、「電報用紙　ください」という本題のみである。窓口の職員にとっていつものことであるので、本題のみで十分と言える。

それに対し、いつもの通りのようでいつもの通りでないのが次の医者場面である。急病人への往診依頼なので、「ちょっと　急病人が　ありますから」という診察を受けに来たのではない理由を提示した後に、本題を提示している。同じく、いつもの通りとは行かず、「理由-本題」となっているのが、新聞代の二重請求に対する返事である。確認すべき点を明確にするためにも「先月　はらいましたけど」と理由を提示している。完全にいつもの対応範囲の外になるのが、いつも行く店で荷物を預かってくれるよう頼む「荷物預け」である。その店で買ったものではあるが、荷物を預かるのが通常のサービスではないので、頼むほうも、「すみませんけど」と謝罪の一言を添えてから本題を提示している。

他に同じ「謝罪-本題」が見られたのが、通りがかりの人に国会議事堂へ行く道を聞く場面である。よく知っている人にとっては簡単な質問であるが、偶然その場に居合わせた人に説明する時間を取ってもらう必要があるため、「ちょっと　すみませんけど」と謝罪が提示されていると考えられる。

ここまで依頼の場面が続いたが、そうでない場面もある。断りの場面である。バスに乗っていて、

女性・場面：各場面採用率一位の談話構成「回答文」（調査次・生年・実年齢）

電報用紙要求：本題のみ「電報用紙　ください」（第一次・一九一九年・三四歳）

医者：理由‐本題「ちょっと　急病人が　ありますから　すぐ　きて　ください」（第一次・一九二〇年・三三歳）

二重請求：理由‐本題「先月　はらいましたけど　ちょっと　確認してもらえませんか」（第三次・一九七四年・三四歳）

荷物預け：謝罪‐本題「すみませんけど　荷物を　ちょっと　置かしといて　いただけませんか」（第一次・一九一五年・三八歳）

議事堂：謝罪‐本題「ちょっと　すみませんけど　ここの　国会議事堂へ　いく道は　どちらへ　行ったら　いいですか」（第二次・一九三五年・三七歳）

席譲られ：条件追加‐本題「もうすぐ　降りますから　結構でございます」（第一次・一九一六年・三七歳）

傘貸し：条件追加‐本題「よかったら　傘　つかいませんか」（第三次・一九七四年・三四歳）

傘忘れ：注意喚起‐理由「もしもし　傘　おわすれですよ」（第二次・一九三九年・三三歳）

自分が連れている小さな子にと席を譲られたが、断る。このような場面で、断りのことば（本題）だけを言うことはまずないだろう。席を必要としていない確固たる証拠として「もうすぐ　降りますから」と次で降りることを告げて（条件追加）、断りのことば（本題）を言っている。申し出を断ることは、それほど相手に配慮しなければならないことなのである。

いっぽう、申し出の場面もある。まずは、冒頭の例と同じ傘貸しの場面である。前述の通り、ここでも「よかったら」という条件を追加した後に本題を提示している。最後は、バスで傘を置いたまま降りて行こうとする人に傘を持って行くよう促す場面である。ここでは、とにかく急いで伝えなければならない上に、傘が残っていることさえ伝えれば、わざわざ持って行くように言う（本来の本題）必要がないので、「もしもし」という注意喚起の後に、「傘　おわすれですよ」と本題代わりとなる理由を提示しているだけである。すべきことが明確であれば、本題は必ずしも明言する必要はないのである。

このように、大半の場面で、一つの前置きと本題という組み合わせになっている。これら三〇代女性の例を六〇代女性と比べた場合、意外にも、各場面の第一位の談話構成にあまり違いはない。しかし、第一位の回答の占める割合に差がある。特に、第一次調査、第二次調査と比較して、第三次調査において、談話構成全体の中で第一位が占める割合は、三〇代で大きくなっているいっぽう、六〇代では小さくなっている。つまり、三〇代で使われる組み合わせの種類が減り、六〇代では増えていることになる。また、特に傘貸しの場面で、六〇代では回答文の談話構成傾向が大きく分かれ、第二次調査では四種類、第三次調査では三種類と同率一位が多数発生していた。傘貸しは、中し出の場面であるので、それほど配慮を見せる必要がないが、年齢層が上がると、話題を振りつつも差し出す傘を何とか使ってもらえるよう自然な会話を工夫していると考えられる。

(3) 職業と談話機能要素数

ここで、少し本題から外れて、職業と談話機能要素数の関係について見てみる。図2～5は、2-4で説明されている職業別の調査次ごとの前置き数のグラフである（見方は図1と同じ）。図2は、事務系の職業に就いている回答者の前置き数の平均である。各折れ線グラフは緩やかながら右下がりで、後のものほど上にある。比較的きれいな成人後採用である。また、いわゆる「ホワイトカラー」で学歴が高い場合も多い事務系は、一〇代でも前置きの数が極端に少なくならないのも特徴と言える。それに対し、第二次調査以降急激に上下差が大きくなっているのが図3の接客系である。人とのやりとりが主な仕事である接客系は、経験や知識のない状態からスタートし、人と関わる経験が増えるとともに急激に前置きの数を増やすことを学習すると考えられる。接客系の一〇代、二〇代の前置きの数の少なさは、経験・知識の不足に加え、必要最低限の要素を使うマニュアル敬語化によるものである可能性もある。

また、六〇代、七〇代に関しては、事務系よりも多くの対人コミュニケーションの機会を経験し

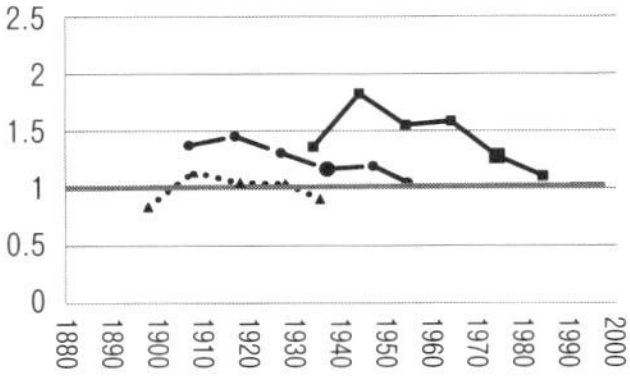

図2　事務系　調査次ごと年代（前置き）

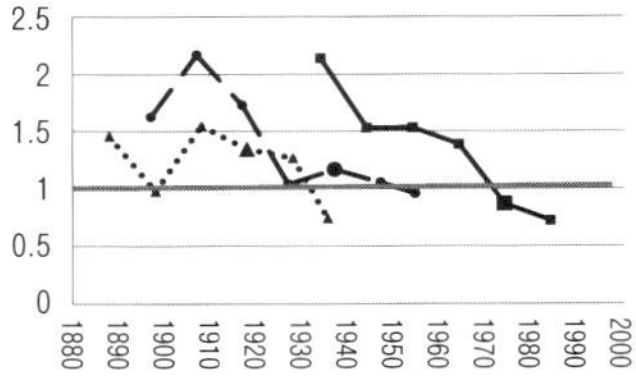

図3　接客系　調査次ごと年代（前置き）

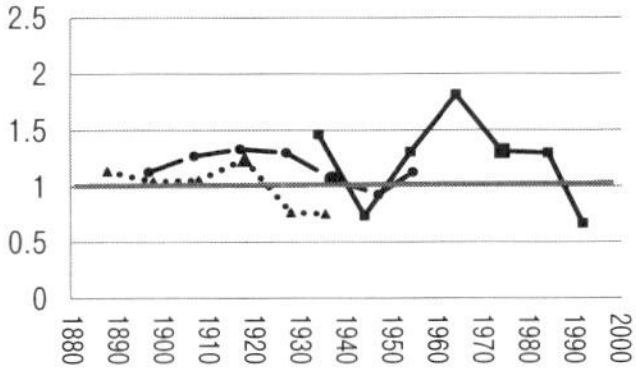

図4　労務系　調査次ごと年代（前置き）

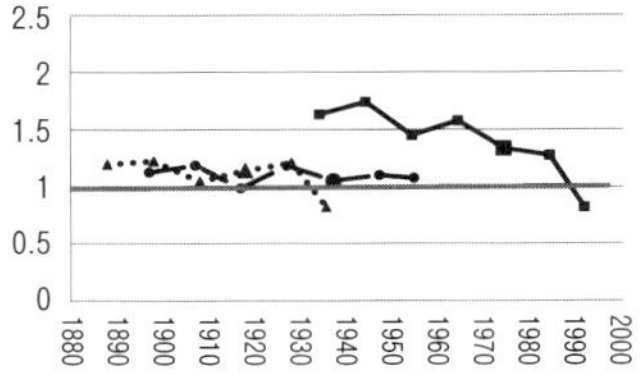

図5　無職　調査次ごと年代（前置き）

た結果、接客系のほうが前置きの数が多くなったと考えられる。いっぽう、労務系、無職は、第一次調査から第二次調査にかけてはほとんど変化がないが、第三次調査で急激に前置きの数が増え、労務系の一部に例外はあるものの、基本的に上の年齢層のほうが多くなっている。必要最小限の要素しか使っていなかった人々が、第三次調査の時までに大幅に前置きを増やすようになったと言える。

したがって、事務系が全体的に緩やかな成人後採用であるのに加えて、第二次調査の時期に、まず対人コミュニケーションの機会の多い接客系が前置きの数を増やすようになり、続いて第三次調査の時期には、労務系と無職も前置きの数を増やすようになって、結果的に職種に関係なく同じような話し方をしはじめたと考えられる。これは、2-4で述べられた「敬語の民主化・平等化」に通じる結果である。

(4) 談話機能要素数増加のしくみ

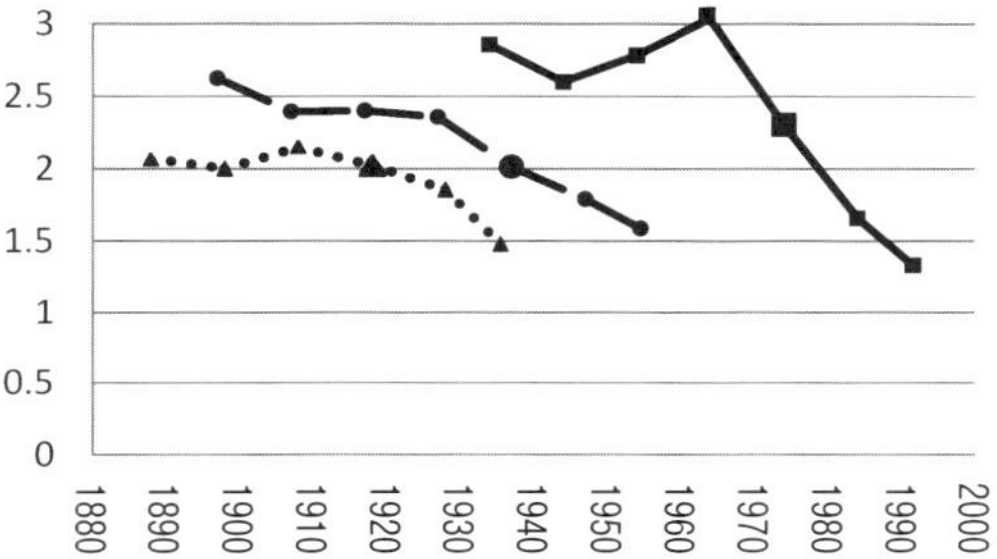

図6 医者場面調査次ごと年代（前置き）

では、本題に戻って、各場面のグラフで経年変化を見てみよう。図6は、医者場面である。右下がりのラインを維持しながら、四○代以上の高いところはより高く、しかしながら一○代、二○代の若年層の低いところは低いまま、あるいはさらに低下の傾向を示している。後の調査次になって上の年齢層での傾向が変わっても、若年層の習得傾向はそれに追いつかず、あまり変わっていない。いっぽう、図7の荷物預け場面、図8の席譲られ場面は、一番右の第三次調査で急に左が上の右下がりのラインとなっている。紙面の関係で図は示せないが、じつは、二重請求場面や、議事堂場面も、前述の二つほどの差ではないながらよく似た変化であった。これらのデータから、調査次が後、特に第二次調査と第三次調査の間に中年層以上を中心に大幅な前置きの増加が見られ、結果的に回答文全体の丁寧度が上がったと解釈することができる。

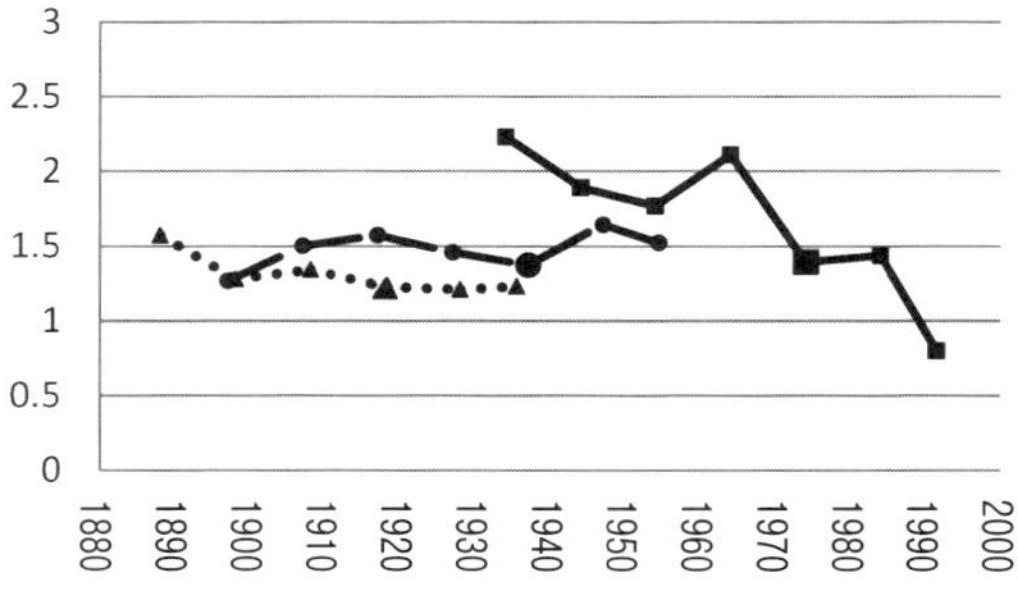

図7　荷物預け場面調査次ごと年代（前置き）

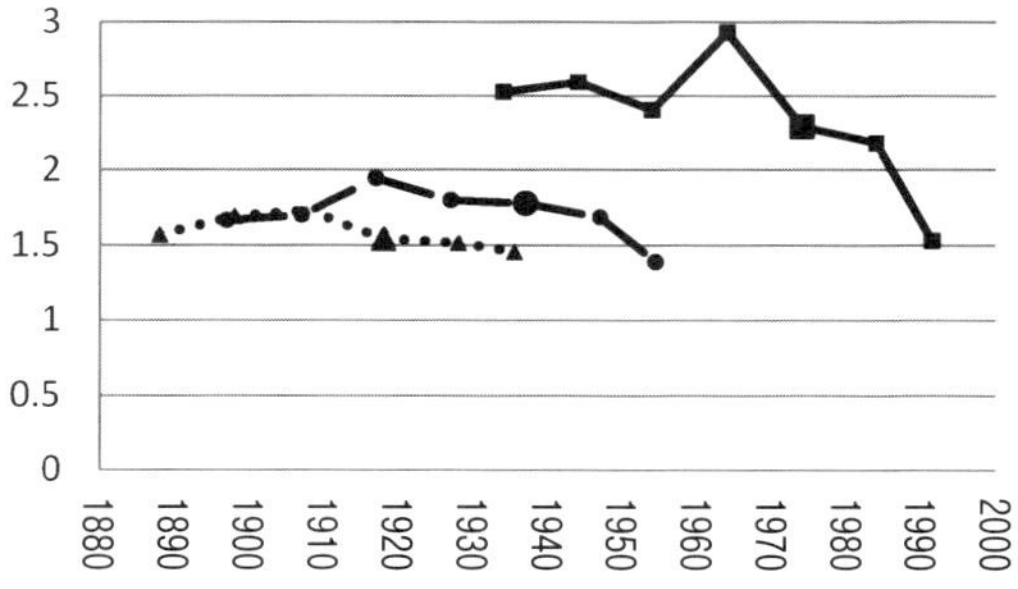

図8　席譲られ場面調査次ごと年代（前置き）

さきほど、三〇代女性と六〇代女性の各場面採用率第一位の談話構成を見た時に、組み合わせの種類の増減について触れた。それを別のデータで確認しよう。図9は、第二次調査と第三次調査の間での談話構成の種類の変化率である。わかりやすいように、きれいなラインとなっていない場面のデータは取り除いてある。

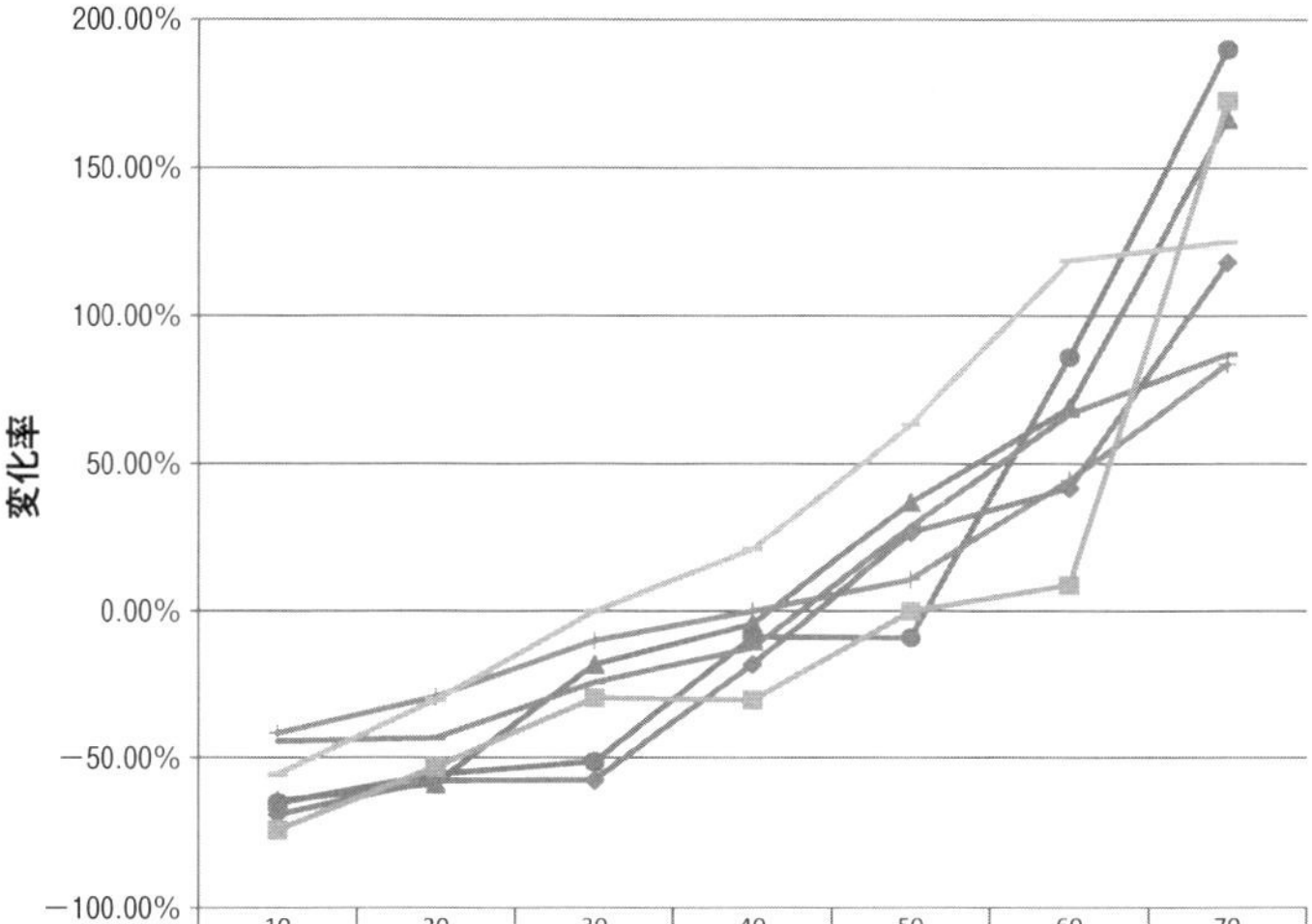

	10	20	30	40	50	60	70
荷物預け	-64.29%	-58.62%	-18.18%	-4.35%	36.84%	68.75%	166.67%
電灯新聞	-65.00%	-55.56%	-51.35%	-8.82%	-9.09%	85.71%	190.00%
議事堂	-41.67%	-29.17%	-10.00%	0.00%	10.53%	44.44%	83.33%
医者	-44.44%	-43.33%	-24.24%	-12.50%	28.57%	66.67%	86.67%
席譲られ	-55.56%	-30.30%	0.00%	20.69%	63.16%	118.75%	125.00%
おつり	-68.75%	-57.58%	-57.50%	-18.18%	26.32%	41.67%	118.18%
傘貸し	-73.91%	-53.13%	-29.63%	-30.30%	0.00%	8.70%	172.73%

年齢層

図９　第二次調査～第三次調査の組み合わせ数の変化率

この図は、単純に年齢層別に第三次調査の種類数（実数）から第二次調査の種類数（実数）を引き、第二次調査の種類数（実数）で割ることによって、第二次調査と第三次調査の間の種類数の増減率を計算し、それをグラフ化したものである。この図を見ると、年齢層による違いが一目瞭然である。低い年齢層の左側は変化率がマイナス（減少）となっており、真ん中あたりの年齢層でちょうどプラスマイナス0前後（変化なし）、高い年齢層の右

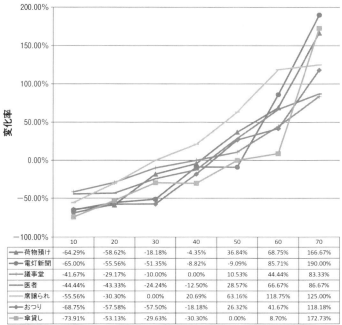

側はプラス（増加）となっている。つまり、若者のバリエーションが減り、お年寄りのバリエーションが豊かになっていると言える。

これらの場面には、依頼、断り、申し出が含まれているが、いずれも技術の進歩等によって、以前よりも重い負荷がかかるようになっていると言える。具体的には、荷物預けはコインロッカーの普及、電灯新聞は口座引き落としの増加、議事堂はインターネットの普及、傘貸しは安価なビニール傘の普及、おつりはレジの普及などによって、対人コミュニケーションの機会が減少していると考えられる。こういった影響が、医者での緊急特別対応依頼や、バスの座席を譲るという申し出に対する断りという、昔からあるやりとりにも変化をもたらしていることは想像に難くない。その結果、人間関係の希薄化と敬意低減の法則によってちょっとしたことにもより多くの配慮を示そうとする人が増えるいっぽう、経験の少ない若年層は、少ない談話機能要素の特定の組み合わせを好むようになってきていると言えるだろう。そうして、若者のマニュアル敬語化が進み、年齢が上がるほど自分なりの表現を工夫するようになるという両極化が進んだと考えられる。年をとると、長さとバリエーションの両方の使い方を習得することによって、話が丁寧になるのである。

（藏屋伸子）

コラム⑤　談話としての岡崎調査データ

岡崎調査データは、面接式調査という手法を用いて、各場面で自分ならどう言うかを聞いたものである。いっぽう、談話とは、複数の人の間のことばのやりとりを指すので、本来、二人以上の会話ではない岡崎調査データは談話データとは言えない。しかし、これを談話の一部と見なして分析すると、おもしろいことがわかる。

通常、談話を意味のまとまりで分割すると、本題、理由、繰り返しなどの要素（談話機能要素）に分類することができる。どのような要素が使われるかは、場面、時代、年齢層などによって異なる。ここでは、例として「おつり」場面（4-2参照）での三〇代女性の回答を見てみよう。枠内は、各調査次で第一位となった談話構成（談話機能要素の組み合わせ）の回答文例である。第一次調査では、お釣りが足りないという理由を示した上で、再度計算してほしいという本題を明確に提示しているが、第二次調査になると、第一次調査での理由の内容を質問形式で提示し、遠回しに不足分の確認や追加支払いを要求している。明確に本題を述べるのを避けることによって、相手がそれを察するのを期待するいっぽう、相手が要求に気づかなかったり、要求を拒否しやすくなったりするので、より丁寧になると考えることができる。

しかし、じつは遠回しに言うことが必ずしも丁寧とは限らない。意図を理解するのが必要以上に難しかったり、逆に明らかな内容を明確に言わないことが皮肉に聞こえたりするからである。第三

各調査次で採用率１位の談話構成（30代女性）

第一次：理由－本題「お釣りが　足りない　ようですけど　もー　いちど　しらべて　いただけませんか」(36歳)
第二次：都合伺い「お釣りが　たらないじゃないでしょうか」(30歳)
第三次：理由「お釣りが　ちがう　とおもうんですけれども」(36歳)
第三次：謝罪－理由「すいません　ちょっと　お釣り　たりないみたいですけど」(39歳)

次調査になると、同率一位の両方で理由が本題代わりとなっている。おつりの金額が正しいのは当然であるので、理由だけ述べれば、おのずとすべきことが明確になる。したがって、理由は都合伺いほど遠回しすぎる表現ではない。しかし、少しことばを添えてより配慮を示そうとする例が増えている。特に近年前置きとしてよく聞かれるようになったのは、本来の謝罪の意味が薄まった注意喚起の「すいません」系の表現である。

「敬意低減の法則」により、特定の表現から相手に伝わる丁寧度が下がっていくため、使われる表現の丁寧度がどんどん上がっていると言われている。確かに、高い年齢層では、より多くの談話機能要素を使いこなしたり、より多様な談話構成が見られるようになったりしている。しかし、若年層では、むしろ選ぶ組み合わせが減っている。第三次調査の結果を見ると、組み合わせの種類が激減しているのだ。対人コミュニケーションの経験の少ない若年層では、最適な表現に迷った結果、マニュアル化が進んでいるとも言える。これは、組み合わせの種類が増えている高い年齢層とは逆の現象であり、両者の間で両極化が進んでいる。岡崎の回答文は、確かに談話の断片の集まりなのだ。

（藏屋伸子）

2-6 第三者敬語の衰退

第三次岡崎敬語調査・第三者尊敬表現【話し手＝話し相手≠話題の人物】場面

友人に「鈴木先生（四〇代の中学校の先生）は今学校にいるか」を聞くとすると、「いるか」はどう言いますか。

一五歳　男性「いる」　女性「いる」
二六歳　男性「いる」　女性「いる」
四〇歳　男性「いるかなー」　女性「みえるかね」
七八歳　男性「おいでる」　女性「おいでるー」

テーマ　発話場面から見た敬語

ポイント

・くだけた場面では目の前にいない人に敬語は使わなくなった。
・第三次岡崎敬語調査で、新たに第三者尊敬表現に関する設問が加わった。
・第三者敬語の衰退という（見かけ時間の）変化を確認することができた。

(1) くだけた場面では話題の第三者に敬語はいらない？

この節では、日本語の敬語運用上の変化とも関わる、その場にいない第三者への敬語を扱う。岡崎敬語調査の第三次調査で新たに加わった視点であり、設問である。回答を分析した結果、若い世代が友人相手の場面で第三者への尊敬語を使わなくなる傾向が見られた。このことは、「第三者敬語の衰退」の表れであると考えられる。第三者敬語の衰退は、くだけた場面で先行するようである。

本節冒頭の例文は、対話の場にいない話題の人物（すなわち、第三者）への敬語使用の有無を調べる設問に対する回答例で、典型的な八人の回答をピンポイント的に取り出して示したものである。属性は男女別に、若年層の一五歳と二六歳、中年層四〇歳、高年層七八歳から選んだ。若年層に関しては、成人後に習得することも考えられるので、一〇代だけでなく二〇代についても記した。

岡崎敬語調査の第三者尊敬表現の設問について、少し説明しておこう。以下で【話し手＝話し相手∧話題の人物】のように示すとき、「∧」の下辺が上辺より地位の高いことを表し、「＝」は下辺と上辺の地位が等しいことを表す。また、「∨」の場合、下辺は上辺より地位が低いことを表す。

この設問は、「友人に『鈴木先生は今学校にいるか』を聞くとすると、『いるか』はどう言いますか」というもので、「鈴木先生」は「四〇代の中学校の先生」という設定である。話し相手として「友人」を設定しているので、「くだけた場面」ということになろう。質問方法は、面接調査の「敬語行動」に関する設問の中で、他と異なり、標準語の語形（この場合は「いるか」）を示して、それをどう言うかを尋ねる、いわゆる標準語翻訳方式による、ということになる。ちなみに他の「言語行動」に関する設問は、質問文や刺激図で場面を想定させ、その場面での敬語行動を尋ね、話者に自由に回答してもらうという方法をとっている。

冒頭の例文を、第三者への尊敬語使用の有無という観点で分類すると、一五歳と二六歳の男女、および、四〇歳の男性は尊敬語を使用しない。四〇歳の女性と七八歳の男女は尊敬語を使用する。

つまり、くだけた場面での第三者敬語は、年齢が下がるにつれ使用から不使用へ動いている可能性がある。ミエルは尾張方面から伝わってきたとされる尊敬語であり（3-2）、標準語とは意味領域も異なるので、方言新形と位置づけられる。オイデルは江戸時代に京阪から伝わってきたとされる伝統的な尊敬語形である（3-2）。実際には第三次岡崎調査では、オイデルの使用者はごく少ない。しかし、オイデルという回答がこの場面で、高年層に認められたということは、岡崎市のくだけた言語生活の中で第三者に伝統的な尊敬語形が使われていた、言い換えると第三者敬語が使われていた、ということの証左でもあろう。なお本節冒頭の例文に関する限り、友人に向けての丁寧語は使用されていない。

(2) 回答の全体像

岡崎敬語調査から取り出した八人の回答例より、第三者敬語は使用から不使用へ動いている可能性があると述べたが、これは、ごく一部の回答から引き出された予測である。ここで、この設問に対する回答全体を分析することにより、この予測を論証してみることとしよう。

まず、回答文に現れた広義の敬語形式を大きく尊敬語の部分と丁寧語の部分に分け、前者に関しては（第三者への）尊敬語使用の有無について、後者に関しては丁寧語使用の有無について見ると、次のようであった。

尊敬語と丁寧語が用いられた回答　……………四五例
尊敬語のみが用いられた回答　………………四五例
敬語なしの動詞に丁寧語が付加された回答　……三九例
敬語なしの動詞、ないし、名詞のみの回答　…一七〇例
反応なし等　……………………………………七例

以上の回答から反応なしのような回答を除いた有効回答を、尊敬語の使用の有無という観点で分類し、世代別に集計したものが**図1**である（各世代の回答数は棒グラフの下に示した実数からわかるようにばらつきがある。特に一〇代は少ない）。

図1からは三〇代以下の世代で尊敬語を使用しないという回答が大勢を占めていることがわかる。

次に、世代別×性別でクロス集計した結果を示して、尊敬語使用の変化の詳細を見ていこう。

図2では各世代での性差を示す。下の薄い模様二種が尊敬語使用の男女（図1の薄色）を示し、上の濃い模様二種が尊敬語不使用の男女（図1の黒）を示す。左から右に見ていくと、年代が下が

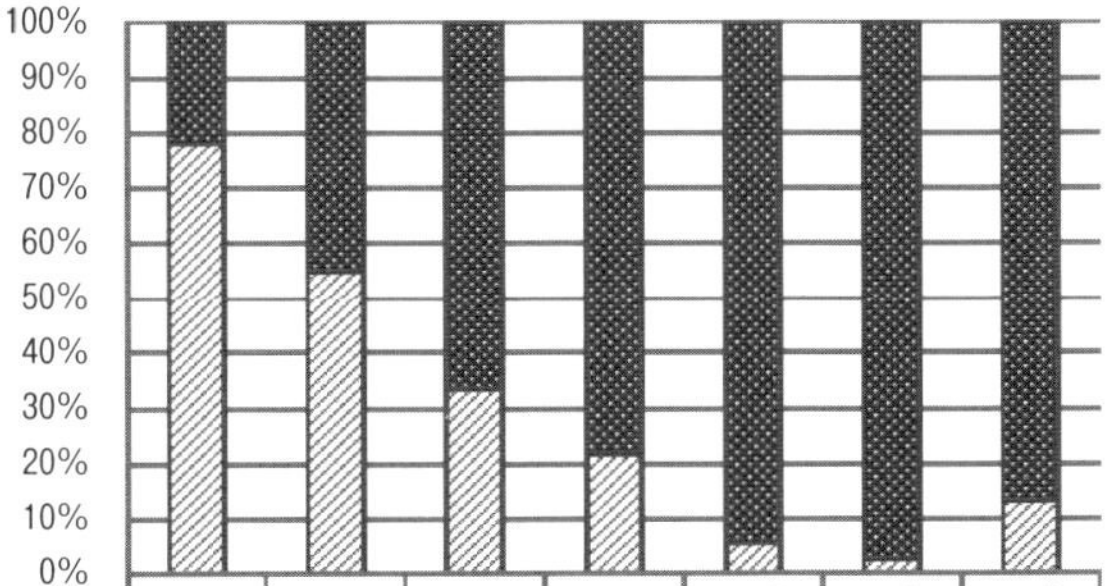

	70代	60代	50代	40代	30代	20代	10代
尊敬語不使用	8	23	32	43	52	37	13
尊敬語使用	28	28	16	12	3	1	2

図1　第三者敬語使用状況〔世代別〕
【話し手＝話し相手＜話題の人物】場面

【グラフの説明】

グラフの横軸が生年（10年刻み）で、左側が年配の世代、右側にいくほど若い世代となる。縦軸は、友人を話し相手にして、第三者である鈴木先生（40代の中学校の先生）を話題にするという場面で、第三者に尊敬語を使うとした回答と、使わないとした回答を、割合と実数で示している。（変化の方向は左から右に向いている）

グラフから50代と60代の間で第三者への尊敬語使用優勢から不使用優勢へと転じていることがわかる。また、30代より若い世代は、このような場面でほとんど第三者敬語を使用しなくなっていることがわかる。

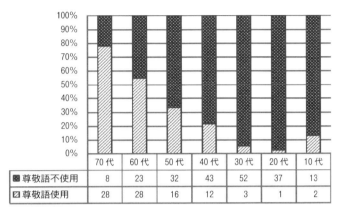

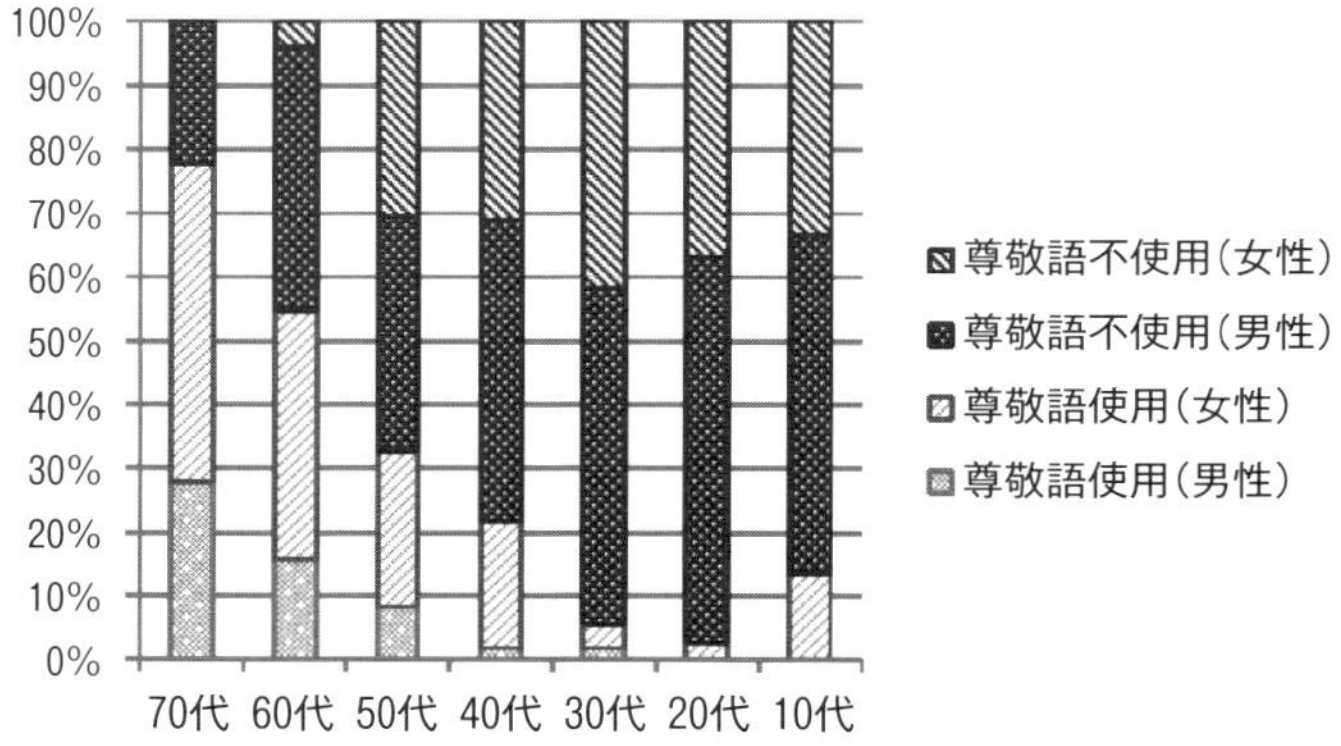

図２　第三者敬語使用状況〔世代別×性別〕
【話し手＝話し相手＜話題の人物】場面

るにつれて男女とも尊敬語使用の回答が減少し、反対に不使用の回答が増えていく。七〇代では男女合わせて八〇％弱が尊敬語を使用するという回答で、尊敬語不使用は女性では〇％であった。それが、男性の尊敬語使用は四〇代で僅少になり、二〇代で〇％となる。女性は、男性より遅く三〇代で僅少となる。

以上より、年齢差という見かけ時間の変化ではあるが、岡崎では、くだけた場面で第三者敬語が使用されなくなってきていることが確認できた。絶対敬語から相対敬語へ、さらにはその先へ、という日本語史の長い変化の反映である（3‐1）。

(3) 改まった場面との比較

それでは、改まった場面で第三者敬語は使われているのであろうか。次に改まった場面についての調査結果も含めて検討してみよう。結論から言うと、改まった場面では第三者敬語は保たれている。

第三次岡崎調査では、「第三者尊敬表現」として、前述の場面のほかに、次に記す二場面も調査している。いずれも話し相手として（話し手より高く位置づけられる）先生を想定しているので、改まった場面と見なすことができよう。それぞれの調査文は以下の通りである。

第三者上位場面【話し手∧話し相手∧話題の人物】（校長話題）

あなたが四〇代の中学校の先生、鈴木先生に会って「校長先生は今学校にいるか」ということを聞くとします。そんな時には「いるか」ということをどう言いますか。

相手上位場面【話し手∧話し相手∨話題の人物】（先生話題）

逆に、校長先生に会って「鈴木先生は今学校にいるか」を聞くとすると、「いるか」はどう言いますか。

結果の概略は**表1**に示す通りである。表1を見ると、改まった場面では、第三者への尊敬語が高頻度で使用されていることが確認できる。校長先生が話題の第三者上位場面【話し手∧話し相手∧話題の人物】では九〇%、校長先生が相手で先生が話題の相手上位場面【話し手∧話し相手∨話題の人物】では八〇%である。また、同じ二つの場面で丁寧語はさらに高頻度で使用されていることもわかる（九五%）。

改まった場面同士の比較をすれば、第三者上位場面【話し手∧話し相手∧話題の人物】のほうが、相手上位場面【話し手∧話し相手∨話題の人物】より丁寧な言い方が多いことがわかる。すなわち、

表1　第三者尊敬表現3場面に現れた敬語形式

場面／形式	【話し手＜話し相手＜話題の人物】	【話し手＜話し相手＞話題の人物】	【話し手＝話し相手＜話題の人物】
尊敬語＋丁寧語	275	238	45
尊敬語＋(ッ)ス	1	0	0
尊敬語	5	4	45
V＋丁寧語	22	53	39
N＋丁寧語	0	1	0
V	1	2	169
N	0	0	1
NR[1]	2	8	7
合計	306	306	306

凡例

尊敬語＋丁寧語：（例）オミエニナリマスカ・イラッシャイマスカ・オイデニナリマスカ・オイデデスカ・オミエデスカ・オイデマスカ・ミエマスカ・オラレマスカなど

尊敬語＋（ッ）ス：（例）イラッシャルンスカー

尊敬語：（例）イラッシャルカ・オイデニナル・オイデカネ・オイデル・ミエルカネ・オラレルカなど

V＋丁寧語：（例）イマスカ・イルンデスカ・オリマスカなど

N＋丁寧語：（例）ザイコー（在校）デスカ

V：敬語なしの動詞。（例）イルー・オルなど

N：名詞（句）。（例）シゴトチュー

1：NR（反応なし、等）

校長先生を話題にする場面のほうで尊敬語がより多く使われている。これは敬語の指導書で「話題の人物への敬語を控えること」と書くことがあるのと違い、やや古い使用原理である（3-1）。首都圏の若い人が第三者への敬語をあまり使わない傾向と対照的である（コラム⑥）。

使われている具体的な尊敬語形式について調べても、校長先生が話題の場面のほうが先生が話題の場面より高い形式が多く使用されていることがわかった。たとえば標準語形と考えられる「いらっしゃる」は校長が話題の場面に多く、方言新形の「みえる」は先生が話

題の場面に多い。なお、表中の「(ッ)ス」は井上史雄『経済言語学論考』で「中間段階の丁寧語」と説明された形式で(コラム③)、先生相手に一例使われている。

ちなみに、本節冒頭の例文で、友人が話し相手のときに第三者敬語を使用しなかった五人も含め八人の話者も、以下に示すとおり、ほぼ尊敬語を使用している。また、全員が丁寧語を使用している。

第三者上位場面【話し手＜話し相手＜話題の人物】(校長話題)

一五歳男性＆一五歳女性「いらっしゃいますか」
二六歳男性＆二六歳女性「いらっしゃいますか」
四〇歳男性＆四〇歳女性「いらっしゃいますか」
七八歳女性「いらっしゃいますか」
七八歳男性「在校ですか」

相手上位場面【話し手＜話し相手＞話題の人物】(先生話題)

一五歳男性「いますか」
一五歳女性「いらっしゃいますか」
二六歳男性＆二六歳女性「いらっしゃいますか」
四〇歳男性「いらっしゃいますでしょーか」

四〇歳女性「みえられますか」
七八歳男性「おみえになりますか」
七八歳女性「いらっしゃるでしょーか」

(4) 敬語運用上の変化――丁寧語化への流れ

日本語の敬語の運用面から見た変化について、金田一京助は、古代の「絶対敬語」から「相対敬語」へと発達してきたと説き(『日本の敬語』)、この説は日本語の敬語研究の中で広く受け入れられてきた(3-1)。絶対敬語とは、一定の対象について、どんな人称の場合にも、また、どんな言語的場面においても、常に一定の敬語で表現されるという敬語のあり方をいう。相対敬語とは、人称や場面によってことばづかいを変える敬語のことである。さらには、二〇世紀後半にいたって相対敬語の聞き手重視の傾向がいっそう強まり、第三者への敬語が丁寧語と連動する傾向が指摘されるようになった(1-1)。「尊敬語の対者敬語化」ないし「敬語体系全体の丁寧語化」とも言われる(井上『敬語はこわくない』)。

岡崎調査では、「第三者敬語の衰退」が、若い世代が友人相手の場面で第三者への尊敬語を使わなくなるという事象で表れた。敬語の衰退は、くだけた場面で先行するようである。敬語運用上の変化という大きな流れの中に位置づけると、尊敬語の対者敬語化、丁寧語化への変化に沿ったものということができよう。

ちなみに、二〇一〇〜二〇一五年の全国調査の結果（『新日本言語地図』）によれば、中部地方より西では第三者への敬語を多く使う傾向がある（3-1）。その西の地方の中でも、京都や大阪を中心とする近畿中央部方言の敬語については、第三者に対する敬語使用の衰えとは異なる運用が認められる。すなわち、面と向かって話す場合よりも、第三者として話題にする場合に上向きだけでなく下向きをも含む広義の素材敬語が多用されるという現象である（3-3）。このような運用がさらに進んだ状態として、京都市の女性は話し相手に丁寧語を使わないようなくだけた場面でも、上下親疎にかかわらず方言敬語のハル敬語（「行かはる」のような形式）を使用する。また、現代標準語では敬語を使用しないとされる（大石 1979）歴史上の人物や、面識もなく、人間的つながりももたない他人、それに不特定の対象にも、使用する（辻加代子『「ハル」敬語考』）。今回の調査結果は、岡崎市の敬語運用が近畿中央部での敬語運用とは異なる方向に動いていることを示す。

なお、この節で考察してきたことは一回の調査における年代差をもとに変化を予測してきたわけであり、見かけ時間の変化について論じてきたことになる。今後の第四次調査により実時間でも変化していることを検証することが望まれる（4-1）。敬語の成人後採用という傾向があるから、ますます必要である（2-1・2-2）。

(5) 方言敬語の衰退

岡崎市では尊敬語語彙として、かつて中央語だった京都語など近畿中央部京阪語の尊敬語が取り入れられてきた(3-2)。具体的には以下の方言的な表現がある。オイデル形(尊敬接頭辞オに一段化した動詞連用形が続く形)、~(サ)ッセル形(~(サ)ッシャルが直音化したもの)、レルなどの(助)動詞類。命令表現のオ~ヤス。「お行きん」など「オ+動詞連用形+ン」で丁寧な命令を表す表現。一段動詞連用形の後に「り」が挿入された「お見りん」のような言い方は、岡崎市方言の属する三河ことばの代名詞ともなっている「ジャン、ダラ、リン」の一翼をなす表現でもある。

しかし、これらの方言的語彙は、第一次調査時点でいくらか使用されていたものの、標準語と同じ形式のレルなどを除いて第三次調査の時点ですっかり廃れてしまった(辻 2014、辻ほか 2016)(3-2)。たとえば、第三者に対する尊敬表現の設問について言えば、校長話題【話し手∧話し相手∧話題の人物】場面で五〇代と七〇代各一名ずつ、先生話題友人相手【話し手=話し相手∧話題の人物】場面で六〇代一名、七〇代三名の計四名だけが、オイデル形で回答している。他方、友人を話し相手とした場面で、第三者敬語の衰退、尊敬語の対者敬語化——丁寧語化が認められるのは、さらに下の世代である。

ここから、第三者敬語の衰退という敬語運用上の変化は敬語語彙の衰退とは独立に起こる、と一般化できそうである。

(辻加代子)

コラム⑥　首都圏大学生の第三者敬語

2-6では岡崎敬語調査の結果から第三者敬語の衰退を示したが、首都圏の若年層で同じような調査結果が得られた。表は二〇一四〜一六年に首都圏の大学生に対して実施した敬語に関するアンケート調査の結果である。

右側の表は聞き手＝話題の人である。「先生が〇〇と言ったけれども」の「言った」の部分をどう言うか尋ねており、これは目上の人（先生）が聞き手の場合の敬語使用である。結果は尊敬語「おっしゃいました」が六六％となっている。アンケート調査なので、知識として回答した可能性もあるが、目の前に目上の人がいる場合、多くの人が尊敬語を使用すると意識しているようである。

左側の表は聞き手が話題の人ではなく、友人か別の先生である。「先生が〇〇と言っていたよ」の「言っていた」の部分について尋ねたもので、その場にいない目上の人（第三者）が話題に出る場合の敬語使用を聞くものである。聞き手が友人と先生（話題の先生とは異なる）の二つの場面で質問されている。結果は、友人と話す場合は、八〇％が「言って（い）た」と、尊敬語を使用しない回答が圧倒的で、第三者敬語が衰退していることがわかる。

一方で、別の先生と話す場合には、尊敬語を用いる「おっしゃって（い）（まし）た」を選択する人が過半数の五七％となっており、2-6の結果と同様に、聞き手が目上であれば尊敬語を使用する人が多い。このことは、第三者への尊敬語使用が、聞き手に連動しており、聞き手によって敬

「(別の)先生が○○と言っていたよ」

相手	友人	先生
言って(い)た	80%	3%
言って(い)ました	4%	24%
言われて(い)た	2%	1%
言われて(い)ました	11%	14%
おっしゃって(い)(まし)た	1%	57%

「先生は○○と言ったけれども」

相手	先生
言った	2%
言いました	8%
言われた	6%
言われました	15%
おっしゃいました	66%

表　首都圏大学生の第三者敬語の使用意識調査

語使用が決まる丁寧語（「です」「ます」など）と同じ状態になっていることを示す。

また、尊敬語を使わず丁寧語のみの「言って（い）ました」が二四％あり、話題の人への尊敬語使用が、目上との話の中であっても衰退しているとも考えられる。

また、「言われて（い）た」のような助動詞「れる」を用いた尊敬語は、三つの場面のどれでも一割強から回答されている。「言う」を「おっしゃる」に変えるような「言いかえ敬語」ではなく、「れる」のように動詞に付加するだけで敬語が作れる「つぎたし敬語」であれば、若年層でも話題の人への敬語が使いやすいのかもしれない。

しかし調査対象は大学生であり、第三者敬語を必要とする場面が少ない。社会人になってから、目上の人と多く接する中で、聞き手に連動した第三者敬語を習得する可能性もある。もし同じ学生の追跡調査ができたら、成人後採用を実証できる。または社会人相手に、今の敬語と学生時代の敬語を記入してもらってもいい。想起法による記憶時間の調査である（コラム⑦⑪）。

（鑓水兼貴）

2-7　ライフステージと敬語の成人後採用

ある架空の人の時期と場面による使い分け

「おれんだよ」（家庭で）
「ぼくのです」（学校で）
「わたしのものです」（職場で）
「わたくしのものでございます」（会議で）

テーマ　ライフステージに応じた敬語の採用

ポイント

・敬語はライフステージに応じて変わる。
・敬語習得パターンは社会的属性によって異なる。

（1）敬語の成人後採用とライフステージ

これまで敬語にまつわる多くの現象について、年齢層と使用率の関係を考察したところ、敬語の成人後採用が観察された。ここではライフステージと関連付けて基本メカニズムを説明する。

文化庁『国語に関する世論調査』の「敬語を身につけてきた機会」の問いは、多くのことを語る。家庭、学校、職場という、理論的に考えられる三つの主な場所について、国民がどう把握しているかがわかる（井上2017）。家庭、学校、職場は個人の成長過程でこの順に接するので、ライフステージとしてとらえることができる。この三つの場所の基盤として地域（社会）がある。これらは、血縁集団、地縁集団、職場集団（機能集団、目的集団）として位置づけることもできる。世論調査の結果によると、年齢や職業によることばの違いはライフステージと関係がある。少し以前の日本社会の就業構造を考えると、性差もライフステージによって説明できる。

敬語とライフステージの全体像を図1に示した。個人のライフステージからいうと、成長に従って下の家庭の場面から上の場面に向かう。もう一つ別の基準も持ち込もう。上が公的場面、下が私的場面で、HとL、つまり言語併存論でいうHighとLowの軸である。言語間にHとLの格差があると同様に、一言語の中にも標準語・共通語対方言との格差がある。また敬語を使う文体と使わない文体の間にもHとLの格差がある。

また敬語分類案を以下の三つにまとめたが（1-3）、ライフステージと関連する。世論敬語（尊

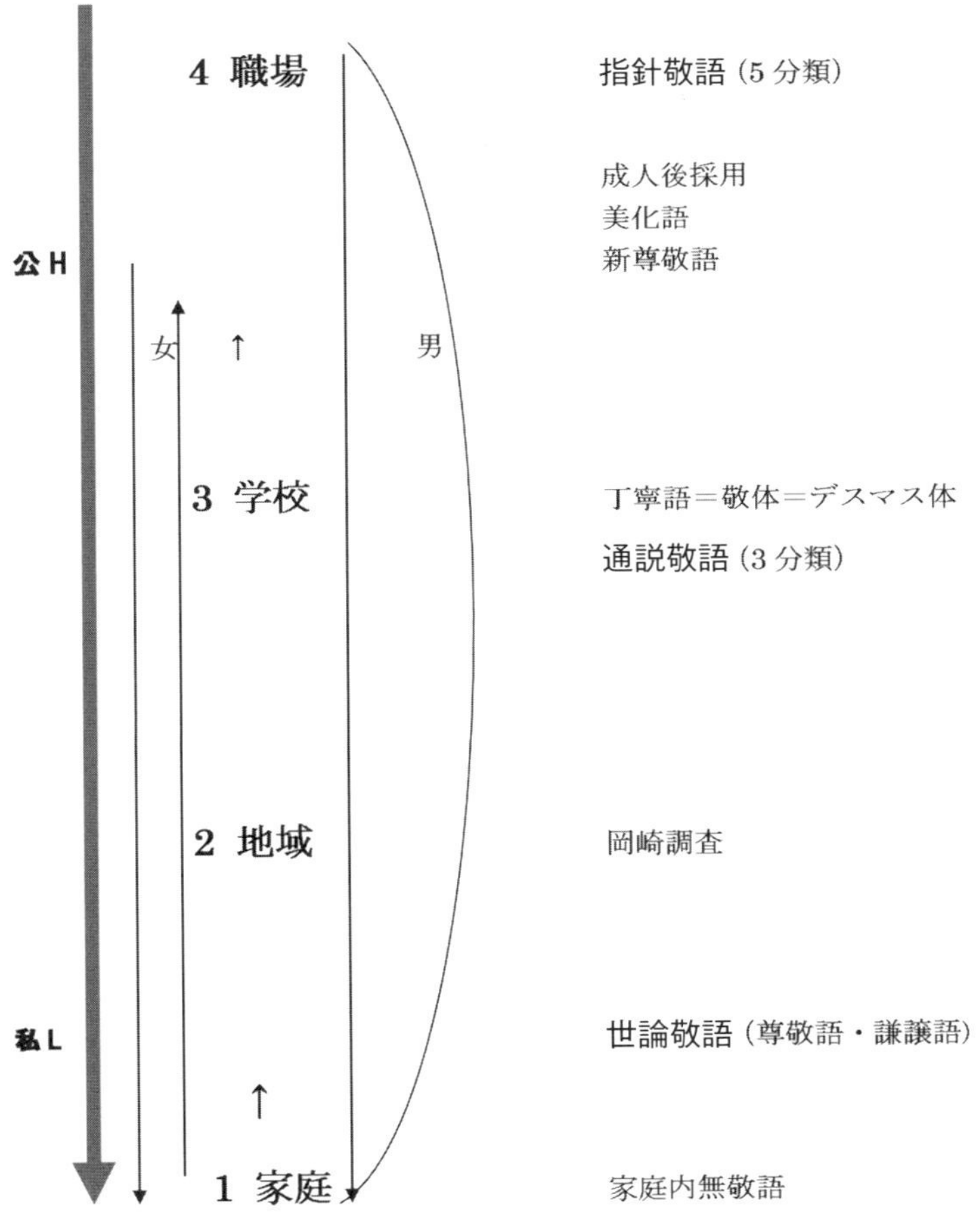

図1　ライフステージと敬語の発達

敬語・謙譲語）は地域の敬語を反映する。通説敬語（三分類）は学校での敬語をよく説明する。指針敬語（五分類）は職場と関わる。

図1の下のほうから解説を加える。

(2) ライフステージの四段階

家庭

ライフステージから言うと、子どもはまず家庭内で育つ。母語として身につけることばは常体（ダ体）である。現代社会では家庭内では**無敬語**で、目上の家族成員（父や祖父）にも敬語（国民が考える「世論敬語」の尊敬語と謙譲語）を使うことはない（3-1）。小学校中学年くらいまでは、「ですます」を使いこなせなくとも大目に見てもらえる（井上 2017）。よその人に向かって呼称「おかあさん」などでなく、名称「はは」を使うようにしつけられるのは、地域差、階層差があるが、ほぼ中学生、高校生の時期である（柴田 1978）。

地域

少し大きくなると、地域社会の遊び仲間や大人に接するが、そこで敬語が問題になることはない。近所の店で「ください」を使えれば上等である。大人に「ですます」を使わなくとも、許される。

敬語モラトリアム段階で、使えなくて当然と見なされる。昔は地域全体で子どもを見守り、ときには叱ってしつけをすることもあったが（3-4）、現在はこの機能は働かず、学校に期待されることが多くなった。**世論敬語**（尊敬語・謙譲語）は地域の敬語を反映する。岡崎調査でとらえた場面は、地域社会のさまざまな人との接触場面である。

地域の敬語には大きな方言差が見られ（3-1）、西高東低および都市化の程度と関連する（井上2011）。『方言文法全国地図』『新日本言語地図』によって、基本的な情報が得られる。

学校

ライフステージとして幼稚園、保育園の段階も国民に広がり、ここでは「保母ことば」（昔の「乳母ことば」の後継）とも呼ばれる「お」の多用に接する。

全員が義務教育として学校に入る。学校では狭義の敬語（世論敬語）は要求されない。教室場面で先生の「です ます」に接し、発言での使用が要求される。つまり敬体（丁寧語、対者敬語）が要求される。ただ使用の見本に接するだけで、系統的な指導が行われるわけではない。中学に入り、そして高校で素材敬語（世論敬語）としての尊敬語・謙譲語を学ぶ。国語の授業でも学ぶし、先生との会話でも使われる。

通説敬語（三分類）は生徒が学校で接する敬語をよく説明する。ただし実践のない理論的説明で、文化庁の報告書『国語に関する世論調査』によれば、実際には教室場面でも使用は要求されない。

むしろ友だち教師の関係がもてはやされるようになった。また『学校の中の敬語』（国立国語研究所2002）の調査結果を見ても、中学、高校では上級生に「ですます」が使われることはあるが、尊敬語、謙譲語は使われない（井上2017）。しかし昔の学校では教師が（低学年児童に対し）自分のことを「先生が書いたように」と言うように、絶対敬語的呼称があった。教師同士が、または父母と話すときに「○○先生」のように言及するのも絶対敬語的である。教師は児童・生徒に常体のダ体で話しても許される。

高校を出た後も半数近い若者が大学で学ぶ。学内では講義・ゼミなどという公的場面以外で教員と接する機会はそう多くない。学生は敬語モラトリアムで、誤用も大目に見てもらえる。《未知の学生には「ですます」で会話を始め、学年、年齢の違いが明らかになったら一方が「タメ口」「タメ語」になり、親しくなると相互に「タメ口」を使う》という傾向もある。親疎に応じた使い分けである。しかし学外に出れば、この年齢ではまともな敬語を使いこなすことが要求される。実践としては課外活動の先輩（後輩関係）、指導者への敬語が役立つ。

職場

その後職場というライフステージに入る。人によっては学生時代にアルバイトの形で接客用語を身につける。単純化され、定型化された「マニュアル敬語、バイト敬語、ファミコン敬語」などと言われるもので、従来使われなかった表現が混じるために、識者の非難を浴びる。現代社会では、人々が「世論敬語」としてとらえる尊敬語や謙譲語を実際に使いこなす必要があるのは、職場においてである。大石初太郎の「役割敬語」という用語は、適切なとらえ方である。**指針敬語**（五分類）は職場と関わる。敬語の変化に関する諸調査で、敬語の「成人後採用」が観察されるのは、このライフステージによって説明される。

世論調査の結果で、成人後採用が敬語で際立つのは、以上のライフステージの影響のためである。まともな敬語が要求されるのは、社会人として、職場においてなので、敬語の採用、習得、獲得が遅れる。敬語にまつわる社会言語学的能力（待遇表現、敬意表現、ポライトネス）も同様に成人後採用を示す。

(3) 職業による敬語習得時期の違い

敬語が主に職場で、社会人としての必要に応じて採用されるということを、岡崎調査の結果から具体的に見てみよう。2-4で見たように、岡崎調査では話者の職業を尋ねており、職業ごとの結果を比較できる。ここでは、職業によって敬語の習得パターンに違いがあることを見る。これにより、敬語が社会での必要に応じて採用されるものであることがわかる。

職場でどういった敬語・ことばづかいを要求されるかは、職業によって異なる。たとえば接客・サービス業に従事する人は、工場の生産工程勤務の人と比べて、より丁寧なことばづかいや、敬語の使い分けを要求されるであろう。このとき、敬語が「必要に応じて」採用されるのであれば、たとえば接客系職業の話者は、他の職種に比べて、敬語が必要な場面により多く接しているので、より多くの敬語を学び、使うようになるであろう。反対に、敬語が、社会からの要請などとは無関係に、単に「年をとることで」採用されるのであれば、敬語の習得パターンは職種とは関係なく、全員が同じような習得・変化のパターンを示すであろう。

まず、2-4ですでに見たように、ことばの丁寧さ・長さは職業と無関係ではない。話者の職種を事務系・接客系・労務系の三種類に分けると、事務系の話者が最も長く丁寧に話し、労務系の話者が最も短くぞんざいに話す。接客系はその中間であった。このことからも、敬語を習得する場として職場が重要であることがうかがえる。それぞれの職場で求められる敬語の量・種類が異なるため、職業によって敬語の習熟度合いが異なり、したがってふだんのことばの丁寧さも異なるのである。職場が敬語習得において重要な場であることがわかる。

しかし、2-4では一つ疑問が残った。単に職場で多く敬語を使うほどふだんのことばも丁寧になるのであれば、最も多くの敬語を要求されると思われる接客系の丁寧さが最も高くなるはずである。しかし実際にはそうではなく、事務系のほうが接客系よりも長く丁寧に話す。これはどういうことだろうか。このことを理解するためには、回答文の丁寧さを話者の年代別に見る必要がある。

図2~4は、職種ごとに、話者の年代別の丁寧さを表したものである。2-2の図2を職種別に分けたものである。デスマス体に相当する丁寧さ2の線を太くしてある。それぞれ回答の丁寧さが

話者の年齢によってどう異なるかを表す。そして三つの図で比較することで、年齢差のパターンが職種によってどう異なるかがわかる。

まず、比較的読み取りやすい図3の接客系から見ていこう。特に第二次調査（破線）と第三次調査（実線）の曲線がわかりやすい。どちらもおおむね右下がりのパターンを示す。各曲線の左側は年齢が高い（生年が早い）話者を表し、右側は年齢が低い（生年が遅い）話者である。つまり、年齢が高い話者ほど丁寧さが高いことがわかる。これは2-1や2-2で見た「成人後採用」の典型的なパターンである。接客系の話者は、年をとるに従って、より丁寧に話すようになるのである。

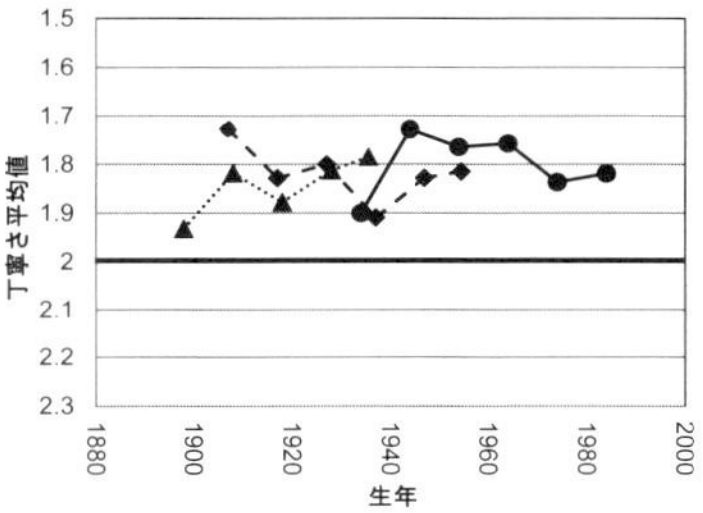

図2　年代別丁寧さ：事務系

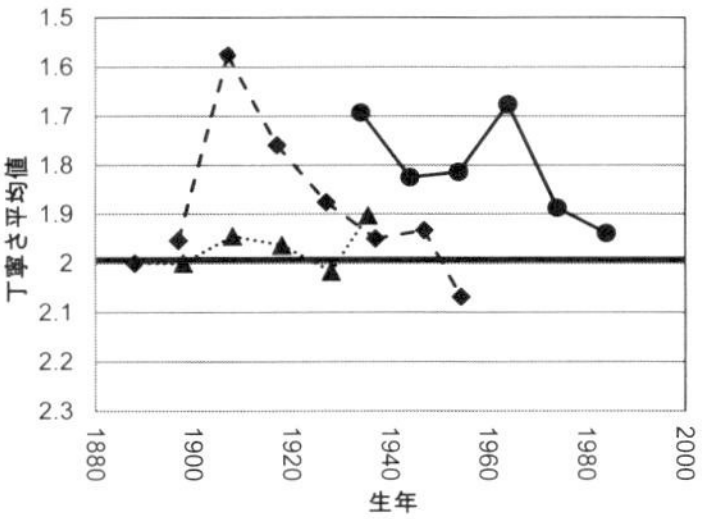

図3　年代別丁寧さ：接客系

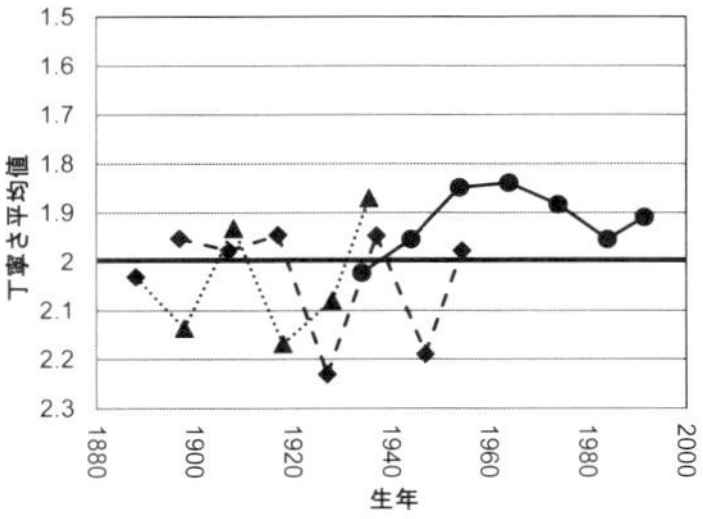

図4　年代別丁寧さ：労務系

他の職業も見てみよう。結論を先に言うと、事務系と労務系の話者では、年をとるほど丁寧になるという成人後採用のパターンは観察されない、もしくは、丁寧にはなるがその増加幅は接客系に比べると小さい。

図2の事務系を見ると、全体としておおむね平坦であり、年齢による丁寧さの差異が比較的少ない。たとえば第三次調査（実線）を見ると、一番左にある最も年齢の高い話者（七〇代）を除けばやや右下がりであり、年齢が高いほど丁寧さが高いというパターンを示す。しかしその増加幅は、接客系に比べると明らかに小さい。いっぽう図4の労務系は、年代ごとのばらつきが大きく読み取りにくいが、少なくとも接客系のように右下がりのパターンとは言えない。つまり年齢が高いほど丁寧になるとは言えないようである。

以上の観察から何がわかるか。加齢に伴い回答の丁寧さが大幅に増加するのは接客系職業の話者であった。そして、接客系は顧客との会話が主な職務であることから、敬語使用を要求される場面が最も多いと考えられる職種であった（2-4）。この二つを合わせて考えると、接客系の話者は、職場で敬語を使う機会が多いために、より多くの敬語を学んでいき、したがって年齢が高くなるほど丁寧さが増えていくと考えられるのである。

いっぽう、他の二職種は、接客系に比べると敬語を使う場面が少なく、したがって丁寧さの増加幅も小さいと考えられる。この二職種を比べると、敬語使用量が比較的多いと思われる事務系では丁寧さがやや増加し（ただしその幅は接客系に比べると小さい）、敬語使用が最も少ないと考えられる労務系では丁寧さの明確な増加は見られなかった。職場での敬語使用の必要性や、求められる敬語の度合いに応じて、敬語が上達していくかどうかが異なることを示す結果と言える。

2-4では敬語使用の職業差が縮小したことを見たが、これは全世代を合計した結果であった。世代別に見ると、敬語の習得時期・習得パターンには職業差があることがわかった。敬語使用の職業差は縮小したが、その習得パターンには依然として職業差が存在すると言える。

以上を踏まえて、本節の最初の問いを考えてみよう。もし、敬語が単に「年をとることで」習得されるものならば、敬語の習得は話者の職業とは関係なく、どんな職業でも同じように敬語が上達していくであろう。しかし実際にはそうではない。敬語の習得パターンは話者の職業によって異なるのである。これは、敬語が職場・社会での「必要に応じて」習得されていくものであることを示している。そしてこのことは、職業の違いだけに言えることではない。敬語が求められるかどうか、どのような敬語を使うべきかは、家庭、学校、職場といったライフステージによっても異なる。敬語はライフステージに応じて変わっていくのである。

(4) ライフステージの性差

以上には性差がからむ。男性は終身雇用が盛んだったときには定年まで勤めた。職場では職階に応じた敬語を使った。定年後は家庭に戻り、地域社会に復帰して、地域社会の（上下関係のゆるやかな）敬語を使う。

女性のライフステージは少し前までの日本社会では違っていた。敬語の使用原理も違う点があった。女性の就職期間は短く、「結婚退職」が多かった。図1で示したように、女性は家庭から地域、学校に社会的場面を広げた後、短期間職場にあって、ふさわしい敬語を身につけた。多くは目下としての敬語である。「わたくしでございます」のような特別丁寧体（1-3）や、命令形に代わる依頼表現の多用が例である。

女性語の研究は、日本語では昔から盛んで、近年の性差別問題意識の高まりによって、さらに研究が進んだ。女性が敬語を多く使うことはよく指摘され、しかも小さいころから丁寧なことばを使うように（かつ乱暴なことばを使わないように）親にしつけられることも明らかになった。

その後女性の社会進出にともない、女性の上司、女性の経営者が登場し、部下の男性へのことばづかいが問題になり、興味を引いた時期があった。今は男女雇用機会均等法の影響もあり、女性の上司はありふれている。現代は子育て期間に退職してそのあと復帰するために「M字雇用」が増えた。勤め続ける女性も増えたので、職場の女性の敬語は、特殊なものとは位置づけられない。しかし公共場面として、ニュースアナウンサーやキャスターの話しことばにおける女性の敬語は依然として問題になりうる。放送のフリートークで「お金、お店、お仕事、お休み」を使うかに性差がありうる。客観的な記述がなされる学術論文でさえも、敬語の使い方によって筆者の性差が見られることがある。

話しはじめのときから敬語を使う子どもはいない。成長して大人になるにつれ、ライフステージに応じて、少しずつ身につける。三〇代がピークの敬語現象も多い。若い人はあわてることはない。すこしずつ場面に応じて身につければよい。人生経験豊かな人は、気長に若い人の成長を待とう。

（柳村裕・井上史雄）

コラム⑦ 「お父さん」の記憶時間

ことばを教えてもらうときに「昔（子どものころ）の言い方」を思い出してもらう技法がある。たとえば七〇代話者に聞くと六〇年近く前の言語使用を知ることができる。調査を繰り返したときの間隔をさらに数十年ほど広げることが可能になる。これを「記憶時間」と呼ぼう。従来の「実時間」「見かけ時間」（2-1）に加えて「記憶時間」という概念を、言語変化の調査理論に導入できることになる。

「お父さん」をはじめとする親族呼称は社会構造を多面的に反映し、家庭の階層帰属意識に従って使い分けられる。「お—父—さん」の前後の接辞（「お」の有無・「さん・ちゃん・つぁ」などの使用）は文体（丁寧さ・敬意）を示す。そこで、接辞に着目して調査結果を集計したところ、歴史的変化としては社会的上層階級の言い方が下層階級に広がるという結果が得られた。地理的には、敬意の高い言い方が周囲に広まる傾向がある。「敬意低減の法則」があてはまり、「敬語の民主化・平等化」の流れにも関係付けられる現象である。共通語化や、方言伝播における文化的中心地の威光が作用している。

実時間と記憶時間による変化がわかるまれな例として、滋賀県湖東地域を見る（図参照）。一九八〇年代の「東海道調査」と二〇一〇年頃の「北陸調査」で、同じ地域が二回舞台になった。各語形を五種類に分類して、棒グラフにした。普通の調査では、右の二〇一〇年頃の北陸調査当時の

「今」の使用率しかわからない。しかし、この北陸調査では「昔」の使い方も聞いたので、真ん中の昔の状況（記憶時間）もわかった。一九八〇年代の東海道調査で、同じ地域で昔の使い方を聞いていたので、左のもっと「昔」の様子もわかった。

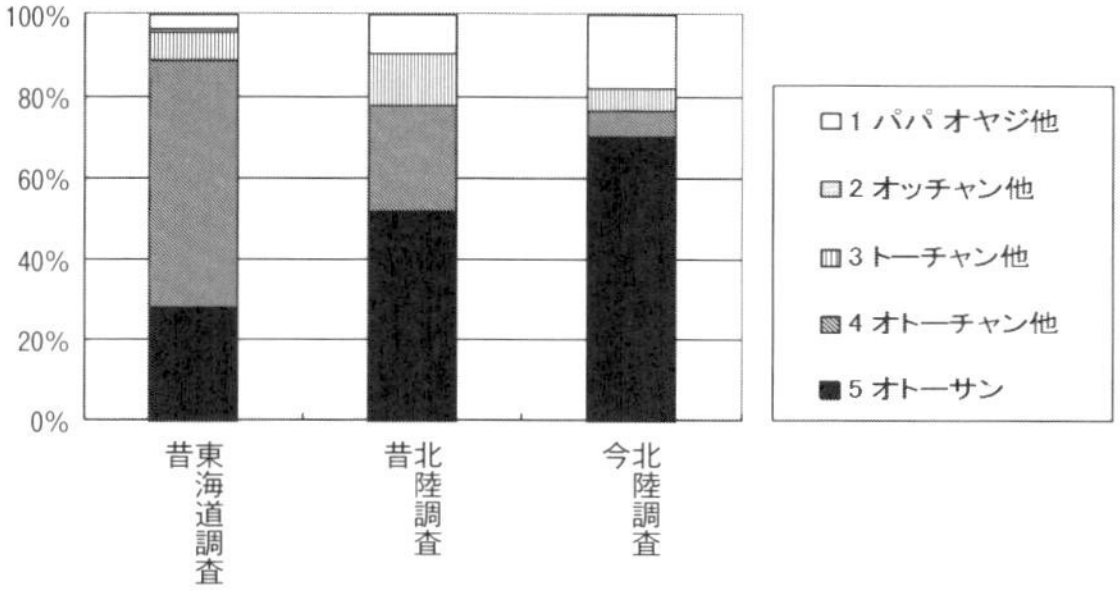

図　滋賀県湖東地域の「オトーサン」

このグラフから、左の一九八〇年代の昔の言い方から、真ん中の二〇一〇年頃の昔の言い方を経て、右の今（二〇一〇年頃）の言い方にかけて、黒の「オトーサン」が順調に増えた様子がわかる。滋賀県湖東地域では、オトーチャンが減り、敬意の高い接辞を含む標準語形オトーサンが進出したのだ。

じつは、京都から北海道にかけて同じ調査をしてある。その調査では、京都付近に敬意の高い呼称が分布し、京都に近い滋賀県では昔から敬意の高い接辞が使われていたことが読み取れた。語形の変化は全国的な動きの反映で、かつてのような社会階層との強い結び付きは観察されず、語形だけの置き換えが起こったと考えられる。

見かけ時間としての年齢差によって言語変化が読み取れるが、さらに記憶時間を利用して、昔（子どものころ）と今を比較すると、考察のタイムスパンが広がる。

（井上史雄）

第3章　岡崎敬語の位置づけと発展

―理論と研究対象の拡大―

①

②

③
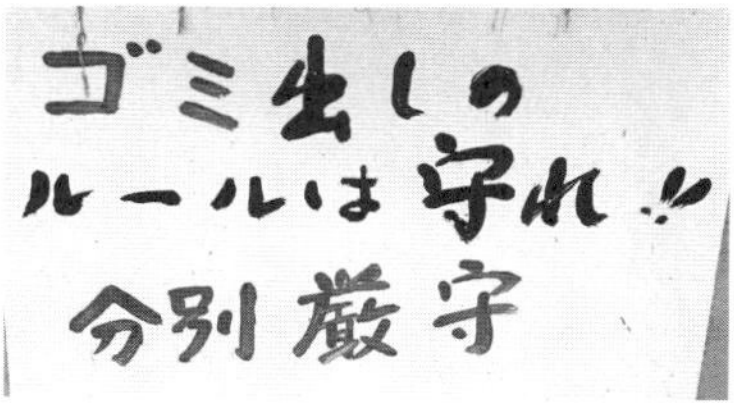

④
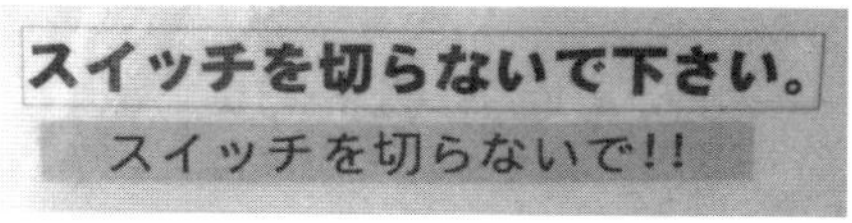

⑤

⑥

敬語景観〈3〉　敬語不使用の意味

敬語がない看板にも意味がある。車の運転手に対する注意①②は配慮がなくても失礼にはならない。瞬時の判断に関わることだからである。手書きの注意③は、書き手の強い姿勢が表れている（コラム①参照）。④は、ポスターでは「切らないで下さい」と丁寧だったが、後からラベルテープで配慮の少ない「切らないで!!」を追加して重要さを強調している。

敬語を使わないことで相手を指定することもある。⑤は、表示が駅員向けであり客向けでないとわかる。⑥では、敬語を使用しないことで、子ども向けのメッセージであることを伝えている。（鑓水兼貴）

3-1　敬語変化と方言の対応関係

古代的自然物敬語「おれさま　おどがいる」
（（お）雷様が　落ち（られ）る）（岩手県）

中世的身内敬語「おじいちゃん　おらはらしまへん」
（おじいさんは　いらっしゃいません）（京都府）

近代的身内謙譲語「母は　おりません」（東京都）

近未来的過剰敬語「おごはんを　いただいてください」（首都圏）

テーマ　敬語の歴史と方言敬語の周圏論

ポイント

・日本語の敬語は歴史的に《タブー　→　絶対敬語　→　相対敬語　→　敬語自体の丁寧語化》の道を歩んできた。

・周辺部に古代の敬語、関西地方には中世の敬語、首都圏に近代の敬語がある。

・共通語の敬語は、全国各地の方言を受け入れており、今も発展途上である。

(1) 敬語史と方言のきれいな対応関係

この節のテーマは敬語と方言の関わりである。敬語変化の背景には方言があることをふまえ，発展途上の敬語という観点から方言と敬語の関係を見る。地理的変異は歴史的変化の反映であるという見方をとって、日本語方言の敬語を大きく類型に分けて、日本語史と結び付けて説明する。

最初に概観しよう。敬語史の面からは《タブー ↓ 絶対敬語 ↓ 相対敬語 ↓ 敬語自体の丁寧語化》の道を歩んだ。地理の面からは、敬語史と方言分布には、京都中心の周圏論的な対応と、逆周圏論的な変化が見られる。かつては京都方言の敬語が大きく影響を与え、周圏論的な分布の変形としての「西高東低」の分布が見られる。また今でも関西弁の敬語は全国に波及しつつある。「ていただく」もその典型である（2-3）。一方で「お」や「あげる」などの美化語の使用については（1-3）、東京のことばの影響が大きい。さらにその下位の地理的分布として、「古い都市の階層差」の傾向があり、社会階層差の発生と連動する。

(2) 敬語の歴史と方言分布の対応

敬語の歴史を考える研究は、従来は古い文献に基づくものだった。最近では、現代の方言の地理的分布状況から日本語の歴史を推定する研究も進んだ。そこで明らかになったのは、文献から推定された敬語史と、現代の方言研究から推定された敬語史が、ほぼ対応するという傾向である。この対応が崩れる（歴史的先後関係が逆になる）場合には、それなりの説明が可能である。

　方言分布から歴史を推定する理論としての「**方言周圏論**」は、昔の文化的中心地である京都から新しいことばが広がっていくことを想定する。古いことばは辺境に残り、中央には常に新しいことばが分布するという考えで、方言の地理的分布を読み解こうとする理論である。この方言周圏論的分布は、主に単語の分布で確認されてきた。単語は個々の事情で変化するため、中央の「威光」を背景に、その周辺に広がりやすい。

　これに対して**逆周圏論**的分布という考え方もあり、地方でことばの変化が起こって、中央である京都に流入した可能性を考える。逆周圏論的分布は、発音や文法のように一定のしくみを持つ言語現象に多く見られ、こちらの変化は合理的で単純な変化であることが多い。また、地方の若年層などが、自由に発展させる現象も多い。同じ現象が都会に生じると規範意識の強い人たちから「ことばの乱れ」として非難されるため普及しにくいが、地方では俗語的なイメージを持つ語として受け入れられていく場合もある。ら抜きことばがいい例で、「見れる・起きれる」などは一九世紀末期にはすでに中部地方で使われていた。二〇世紀前半になって東京に入り込み、二一世紀には相当の普及率になったが、今なお公的場面では不適切とされている。逆周圏論的分布は過去の文献を通じても観察されているが、今も「新方言」が各地で生まれている形で実証されている。

　このような変化は敬語でも観察され、敬語の方言分布においても、方言周圏論的分布と逆周圏論的分布の両方が観察される。では、敬語の方言分布を見てみよう。

(3) 敬語の方言周圏論的分布

敬語表現の日本地図を手がかりにしよう。敬語のうち、話すときに何を重視するかという観点から見ると、日本の方言をいくつかの発展段階に分けることができる。**図1**に、敬語の使い方の分布範囲を円で大まかに示した。この円で、日本諸方言の敬語の歴史と方言周圏論との対応が、説明できる。古代的な敬語は、日本の辺境に残り、中世的な用法は近畿地方に、現代的な新しい敬語は東京付近で使われている。岡崎市のことばは、東西の境界付近にあって、中間的な段階にある(3-2)。

自然物敬語　古代的絶対敬語

日本語で最も古くから使われてきた敬語は、古代の「自然物敬語」である。古代には、タブーから発達した恐れ多いものとして、自然物や神仏に言及するときに敬語を使った。この用法は、東北・北関東・北陸・九州・沖縄などに点在していたが、今は衰えてしまった。「お日様がお昇りになった」「月が沈まれた」「雷様が落ちられた」など、人間ではないものに敬語を使うものである。

その後、神と同じように偉大な存在ということで天皇にも敬語を使うようになり、それが後に皇

3-1　敬語変化と方言の対応関係

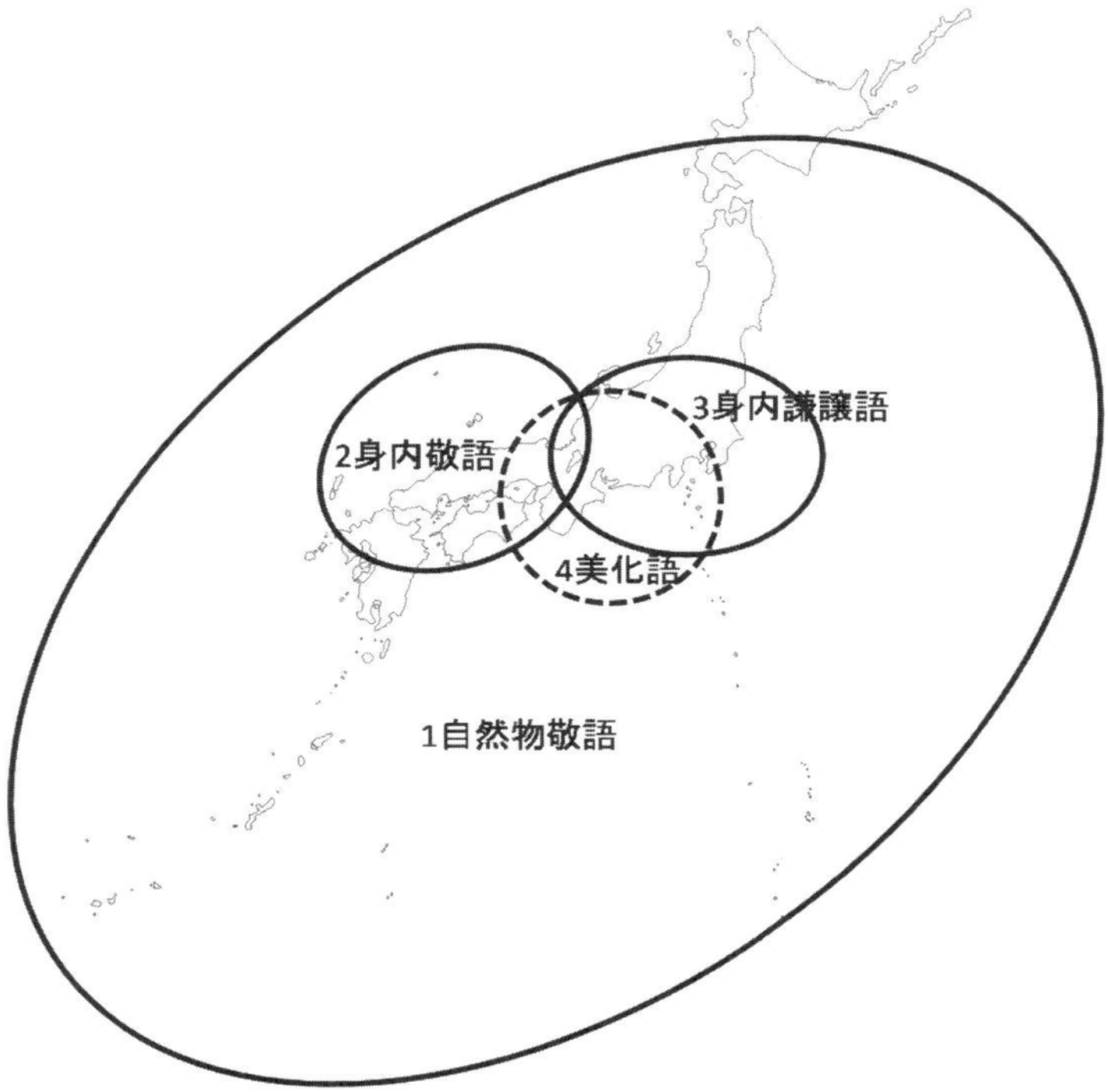

図1　日本語敬語の歴史と方言

族、貴族をも対象とするようになったと考えられる。この段階の敬語は、天皇や関白が自分の動作に敬語を使う「自敬表現」としても観察される。また、「かず子や、お母さまがいま何をなさっているか、あてでごらん」（太宰治『斜陽』）は、華族から目下の者に向けての「自敬表現」と解釈できる。「俺様のおっしゃることだから、ありがたくうけたまわれ」のような尊大語は（3-3）、自敬表現の痕跡である。このような敬語の使い方は「絶対敬語」と呼ばれる。現代でも皇室敬語で見られ、公的場面で皇族が天皇に言及するときには「られる敬語」を使う。

身内敬語　中世的絶対敬語

中世の貴族社会では、敬語は、近畿地方を中心に周辺に広がっていった。この時代の敬語は、よその人と話していて自分の身内を話題にするときにも、身内に敬語を使う（身内だからといって敬語使用を控えない）というもので、「身内敬語」と呼ばれる。このような使い方は、中世にはもっと盛んで、狂言などに用例がある。近畿地方周辺には今でも残っており、現代の関西地方などでは、お嫁さんが「おじいさん、おらはらしまへん」（おじいちゃんはいらっしゃいません）と言うことがある。その家のお嫁さんにとっては年齢が上の祖父は敬語を使うべき相手なので、外から来たお客さんの前でも同じように言う。東京なら「（うちの祖父は今）おりません／いません」のように、謙譲語を使うか、少なくとも中立的な言い方を使う。

中世頃までは、具体的な人物として天皇や、それに並ぶほど家柄の高い人をどう扱うかが問題になった。その後、江戸時代には身分制度としての士農工商が敬語に反映されるようになり、身分の違い全体が重要になった。同じ「農」の中でも家柄によって、昔から続いている豪農や地主の家族には敬語を使った。一方で、九州などでは、ごく普通の人同士で個人の年齢差を重視するようになり、年上には敬語を使うようになった。

身内謙譲語　近代的相対敬語

近代社会では、話題の人物をどう扱うかを調整するときに、聞き手との関係を考慮に入れるようになった。話題の人物と聞き手を比較して、話し手との相対的関係を考慮に入れる「相対敬語」としての用法である。東日本では、家族に言及するときには「母はおりません」のように謙譲語を使う。

この使い方は、会社での敬語の使い方にも適用された。会社に入ったサラリーマンが最初に訓練を受けるのは、社外の人と話していて、社内の目上の人（部長や社長など）に言及するときに、敬語を使わずに「鈴木は席を外しております」のように言うことである。話題の人物と目の前の聞き手とを相対的に計量して、その人が自分の内か外かで敬語を使い分ける。これが相対敬語の典型例で、「身内謙譲語」と呼ぶことができる。

美化語　現代的敬語から待遇表現へ

現代では、自分を美しく見せるために、自分のことばをきれいにする使い方として「美化語」の用法が広がった。具体的には「お」や「あげる」ということばで、東京付近の人が採用した。最近では、特に首都圏の女性が、いろいろな単語に「お」を付ける（コラム②）。「あたしはお育ちがお上品でございますから箸なんぞとは申しません。いつもお箸と申します」というわけだ。後発の新しいことばであるにもかかわらず、東京で採用されたためか、全国に波及した。図1では、今や地域限定でなくなったことを示すために点線を用いて分布域を示した。

現代の敬語の誤用や変化を見ると、歴史的・長期的変化がさらに進んで、近未来の新しい敬語のあり方を示していると解釈できる。1-3で述べたように、謙譲語の用法が広がって、『敬語の指針』では謙譲語Ⅱが設定され、美化語も加えられた。この五分類は、現代東京の敬語を説明するには便利だが、方言敬語、つまり日本語全体を視野に入れた説明ではない。

尊敬語については、用法が広がったので、尊敬語Ⅱを設定できるようになった。尊敬語Ⅱの典型は過剰敬語で（1-3）、聞き手に向けて、文中の敬語使用可能なところに多くの敬語を使う。たとえば、「ネクタイが曲がってらっしゃいます」「お宅の犬はよく芸をなさいますね」の類である。また、「おごはんをおめしあがりになられていただきたいのですが」のような例では、「お」と「ご」を重ねているし、述部には「めしあがる」と「お～になる」「られる」「いただく」が使われ、二重、三重以上の敬語になっている。首都圏の女性に多く見られる過剰敬語でもあるため、「美化語」と共通の背景を持つ用法と見ることができる。

どんな文脈で敬語を使うかは、「所有傾斜」によって説明できる。丁寧語の「ですます」と併用されるため、敬語全体が丁寧語化していると考えられる。1-3で見たように、敬語本来の用法を保っているものと、その用法拡大、拡散と考えれば、尊敬語・謙譲語・丁寧語の三分類で済む。

将来に向けて、現代の敬語は発展途上と見ることができる（井上2017）。いっぽう接客用語などでは「マニュアル敬語」が普及している。敬語を使えない若者や外国人労働者に役立つし、誤用を避けるためにも有効である。接客用語では、個々の尊敬語・謙譲語を使うだけでなく、命令でなく依頼の形をとるなど、表現全体が重要になる。このプロセスは1-3のマニュアル敬語への流れに対応する。いっぽう将来の敬語では、親しいかどうかの心理を重視する動きがある。

尊敬語、謙譲語、丁寧語の現象を、さまざまな方言地図の中に探してみると、主に京都中心の周圏的分布として分析することができる。具体的な地図は省略するが、尊敬語は奈良時代から例があり、西高東低、つまり西日本に多く東日本に少ない分布傾向を示し、旧城下町で独自の語形を発達させてきた。謙譲語は平安時代に現れ、貴族社会で発達した。尊敬語と同様、西高東低で旧城下町で使われていた。丁寧語は平安時代に萌芽がある。「ます」については、室町時代の「参らする」が「まらする」「まっする」「まする」「ます」と変形を重ねた。「です」は明治初期に東京で地位を確立した。ともに、デスマス体として教科書にも採用されて全国的に広がった。「やる」の代わりの「あげる」の多用や「お」の付くことばなどの美化語はさらにその後で発達し、東京付近に多く分布している。
京都は江戸時代前期まで、東京は江戸時代後期から現代までの、政治・経済・文化の中心地である。中心地で発達し、全国に普及するという分布のあり方は、典型的な周圏的分布と解釈できる。

三階建ての敬語の歴史と地理

1―3図1の三階建ての建物の例えを使って、敬語の歴史と地理を復習しよう。古代の敬語は、尊敬語と謙譲語の二階建てだった。現在の世論調査で人々が答える「敬語」と同じである。神仏や身分の高い人を話題にするための特別のもので、高床式のように、床下が空いていた。

中世以降、床下を話し手・聞き手の相互交流のための丁寧語として活用するようになり、一階扱いになった。おかげで敬語は三階建てになり、最近の学校教育や敬語論の通説敬語の敬語三分類まで続いている。特に明治以降の教科書で丁寧語の「ですます」が全国に広がった。丁寧語の使いこなしが楽なのは、一階の出入りが楽なのと同じである。

戦後美化語・丁重語の用法が広がり、敬語の中に入れる説が出て、指針敬語として敬語五分類が採用された。尊敬語も用法が拡大した。三階建ての各階で建て増しがあったのだ。建て増しした部分の使いこなしは難しく、都会に早く広がったが、辺境（の高年層）には及んでいない。また用例によっては今でも使いすぎや誤用として非難される。代わりに空き地を駐車場として活用する形で、マニュアル敬語が急速に全国の若い世代に普及している。限られた表現についてなので覚えやすいのだ。日本語の歴史を通じて、敬語は中央（都会）から辺境へと広がる傾向を見せる。

(4) 敬語の逆周圏論的分布

方言からの影響

逆に、方言の敬語が現代共通語に取り入れられた例を取り上げる。現代共通語の敬語は、中央のみで純粋に成立したものではなく、各地の方言から敬語的表現をさまざまに取り入れた。敬語でも、「逆周圏論的分布」が成立するのだ。以下では、敬語とそれに深く関わる卑罵語までを考慮に入れて（3-3）、方言の敬語が共通語の敬語に与えた影響を考えてみよう。

北海道からは「イイッショ」などの「ッショ」が、二〇世紀末期に（千葉県木更津市を経て）東京に入った。

東北方言は中間敬語「ッス」（1-2、コラム③）の成立に影響があった。底流として東北地方北部の「ス」が働いた可能性がある。「やめるス」「いいス」「雨だス」など多くの品詞に付けうる。広義の敬語に関わる「よろしかったら」という前置きは、マニュアル敬語として非難されることもあるが、東北地方と東海地方での普及が早いとされる。ただし、婉曲表現としては全国どこででも生じうる可能性がある。

関東地方や中部地方からは、広い意味の敬語（待遇表現）、しかも中間段階とも言える表現が入った。関東地方北部の無アクセント地域からは、一九八〇年代の「尻上がり調」(「それでぇ、あたしがァ」などと書かれる口調)や二〇〇〇年代の「とびはね音調」(「高くなくない?」などの口調)が流入した。最近の「雨じゃね?」などという言い方も入った。推量表現、確認要求表現に関わり、広義の敬語(待遇表現)のレパートリーを広げている。

中部地方は、推量表現、確認要求表現に関わる「~じゃん(か)」の発祥の地である。東京では横浜ことばととらえられ、愛知県では「三河方言のジャン・ダラ・リン」の一つとされるが(2-6・3-2)、文献では山梨県の例が古い。三河では、幕末期の御蔭参りで天から札が降ったとされ、「ええじゃないか」と唱えて伊勢参りに行ったとある。当時の三河でジャンが成立していたら、「ええじゃんか」と唱えていたはずである。つまりジャンの成立は近代になってからである。

なお、本書で取り上げる岡崎市は、この三河地方に位置する。江戸ことばの成立には徳川家直参の三河武士の影響が大きかったという説があるが、今のところ具体的な言語的証拠が見つかっていない。名古屋方言の方言敬語では「~テミエル」(~ていらっしゃる)が有名だが(3-2)、共通語の「みえる」の用法に影響があったとは考えにくい。岡崎のことばも同様である。

西日本の中でも関西方言は、かつての中央語として大きな影響を与えた。「ます」の否定が「ません」であることが一つ。関西で形容詞+「ございます」で「寒うございます」などのようにウ音便を採用した形は、江戸時代の武家ことばに引き継がれ、現代まで続いている。現代でも「寒いです」という形容詞+「です」の形に違和感を持つ人は意外に多い。

今でも「よせてもらう」などの関西風の敬語表現がある。関西から各地に急速に普及している典型としては「〜ていただく」があげられる。「〜ていただく」は一九八〇年代の方言調査（『方言文法全国地図』）の段階では、分布域が関西圏に限られていた（2-3）。戦前の東京での使用例もあるが、戦後になって東京に広がり、現在では謙譲語に代わって多用されている。

「(ら)れる敬語」も西日本から共通語に入ったが、本格的に東京に広がったのは戦後と思われる。「〜ていらっしゃる」「〜でいらっしゃる」は近年広がっているが、Googleトレンドで調べてみると、東京付近と大阪で多く検索される。また、全国の「地方議会会議録」では首都圏と西日本で多く使われている（1-3）。

中国・四国地方発祥の敬語表現としては、山口県の「であります」が、幕末期の奇兵隊が使っていた長州弁から、明治期の陸軍に広がったと言われる。しかし明治時代の文章語や演説用語で「荘重語」として使われていた「であります」に由来を求める見方もある。

九州からは、明治初期の薩摩出身の巡査から、現代の警官などが使う「オイコラ」という呼びかけの感動詞が広がったという説がある。時代が違うが、「来院されてくださ い」のような「〜れてください」は、福岡県で一九七〇代に観察され、一九九〇年代には東京でも聞かれるようになった。命令口調を避けた依頼表現として便利であるため、使用者とともに上京したのだろう。

沖縄方言からの影響は、今のところ報告されていない。

このように、現代共通語の敬語（待遇表現）は、各地の方言からさまざまな要素を取り入れて豊かになりつつあり、今もまだ、発展途上と言える。

敬語の逆周圏論の成立理由

敬語の逆周圏的分布の成立理由を考えると、敬語に限らず、言語現象一般に適用される法則性が浮かび上がる。言語内の動機としては合理化がある。言語外の動機としては、社会的、心理的背景があり、民主化・平等化としてまとめることができる。また東京との移動人口の多い地域からの影響が大きい。

言語内の動機を詳しく説明すると、合理的、効率的な言い方なら全国に広がりうる。周辺地域はことばにうるさい人が少ないので特に広がりやすい。地方から都会に逆流して上京し、最後には都会の規範意識の高い人たちにも受け入れられることもある。発音や文法的活用などでよく観察される現象だが、敬語は丁寧さや階層意識に関わるので、特に際立つ。

これまでに方言から中央のことばに取り入れられた現象を見ると、合理的理由はあるものの、全体を置き換えるような大規模な変化が一度に起こるわけではなく、部分的に都合のいい現象だけを受け入れる「選択的受容」が見られる。部分的ではあるが、方言の受容によって共通語の敬語は豊かになり、時代や社会に適応したものに変化してきたのである。

下位の周圏的分布と社会経済的発展段階

ここまでは日本全体のレベルの地域差を見てきたが、もっと細かく方言の地域差を見ると、二重の周圏的解釈を適用できることがわかる。小地域内で中心部から周辺への拡大、伝播が観察されるのである。城下町と農村部の違いについて実証された例では、山形県鶴岡市とその近郊農村の敬語の違いが典型である（井上1989）。旧士族と町人は尊敬語や謙譲語を使いこなすのに対して、農民は無敬語だった。

敬語の発達は昔の社会階層の発生と連動する傾向があり、福沢諭吉によれば、旧中津藩（現在の大分県中津市周辺）では士族の階級によっても敬語が違っていたという。古い都市の階層差は地域的な住み分けと関連するので、地域差として反映する。京都や旧城下町には敬語が発達したが、周辺の農村とは大きな違いがあった。

以上、敬語に関する方言分布を歴史的成立過程の観点から整理したところ、大きくは方言周圏論に合致するが、地方から東京への流入という形で、逆周圏論があてはまる現象も観察された。

（井上史雄）

コラム⑧ 二〇世紀に消滅した中国語のメタファー型敬語体系

一九世紀までの中国語において、礼儀正しくふるまうためには、人の名前は香しい名前（「芳名」）、自分の家は寒いあばら屋（「寒舎」）などと、メタファー的に表現されていた。そのような敬語表現は二五〇〇年前ころ（春秋・戦国時代）の文献の会話文にすでに現れていた。二〇〇〇年前ころ（漢代）の学者たちはことばの対人機能に高い関心を寄せ、「尊称、謙称、美称、通称、老人称、殷勤之意、親愛之言」などさまざまな用語を創出し、ことばの社会的属性について解釈していた。一〇〇〇年前ころ（唐・宋時代）からメタファー型敬語の体系化が進み、三、四〇〇年前ころ（明・清時代）になると、表現のバリエーションがいっそう豊かになり、一つの対人修辞法のシステムが確立した。

ところが、二〇〇〇年以上脈々と形作られてきたこのメタファー型の敬語体系は、一〇〇年前ころの二〇世紀初頭から崩れはじめ、数十年の間に急速に衰え、二〇世紀後半にはシステムとして完全に消滅した。彭『近代中国語の敬語システム』(1999)は一四世紀ころの『三国演義』から二〇世紀九〇年代の『白夜』（賈平凹著）までの長編小説（三〇作品）を対象に全数調査を行い、約六〇〇年間の敬語使用の通時的変化をたどり、その変遷軌跡の一端を明らかにした（図）。

伝統的なメタファー型敬語が消滅した原因としては、二〇世紀に起きた二回の革命が大きな要因だったと考えられる。一回目は一九一一年の辛亥革命である。それにより清王朝が崩壊し、中華民

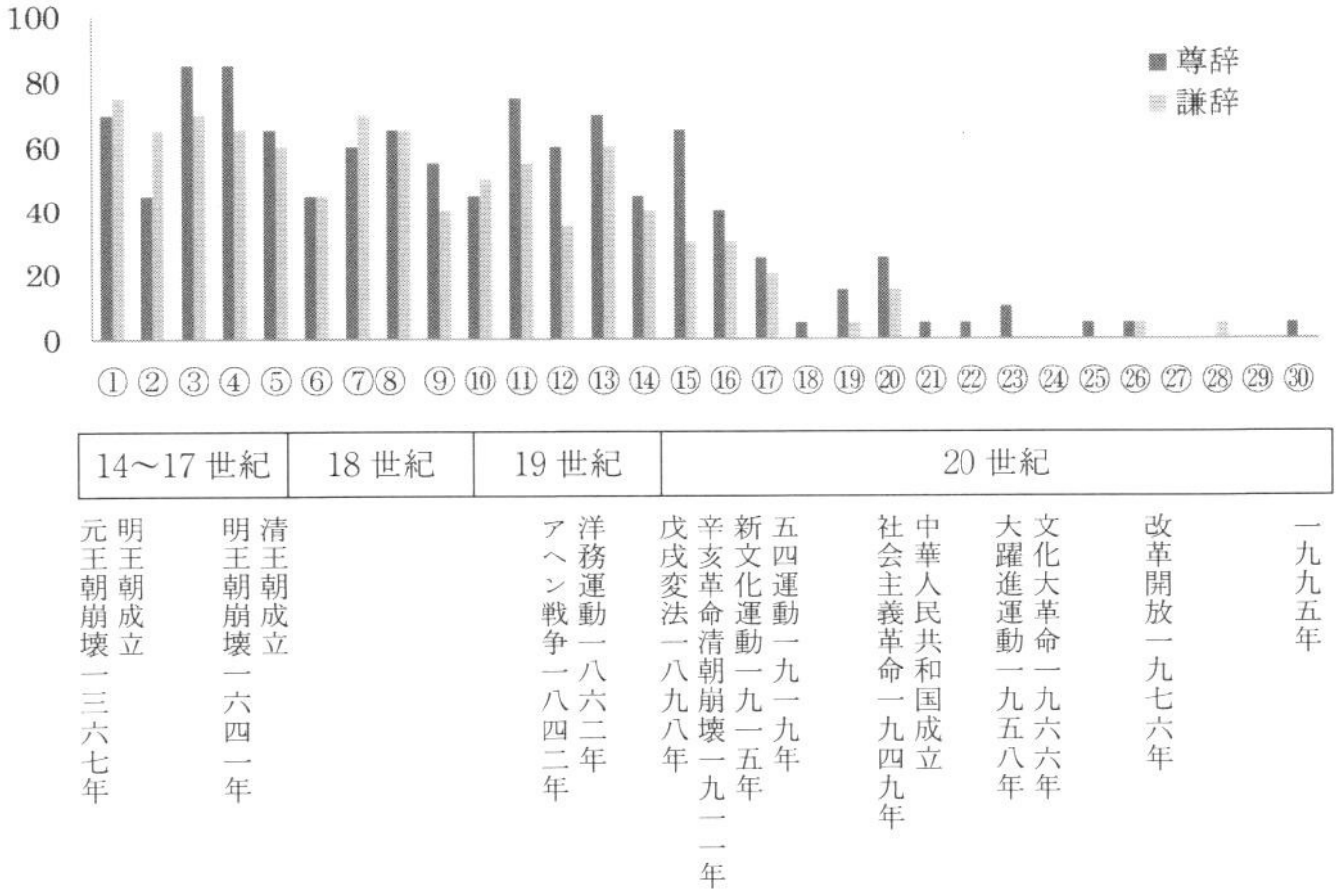

図　中国語メタファー型敬語の通時的変化

【グラフの説明】

横軸：30 冊の長編小説
縦軸：敬語語彙の使用率
尊辞：尊敬語機能の接辞上位 20 種類（貴、尊、令、大、賢、高、盛、厚、清、上、雅、芳、明、美、鈞、聖、良、威、華、豊）
謙辞：謙譲語機能の接辞上位 20 種類（敝、小、愚、賤、薄、寒、微、拙、貧、卑、下、鄙、淺、窮、荒、劣、寸、俗、粗、淡）

国が成立した。辛亥革命とそれに続く「新文化運動」「五四運動」は政治体制や社会制度に変革を起こしただけでなく、伝統的な世界観や価値観、礼儀礼法を尊ぶ儒教倫理観に対する批判を通じて、人々の意識にも大きな変化をもたらした。二回目は一九四九年の社会主義革命である。それにより中華人民共和国が成立し、その後、五〇年代には「大躍進」など急進的な共産主義政策が推し進められた。

辛亥革命がメタファー型敬語体系を弱体化させたとすれば、社会主義革命がそれにとどめを刺し、復活を不可能にしたと言うことができる。

さらにその後、六〇年代には「文化大革命」による伝統文化への否定と破壊が行われ、人々の社会的意識が激変し、人間関係において敵か同志かという階級闘争の影に覆われるようになった。七〇年代後半から改革開放政策が実施され、中国社会はイデオロギー優先の社会から経済優先の社会へと変貌しはじめた。しかし、そのころの中国語には、伝統的なメタファー型敬語の表現体系はもはや跡形もなく消えていた。

ちなみに、いまの中国語においては、二人称代名詞の切替え、間接発話、呼称など、より欧米言語に近いストラテジー型のポライトネスが人間関係を調節する主な機能として使われている。

（彭国躍）

3-2 岡崎地方の伝統的敬語の地理・歴史

伝統的な岡崎の敬語の例（岡崎敬語調査から）
（さ）っせる…「傘、さいて行かっせ（第二次「傘貸し」場面）
（ら）れる…「お父さんが役所へ行ってこいと言われた」（第一次「市役所」場面、身内敬語用法）
お＋一段式（お行きる）…ここを真っ直ぐお行きりゃー明代橋に行ける」（第一次「道教え」場面）
みえる…「お父さんは病気で寝てみえるですか」（第一次「物売り」場面）

テーマ　岡崎地方の敬語の変化と岡崎敬語調査

ポイント

・歴史的には、近畿の室町時代以降の敬語が名古屋を経て岡崎地方に波及し、その過程で方言化をとげた。

・伝統的な岡崎の敬語は第一次岡崎調査の段階で廃れ、一方で、戦後になってマスコミや教育を通じて岡崎に入った敬語も多い。

(1) 岡崎地方の伝統的敬語の位置

この節では、愛知県岡崎市地域の伝統的な敬語の面を尊敬語を中心に考える。本書は岡崎市での三次にわたる大規模調査を中心に、現代敬語の各種の問題を考えるものである。その際、この地方のもう少し遡った伝統的な敬語の様子がわかれば、近年への変化の性格がわかりやすくなるはずである。

この点から見た、およその結論は次のようになる。

歴史的には、近畿の室町時代以降の敬語が名古屋地方を経て岡崎地方に波及し、その過程で方言化をとげた。その敬語も、第一次岡崎調査の段階ではかなり廃れ、その痕跡を残しながらも、戦後になってマスコミや教育を通じて共通語が広がってきた。

さて、伝統的な日本語の敬語の地理的特徴は、西日本に盛んで東日本はそうでもない、いわば「西高東低」型である(3-1)。愛知県は、西の尾張名古屋の地域と、東の三河地域からなる。岡崎は三河にあり、歴史的に西日本の中心地域である近畿地方の敬語が名古屋地方に波及し、それが伝わってくる東端の地域である。さらに細かく見れば岡崎市は西三河にあって、東三河になると敬語は次第に減り、東部のいわゆる「無敬語地帯」へと続く。そして東日本には、敬語が盛んな大都市・東京があるものの、その前身の江戸ができる以前は無敬語的な地域が広がっていた(ただ、呼びかけや文末の助詞などで敬意を添える言い方は全国的にある)。

このことを、日本語の地図や岡崎調査での尊敬語形などを通して具体的に考えてみたい。

なお、ここで言う「伝統的」ということについて説明しておく。昔は共同体的なまとまりが強く、その地域のことば（方言）で通じ合っていた。今でもそれぞれの地域の生え抜きの人たちは、家族や友人間でこうした伝統的なことばを使っていることが多い。

しかし、近代化が進み、特に一九六〇年前後から高度成長が進んで、人々の流動性が高まり、他地域の人々の流入や地域外の職場に通うようなことが増して、地域社会が大きく変化している。岡崎の三次にわたる敬語調査は、この転入者や世代交代を含む岡崎地方の敬語の「実態」をとらえる調査であり、いわゆる共通語化によるさまざまな様子がわかる。その際、伝統的な方言がどのようであったかが一方でわかっていれば、その変容の姿も明らかになる点が多い。そのために、この節では「伝統的な敬語の面」を考えておくのである。

(2) 日本語全体の中の岡崎地方の敬語

まず、地理的に全国的な「西高東低」型の敬語の様子を見よう。国立国語研究所による一九八〇年頃の文法調査をもとにした『方言文法全国地図』（以下、ＧＡＪ：Grammar Atlas of Japanese Dialects の略）によって、生え抜きの話し手の伝統方言の様子がわかる。**図1**は、そのＧＡＪの２９５図「あの先生はいつ東京に行くのか」の「行く」をどう言うか、回答を記号化して地図上に示した

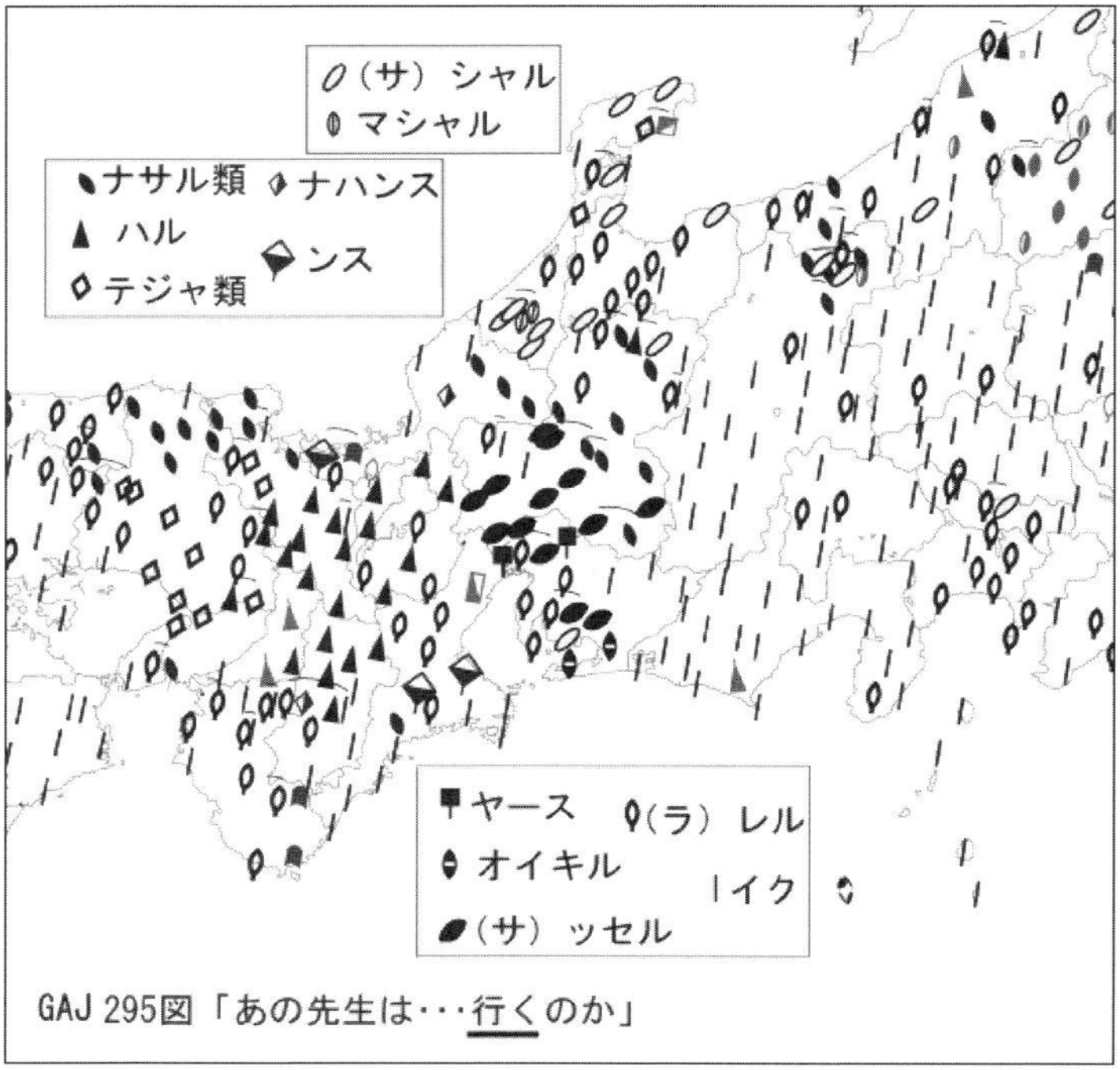

図1 「あの先生は…行くのか」

図である。「話し手が親しい聞き手に、そこに居ない『先生』を話題にして話す場合」の形式を尋ねた項目で、気楽に使うふだんの敬語形式のうち、主要な部分を示した。記号の凡例には、重要なものだけをあげた。

図1を見ると、愛知県東部や長野県付近から東の地方では、ほとんど動詞だけの縦線―の「行《イ》ク」である。いっぽう、西日本ではさまざまな敬語形が現れる。近畿中央は三角印のハル類「行かハル／行きハル」などがあり、それを取り巻く

ように、左向き楕円のナサル類や、またそれにンスがついた半白菱形のナハンスもあり、脚付き白楕円（ラ）レルの「行かレル」なども近畿の周囲に現れる。（この分布は中央に位置する近畿からの波及の過程を示すが、今は深く立ち入らない。）

敬語がよく回答された地域は、新潟県～岐阜県～愛知県東部にかけての西側までで、近畿方言の影響が強くおよぶ範囲になる。ここから東の地域は無敬語地帯あるいは敬語が少ない地帯となる。例外的な関東の（ラ）レルは、標準語化によって明治以後に盛んになったものと考えられる（3-1）。

この境界近くには、文法事項に注目して「糸魚川‐浜名湖線」とも呼ばれる東西方言境界線があり、古くからことばの大きな違いがあることが指摘されてきた。大きな地理的・文化的な境目であった結果であるが、その一端が敬語にも現れている。新潟県は、敬語面では方言境界を通り越して西部から近畿の影響がある。この東西対立模様は、明治期の国語調査委員会による『口語法調査報告書』（1906）によって発見され、その後の牛山初男（1969）の調査、また最近の調査（大西拓一郎 2016）でも境界線はほとんど動いていない。

こうした境界地域に近い岡崎付近は、①敬語形式の多い西日本の東端に位置し、②特有の方言敬語である「行《イ》カッセル」「オ行《イ》キル」、名古屋付近には「行《イ》キャース」（図1の凡例のヤース）などが使われている。これらは、後で述べるように、近畿から名古屋そして岡崎地方へと敬語が波及しながら変化したもので、近畿のことばと比べるとやや古く、また特有の形に変化している。

なお、GAJ271図「ひと月に何通手紙を書きますか」の質問で、「よく知る相手に非常に丁寧に言う場合」は、最も丁寧な標準語形式であるオ－ニナル類（「オ書《カ》キニナル」など）が東西にわたる主要地域に広くあって、図1のようなきれいな東西対立は現れない。この形式はずっと後の時代に登場し、標準語としてマスコミや教育を通して全国に広まった、いわゆる「共通語化」の代表的な敬語である。この「共通語化」は、新しいことばが「空からばらまくように各地にもたらされる」とされるかたちである。そのため、東西対立型にはならない。

いっぽう、図1の方言的な面は、それ以前の「地を這うような伝播」とされるもので、隣り村から隣り村へと順にことばが伝わるようなかたちで成立してきたものである。

愛知県付近の伝統的敬語の状態

もう少し詳しく、岡崎市を含む愛知県付近の伝統的な敬語の様子を見てみよう。

図2は、筆者が一九九〇年代に愛知県とその周辺四県を調査して、生え抜きの人々から得た「よく知る目上に『どこに行くのか』と男性が聞く場合」の尊敬語形式である（彦坂1991）。なお、細かな語形はまとめ、図1と同じ記号に変えた。調査地点の密度がGAJより細かく、また「相手に言う場面」なので多様な形式が現れているが、「西高東低」型の西日本の東端の模様を示すことは図1で見るのと同じである。

大まかな分布を見ると、まず、左斜め楕円形のナサル類が岐阜県に多く、四角のヤース類が尾張

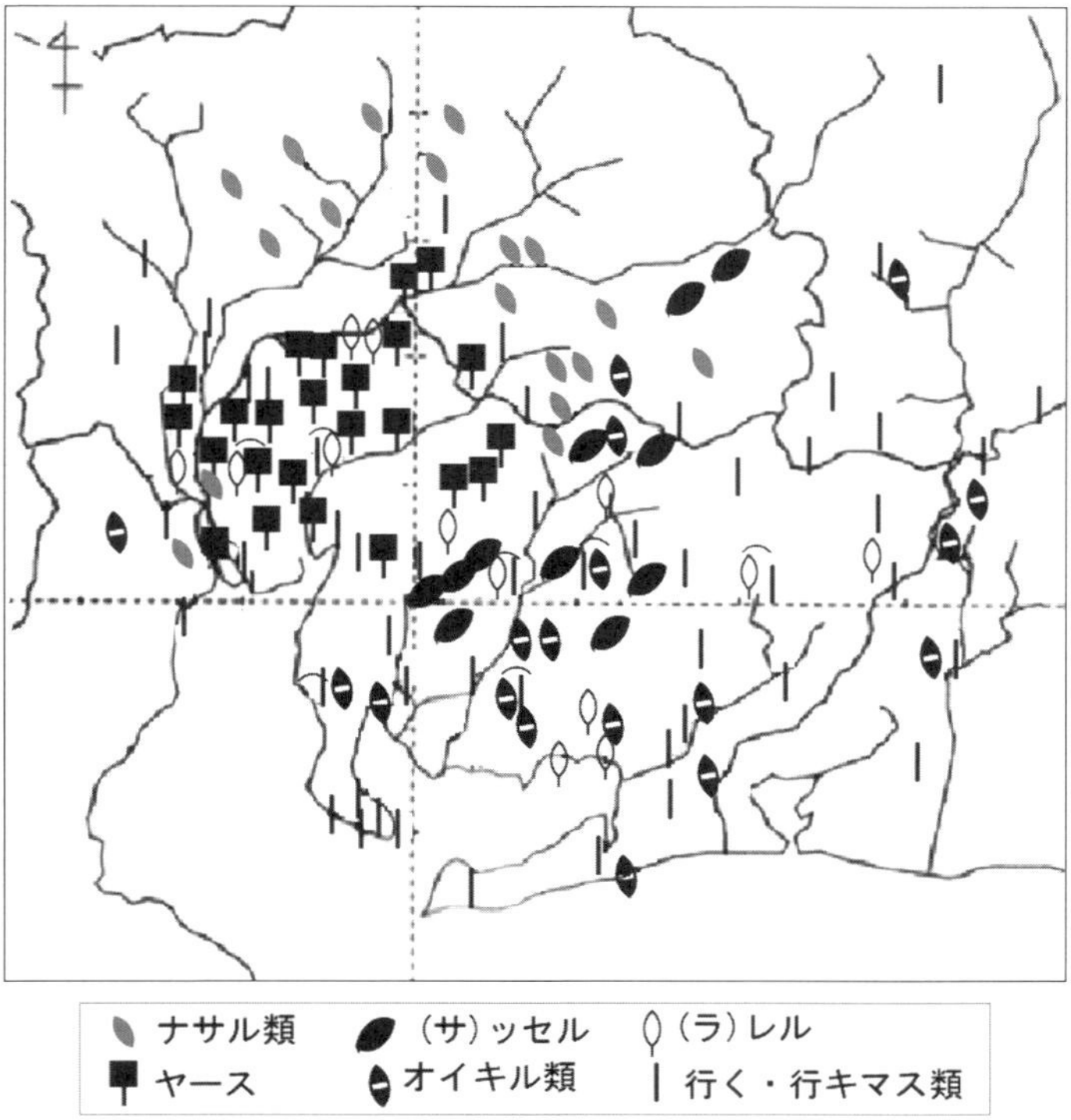

図2　愛知県付近の伝統敬語形（1990年代）

に多く、右斜め楕円の（サ）ッセル類（「行カッセル」など）は西三河に、そして白線入り楕円の「オ＋一段式」類（「オ行キル」など）は西三河から東三河、また静岡県の遠州地方・長野県の南信州にかけて、さらに知多半島付近や三重県にもあり、大きな外縁を形成する。縦線は「行く／行きます」の無敬語的な形で、東部地域にかなり増える。結論としては図1と同じく東西差が見られ、また次に述べるような、詳しい敬語の歴史面が分布上に現れていることになる。
興味深いことには、こうした地域別敬語の違いは、その地理的な分布を解釈することで、ことばの歴史がわかる。先に触れたように、図2の言い方がかつての中央語である近畿から波及したとすれば、分布を東側から西側へと逆にたどればこの地域の敬語の歴史が現れるはずである。

愛知県では敬語を聞けばその人の出身地がおよそわかる。ヤースを聞けば名古屋（尾張）の人で、（サ）ッセル・オ行キルなどなら西三河の人、ヤースは両方で使われる。オ行キルなら西三河から東三河の人で、それも女性に多くて、丁寧ならオ行キマショーなどの勧誘形もある。（サ）ッシャル／ゴザルなら老年の人。ナサル類のナサル／ナール／ナル／ンサルなら美濃（岐阜県）方面の人。筆者は東・西三河と尾張に住んだ経験があり、また方言調査による実感である。

こうした敬語がかつての中央語である近畿から波及したとすれば、東側から西側へと逆にたどれば、ひとまず次の古い形式から新しい形式への変化があったと考えられる。

オ行《イ》キル　→　行《イ》カッセル　→　行《イ》キャース　→　行《イ》キナサル

さて、どうであろうか？　次に、この変化の順番を検討する。

江戸時代後期の名古屋の敬語

この順番を証明するためには、波及してきた先の名

B		
て＋指定辞	3	3
やはんす		
はんす		
なんす	1	1
お…なはる		
なはる	1	1

表1　江戸時代後期の名古屋の伝統方言形

述部形式 ＼ 資料	A																				
	お…遊ばします	お…遊ばす	遊ばす	お…なされます	お…なさ(れ)る	なさ(れ)ます	なさ(れ)る	お＋一段式	(さ)っせる	(さ)っしゃる	(さ)んす	しゃんす	やんす	お…あ(や)す	やす	てござる	(ら)れる	お…なはいます	お…なはんす	なはんす	お…なはる
春秋洒士伝	1	3	1	5	6		30	3	19	6	12	1	1		1						
囲多好髷		13			7		12	5	8	1	3						2				
女楽巻		1					9	6	2		16		2								
儛意抄		4		1	10		20	14	28		13										
（計）	1	21	1	6	23		71	28	57	7	44	1	3		1		2				

古屋地方のことばがわかると、参考になる。そして、じつは、図2の主要な形式は、すべて江戸時代後期の名古屋で使用されており、その影響が及んだものである。

江戸時代後期、江戸や京都・大坂（大阪）では話しことばによる文芸作品が盛んに作られた。名古屋でも土地のことばでつづられたものができた。**表1**は、そのうち主として庶民の様子を描く作品四種の尊敬語形式である（彦坂1997）。A欄のものがどの作品にも現れて共通度が高く、名古屋方言的な形式と考えられる。B欄は使用度も低くて遊里を描く作品と共通度が高く、日常的な形式ではない。このA欄での代表的な敬語は、作中人物などから判断して、高い敬意の順に左から次のようなものがある。

「遊《アソ》バス」類、ナサル類、「オ＋一段式」類（「お行きる」など）、（サ）ッセル類（「行かっせる」など）、（サ）ッシャル類（「行かっしゃる」など）、「サンス類（「行かんす」など）、「（ラ）レル類（「行《い》かれる」

など）

これらは驚くほど図2の形式と共通する。図2の名古屋付近のヤース（「行キャース」など）」は表1の「遊ばす」類の変化で、「行く」を例にすると、

行《イ》キアソバス　↓　行《イ》キャースバス　↓　行《イ》キャース

と変化したものと考えられている（名古屋弁の代表的表現とよく言われる「置《オ》キャーセ」（止《や》めておけ）はこのヤースの命令形）。そして、オ行キル、行カッセル、（ラ）レルも表1にある。

つまり図2のいろいろな形式は、江戸期の名古屋でよく使われ、方言化もしながら西三河に伝播した形式である。一九九〇年代では古くなって使用が狭まり、主として老年の人が使うようになった、ゴザル／（サ）ンス（行カンス）なども表1にある。

ただ、図2から想定される歴史と食い違う点もある。図2では、ヤース類（「遊ばす」）よりナサル類が近畿寄りにあって、近畿から波及したのならその位置からしてナサル類が新しいとしたが、表1では敬意はヤースのほうが高くて、このほうが新しくて敬意も高いと考えられる。

この違いは、表1のほうが実情を語っており、「遊バス」などの高い敬意の形式は近畿から飛び火的に大都市名古屋の上層に受容され、その方言化がヤースであり、一方で岐阜県などでは定着しなかったのだと思う。

また、表1で（サ）ッセルと「オ＋一段式」は隣り合って似た敬意度なのに、一九九〇年代の図2では「オ＋一段式」が東部寄りに分布している。この点は、ひとまず無敬語地帯に近い東部地域

では「オ＋一段式」がオを付けるだけの簡便な形で、わざとらしくない敬語のために好まれたものかと思う。このように、表1の過去の模様を考え合わせると、今日の図2の解釈が深まる。

なお、名古屋はさらに西にある「清洲《きよす》」からの江戸時代初期の移転により成立した。「遊ばす」はその上層者にすでに使用されていたかもしれない。

(3) 近畿地方の伝統的敬語形式

江戸期の名古屋地方のことばが近畿から来たとすると、また図2の愛知県付近のことばがその末裔とすると、やはりかつての近畿の様子が知りたくなる。結論としては、これもかつての近畿方言が江戸期の名古屋方言とかなり共通し、近畿から美濃・尾張地方に波及したことがわかる。

次にこの点を詳しく見てみよう。

近畿地方の敬語史

近畿方言の敬語の歴史は、室町時代末期から江戸時代までの敬語の待遇表現体系を考察した、山崎久之の研究が参考になる（山崎 1963）（「待遇表現」とは目上から目下まで、敬意がプラスからマイナスまでの全体的な敬意段階を指す。それに対して、「敬語」は対等以上の範囲を言う）。**表2**は、山崎の論文から男性語の待遇表現体系の概要を抄出し、筆者が簡略に示したものである。江戸時代末期まで

都・大坂）の室町末期から江戸時代後期までの待遇体系とその変化

崎久之　2004、第四編第二章より抄出、助動詞・補助動詞のみ）

一	二	三	四	五	彦坂追加（＊は位相的）
（さ）せらるる お…なさるる お―ある（やる）	めさるる お―ある（やる）	しめ・さしめ い・さい	基本動詞	をる	
お―なされます お―遊ばします しやり（れ）ます	お―なさるる お―遊ばす （さ）しやる	めさるる やる お＝やる （武士・老人）	基本動詞	をる・ほざく くさる けつかる	テ指定辞＊ オ―ニナル＊
お―遊ばします しやります	お＋一段式 （「お行きる」など） なさる （さ）しやる	 やる たも	基本動詞	やがる をる くさる	ナハル＊
					ハル（近代）

は、近畿方言が中央語として各地の方言に強く影響した。江戸語が勢力を強めるのは、都市としての江戸が大きくなった江戸時代後半からで、そして敬語は近畿にならう面が大きかった。本書で繰り返し指摘される「西高東低」型の敬語分布は、この東西で異なる歴史的経緯によるものである。

表2は、縦に室町時代から江戸時代までの三区分、横は敬意の待遇段階で、どの時代も五段階であるが、いま罵倒表現の第五段階は省き（3-3・3-4）、主要形式だけを示し、注意すべきものは網掛けとした。

さて、待遇表現には、いわゆる「敬意低減の法則」というものがあり、高い敬意の形式が頻用されるようになると、次第に敬意を下げることが多い。また、その隙間に新しい形式が導入されることもある。

表2では、室町時代末期の第一段階の（サ）セラルル（「行かセラルル」など）やナサルル（「オ行きナサルル」など）が、江戸時代には敬意を第二段階に下げ、これらが語形も（サ）シャル、ナサルなどと変化し、空いた第一段階に新形

表2　上方（京

国語史の尊敬語（山

待遇段階→
室町時代末期
江戸時代前期
江戸時代後期

式の「遊ばす」類が登場したり、ナサレ（リ）マスなどナサルに丁寧語マスを付けて敬意の下降を防いだりしている。また、室町時代の第二段階の「オ－ヤル」（「オ行きヤル」など）は江戸後期には第三段階のヤル（「行きヤル・行きゃル」）としても現れるような変化があった。

さらに、オ－ニナル（「オ行きニナル」など）、「オ＋一段式」（「オ行キル」など）のような新形式も加わる。前者は江戸期の教養層に使われたものが一般に広まったもの、後者「オ＋一段式」は京都の遊里で生まれ、後にやはり一般化したとされ、今日では愛知県東部のほか、北陸・愛媛・山口県などで使われている。次に触れるナハルも、江戸時代後期に遊里から一般化したものである。なお表右端欄は筆者が追加し、初期には狭い使用層のものであったことを「＊」印で示した。

語形変化の面では、室町末の（サ）セラルルが江戸時代には（サ）シャルとなった。ナサルルは、

ナサルル → ナサル → ナハル → ナール → ナル → ハル（道筋は単純化した）

など多様な変化をして、表2の右端に筆者が加えたようにハルとなり、今日の京阪に盛んである。そのハルの用法も、今では「バスが来《キ》はった」「犬がいはる」などバスや犬にまで使用されるような用法の変化があるが、詳しくは述べない。

さて、こうした体系とその変化は、名古屋・岡崎地方とどう関連するだろうか。次にそれを考えてみよう。

近畿から愛知県・岡崎地方への波及と変化

もう一度、愛知県側の図2や、江戸期名古屋の表1の諸形式を見ると、右の近畿での待遇表現体系とその変化の様子とかなり関連していることがわかる。

愛知県の図2・表1と近畿の表2とを比較すると、順に次のようなことがわかる。まず、愛知県のヤースは近畿の江戸期前半の第一段階の「遊バス」類が伝播し大きく変わって方言化したもの、ナサル類は近畿の江戸時代前期のものがそれ、(サ)ッセルは同じく室町時代の(サ)セラルルが江戸期前半に「(サ)シャル」となったものが、名古屋に移入される過程で(サ)ッセル化したもの、「オ＋一段式」も江戸後期のものが波及したのである。

この中で、ナサル類は江戸期名古屋の表1にあるものの、一九九〇年代の図2では名古屋付近になく、美濃地方に多い。これは、先に触れたように、名古屋や西三河地方で、他の形式に淘汰されたのであろう。一九九〇年代では、ナサル類は尾張地方でもいくらかあるが、美濃地方のほうがずっとよく使われていた。

こうして、近畿から愛知県付近へと敬語形式が波及した、その対応関係や受容のしかたが明らかになってくる。また、一九九〇年代の図2で、複数の形式による地域差のあることもわかる。

まとめ

以上、敬語を地理的に見ると大きく東西対立のあること、岡崎地方は敬語が多様な近畿方言を後ろ盾にしたその影響が及ぶ東端にあたることがわかった。歴史的な点も加えると、近畿からの伝播は、近畿→尾張地方の中核都市の名古屋→岡崎を含む西三河地方へと波及した。図2の分布からその歴史が推定され、表1や表2からその変化と地域的な関係が証明できる。これが従来の地域共同体的社会の敬語の地理・歴史の面である。

しかし、三次にわたる岡崎調査の実態は、すでに、これとはかなりかけ離れたものになっている。

(4) 三次にわたる岡崎調査との関連

伝統方言の減少

最後に、これら伝統的敬語が岡崎調査でどう現れるかを見る。すでに述べたように、岡崎調査は多様な性格をもつ住民の実態的な姿をつかむものである。三次にわたる岡崎市中心部の調査は、住民の人口はほぼ同じでも、生え抜きの人は半数程度であり、他地域の職場に通う人も多く、内部でも交代・変化が起こっている（2-1）。こうした中で伝統方言を保つことは難しく、伝統敬語の現れ方が違ってくるのは当然であるが、しかし伝統を受け継ぐ面もある。

そこで、近世後期の名古屋に見られ、一九九〇年代の岡崎付近でも使用される形式を取り上げ、岡崎調査での実態面を見る。

①（サ）ッセル形 … 中央語であった近畿での（サ）ッシャルの方言化形

②「オ＋一段式」… オ行キル・オ出《イ》デルなどの形式

③ゴザル・オイデル・ミエルなど … 尾張・三河では「居る」「行く」「来る」などを表す形式

④（ラ）レル

これらの形式は、辻加代子の岡崎調査の考察にある（辻2014）。①は第一次調査の「傘貸し」場面で「持っていかっせ」（持って行きなさい）の一例だけ出る。第一・二次調査では、②のうちオイキルが少し現れる程度で、また②オイデルの補助動詞用法「〜テオイデル」が少し使われる。③の三語は標準語よりも広い用法で「居る」「行く」「来る」の意味をもち、ゴザルは古い方言形であるが、補助動詞「〜テミエル」については新しく、名古屋の影響とされる。④（ラ）レルは市役所などで親を話題とする発話、つまり話題とする年長の身内への敬語（「身内敬語」）としていくらか使われ、方言的な色合いを持つが、それが第三次調査では使用場面・度数とも増えて共通語的用法に変わる様子がある。辻の報告によれば、一般に伝統方言形は第一次調査の時点で、もうかなり廃れている。伝統的・均一的な共同体が崩れ、多様な人々の混合体となり、他の地方やマスコミのことばに触れて共通語化が進み、岡崎らしい方言をいくらか残しながらも、これらの複雑なことばの集積地となっているのであろう。近代化による変容が大きく関わっているのである。

気づかれない方言と地方共通語

しかし、この中で②③の補助動詞的な用法は岡崎調査にも現れており、伝統的方言が「気づかれない方言」として生きている。次の研究がそれをよく語っている。

江端義夫は、補助動詞用法の「〜テミエル」が名古屋から愛知・岐阜・三重県に広がっており、「名古屋文化圏を代表する最高敬語と見なされ、著名な人士、国会議員、その他の公共の機関誌にも頻用され、口頭語での形式的な敬語として…絶対的な位置を占めている」とする（江端 2008）。その例の一つに「総理は総理で自分がそのう、あのう、まとめ役んなってですね、動かすんだということ、言ってミエマスけどね、なかなか…」（ＮＨＫクローズアップ現代、トヨタ自動車会長の言）が紹介され、この用法の言語地図も示している。

また、初めてミエルを補助動詞として使った例として、江戸時代後期、名古屋の滑稽本「滑稽《こっけい》祇園守《おんもり》」（1816 文化一三年）の「去年よめ入《いり》して見へたから」、また、他に特有方言として、「いつ頃おまいの所へよめ入をしていかした」をあげている。先の「〜て見へた」はミエル敬語の補助動詞用法、後の「〜ていかした」は「行く」に補助動詞として付いた方言（サ）ッセルの補助動詞連用形である。それが、後に名古屋地方から岡崎に伝播してきているという分析である（さらにその元は近畿中央語由来とされる）。

先の江戸後期名古屋の文芸作品を見ると、ミエルの補助動詞化は、ゴザル・オイデルなどとからんで発生したと思われる。文芸作品では、ゴザル・オイデル・ミエルが共に「居る」「行く」「来る」の意味で使われ、ミエルを除いては補助動詞用法も盛んである。ゴザルは「黒縮緬《ちりめん》はもつてごさらつせるか」（囲多好髷《いたこわげ》）と、「ござる＋さっせる」の複合語化した補助動詞、オイデルも「治平さんは何しておいでるやら」や「よふ肥《こ》へておいでる」（春秋洒士伝《しゅんじゅうしゃしでん》）があり、ミエルは「おゆりや、容姿さんがいま見へるぞへ」「モシ、道具とりに見へました」（以上、僻意抄《まいいしょう》）など動詞用法が多いものの、先の江端指摘の補助動詞例がわずかにある。

これらは江戸期の名古屋で、一連の移動的意味の動詞が存在の意味の「居る・ある」の意味にも広がり、「て＋ござる／お出でる／みえる」形となって敬語のアスペクト的表現（運動や状態を表す表現）を表すものになった。そして語形の新古から判断して、まず古いゴザルが早く補助動詞化し、オイデルが続き、とうとうミエルまでもが、標準語としては変であるものの、補助動詞用法を獲得したと考えられる。標準語が地方のことばに取り込まれ、地方的な標準語、つまり「地域共通語」の用法となったのである。

この似た意味の三語の時代順の違いは、方言の地理的分布からもわかる。

GAJに、右の三語を含む図がある。ともに「土地の目上の人に対して非常に丁寧に言う」場合（B段階）で、その動詞と補助動詞用法の分布図を、図3・4とし、必要な範囲で凡例に関連語形を示した。

図3、図4ともに、T印のミエル類が内側の美濃・尾張・三河地方を主にして分布し、▲印のオイデルはその外側を取り巻き、ゴザルは北陸・長野北端などさらに遠くに、または山間部に散らば

っている。全国的に見ると、この分布からは、動詞用法のゴザル・オイデル類が早くに近畿から放射され、ミエルもその後に放射されたことが推測される。

しかし全国的に見ると、図4のようなミエルの補助動詞化は珍しく、やはり東海地方の中核都

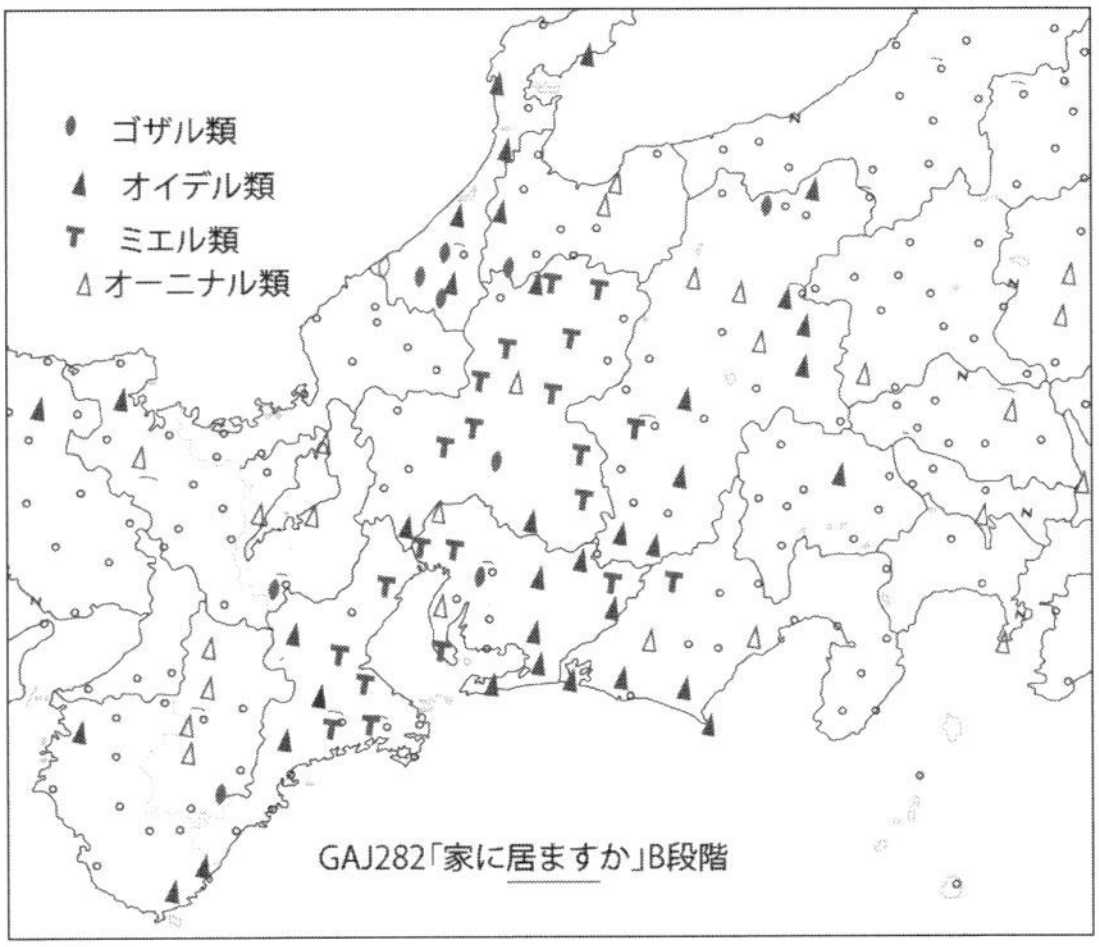

図3　動詞用法

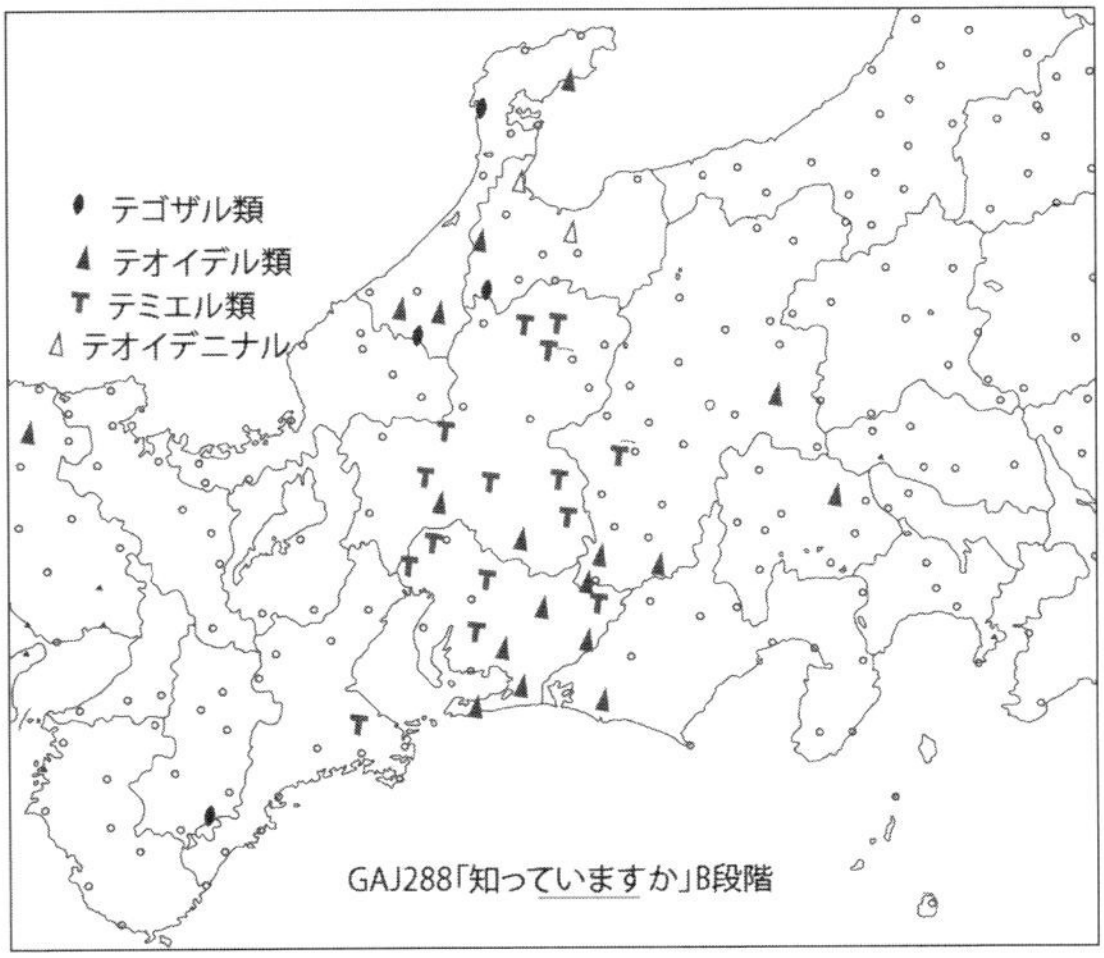

図4　補助動詞用法

市・名古屋付近で、ゴザル・オイデルの補助動詞化に続き、ミエルが他の地域にない補助動詞化をとげ、ゴザル・オイデルを淘汰し、周囲に最新の形式として放射されている様子がある。先の新古の判断の順とも一致する。

次には、これと違い、伝統方言的敬語形式が用法を変えて共通語化した例を、先の⑤（ラ）レルについて見る。

先の辻も指摘するように、岡崎での（ラ）レルは、息子が親に敬語を使う、いわゆる伝統的な身内敬語の用法として見られた（2-6）。身内敬語は西三河〜北陸の線から西の地方に多い西日本的特徴で、岡崎はこの用法でも近畿方言区域の東端にある。その（ラ）レル自体は、ＧＡＪ２７１図「書きますか」（「土地の知り合いに対しもっとも丁寧に」）によれば（図は略）、中国・北陸地方に多く、関東地方には意外に少ない。つまり地方的な伝統方言である。この敬語形式は古代からあり、ＧＡＪの図によれば、今それが右の地域的方言として残っている。

ところが、今日（ラ）レルは標準語とされ、軽い敬意表現として盛んに使われる。それは、「これからの敬語」（1952）で民主的で簡素な敬語表現にふさわしい形式として勧められ、マスコミの皇室報道や「検定教科書」にも取り入れられて、普及していったからである。（ラ）レルは、江戸時代の中央地域では口頭語としては少なく、江戸語にも見いだしにくいが、教養層の書きことばには使用されていた。それが標準語に採用されたのである。そして、辻の指摘する第三次調査での増加は、この標準語レベルの共通語化が岡崎にも現れてきたのだと思う。ミエルのような「気づかれない方言」の地域共通語ではなく、標準語を直接受け入れた変化があったのであろう。

岡崎調査でのその他の共通語的な敬語については、他の節（2-2・2-3）で述べられるので省くが、図3・4のような場面は、岡崎調査では標準語形イラッシャルが優勢になっており、共通語化が顕著であり、今日的な変化をよく示している。

(5) 全体のまとめ

以上、岡崎地方の敬語は、近畿方言の影響が届く東端にあたり、東日本のいわゆる無敬語地帯に接していること、歴史的には近畿の室町時代末期以降のことばが地域の中核都市の名古屋を経て波及し、その過程で方言化をとげていることなどを見た。その地域共同体的な敬語も、岡崎調査の段階ではかなり廃れ、しかしオイデル、ミエルなどのように「気づかれない方言」として受け継がれたり、一方では、（ラ）レルのように、戦後になって標準語に組み入れられ、マスコミや教育を通じ、伝統的な用法から変化したものが定着した例も見られた。結論的には、岡崎市の敬語は、住民の多様性が増し、伝統方言を駆逐して、大きく地域共通語化をとげてきたと言えよう。

この節で見いだされた地理的分布と文献史料との一致は、日本の他の地域にも適用できると思われる。単語の地理的伝播速度が年速約一キロという仮説とも矛盾しない（井上2008）。また第一次岡崎調査の最高年齢の一八九〇年代生まれから、第三次調査の若い世代の一九九〇年代生まれまでの百年の変化を以前の時代まで延長したときの、変化の進み具合とも矛盾しない。つまり目の前で起きている言語変化を、遠い昔まで結びつけることができた。

敬語という社会言語学的行動に関わる現象が、個々の単語・表現に分解すると、歴史と地理の次元で密接に関連することがわかった。国語史と方言の関係は、方言周圏論についても、適用例を増やし、理論的可能性を広げたことになる。

（彦坂佳宣）

3-3　卑罵語と敬語の発達

卑罵語・全国方言文法の対比的研究・一九六六～一九六八年調査

富山県富山市「仕事ぉ　せんと　本ばっかり　読みやがって　ども　ならん」（仕事をしないで本ばかり読みやがって、どうにもならない）

岐阜県古川町「まーた　読んでけつかって　だいざ　あらせんな」（また　読んでやがって　てんで　働かないな）

鹿児島県名瀬市「まんぐゎ（漫画）べり　読みこらてぃ」（漫画ばかり読みやがって）

テーマ　卑罵《ひば》語と敬語の位置づけと地域差

ポイント

・卑罵語は人を罵る語で、下向きの待遇表現に使われる。

・敬語は「西高東低」と言われるが、卑罵語も西日本方言に種類が多い。

・相手を悪く言うときに敬語を使うこともある。

(1) 下向きの待遇表現

敬語は上向きの待遇表現に使われることばだが、下向きにはたらく待遇表現もある。そこで使われるのが、「バカやろう」「失《う》せやがれ」などのように人を罵ることばとしての**卑罵語**（**表1**）である。冒頭の枠内に示した「読みやがって」「読んでけつかって」「読みこらてぃ」も、各方言で使われる卑罵語である。

一般に、敬語を適切に使えるようになりたいと思う人は多い。その思いを反映するように、書店のビジネスマナー書の棚にはカラフルな敬語の本がずらりと並んでいる。日本語における敬語は、使用の背景に社会的要請があることばで、使えない（使わない）人は社会人としての適性を疑われることもある。習得したいと思うのは当然である。

では、卑罵語を習得したいと思う人はいるだろうか。卑罵語は悪態や毒舌などに近いことばで、ケンカにも使われる。他人と衝突するためのことばを習得したいと思う人は多くないだろう。

ところが、日本語学習者の中には、卑罵語を習得したいと日本語教師に申し出る人があるという。筆者も、学習補助を担当していたアメリカ人留学生（女性）から卑罵語を教えてほしいと言われたことがある。そんな教科書や本は知らないと言って断ったつもりでいたら、その留学生はどこからか「バカ」「ぬけさく」「ちくしょうめ」「このやろう」「おととい来やがれ」などを収載した市販の冊子を持ってきた。その後は、各表現の使い方やアクセントを詳しく尋ねられることになった。

なぜ人を罵ることばを覚えたいのか。動機は単純で、「日本語ネイティブが使っているから」と留学生は言う。日本語のクラスでは公的場面のことば、つまりきれいな日本語や敬語しか教えてくれないが、身の回りの日本人は方言や俗語、そして卑罵語も使っており、クラスで教えてもらったことばだけでは意味がわからない。教えてもらえないなら自分で勉強するしかないというのである。

考えてみると、卑罵語は、就労や結婚のために日本に居住する外国人にとっても、ごく初めに習得（理解）しなければならない重要な語彙である。労働の現場や家族との日常生活では、敬語だけでなく卑罵語も飛び交っているはずだからである。

その状況を反映するように、過去に刊行された日本語教科書を見ると、すべてではないが、待遇表現の中で卑罵語を取り上げたものがある。日本語教育の現場では、理解語彙（読んだり聞いたりしたときに理解できる語）としての卑罵語の教育は必要とされてきたのである。

卑罵語は、敬語と同様、日本人の言語生活において多様な役割を担っており、相手との心理的距離を遠ざけたり近づけたりすることがある。しかし、マイナス待遇表現の研究が遅れたのと同様（3-4）、卑罵語も理論的考察が遅れている。敬語や待遇表現は、「日本人の美しい心」の表れとされたり、現代日本語の実用書ではマナーの一つとして扱われたりしているが、この観点から敬語や待遇表現を見ると卑罵語は視野に入ってこない。本節は、敬語に関する他の本ではなかなか扱われてこなかった卑罵語について、待遇表現の中に位置づけながら地域差を取り上げる。

（2）卑罵語と敬語の関係

卑罵語はどのように研究されてきたのだろうか。類似の名称には、卑語や軽卑語、罵倒語、ののしり表現、卑罵表現、侮蔑語、マイナス敬語、マイナス待遇表現（3-4）、マイナス評価表現、悪口、あくたいもくたい、罵詈雑言《ばりぞうごん》などさまざまあり、研究者によって範囲や定義が異なる。これらのことばや表現は、かつて、差別語や不快語、蔑視語、俗語や方言とともに「悪いことば」とされたり、学校教育や公共放送では特に使用を制限されたりしてきた。

そのためか、心理学者の星野命《あきら》が一九七一年に指摘したように、国語学・日本語学の分野では学問の埒外とされてきたようである（星野2011）。取り上げられるとしても、古典における階級言語の一部として、あるいは待遇表現や言語行動の分析のなかで、細々《ほそぼそ》と扱われてきた。

そこで指摘されてきたことをふまえ、品詞や性質、待遇度、場面差、使用者の属性、語彙量という観点から卑罵語を位置づけると次のようになる。

卑罵語は、**表1**のように、名詞・動詞・助動詞などさまざまな品詞にわたって存在する。このうち動詞と助動詞類は、聞き手（対者）を罵る表現ではなく、動作主（話題の人物・素材）を罵る表現であることから、敬語の尊敬語（**素材敬語**）に対応する「**素材卑罵語**」と見ることができる（**図1**）。卑罵語と尊敬語は、動作主が同じであれば、形の上では「おっしゃりやがった」「お失《う》せあそばしたよ」などのように一緒に使える。一方で、敬語の謙譲語（「拝見する」「差し上げる」など）と

表1　品詞別に見た方言の卑罵語※

動詞	ケツカル（行きやがる／来やがる／しやがる／言いやがる／居やがる）、イヌル／ウセル／トツク／ノメクル／マクレル（行きやがる）などのように、卑罵の意味が含まれる動詞。
助動詞相当の形式	～ヤガル、～ケツカル、～クサル、～コマス、～サガル、～サラス、～ハタス、～ヨルなどのように、動詞に付いて「（し）やがる」などのように、卑罵の意味を表す助動詞相当の形式。
名詞	バカ／アホ／アンポンタン／タクランケ／タワケ／テレスケ／フリムン（馬鹿）や、オーチャクモン／カラポネヤミ／グータラ／グズ／ズクナシ／ズボラ／セヤミ／ノラボー（怠け者）などのように、おもに人の性質について卑罵の意味を表す名詞。
接頭辞	ウス～、クソ～、コ～、ズ～、デレ～、ド～、バカ～などのように、名詞や動詞の前に付いて卑罵の意味を表す接辞。
接尾辞	～コキ、～スケ、～タクレ、～タレ、～チン、～ナシ、～ナス、～バリ、～ベー、～ボー、～ムシ、～ムン／モノ、～ヤミ、～ヤローなどのように、名詞や動詞の後に付いて「～者」など卑罵の意味を表す接辞。

※ここでは共通語を含む全国方言の卑罵語を示した。使用場面が限られるため、共通語に限定して卑罵語を示すことは難しいようである。

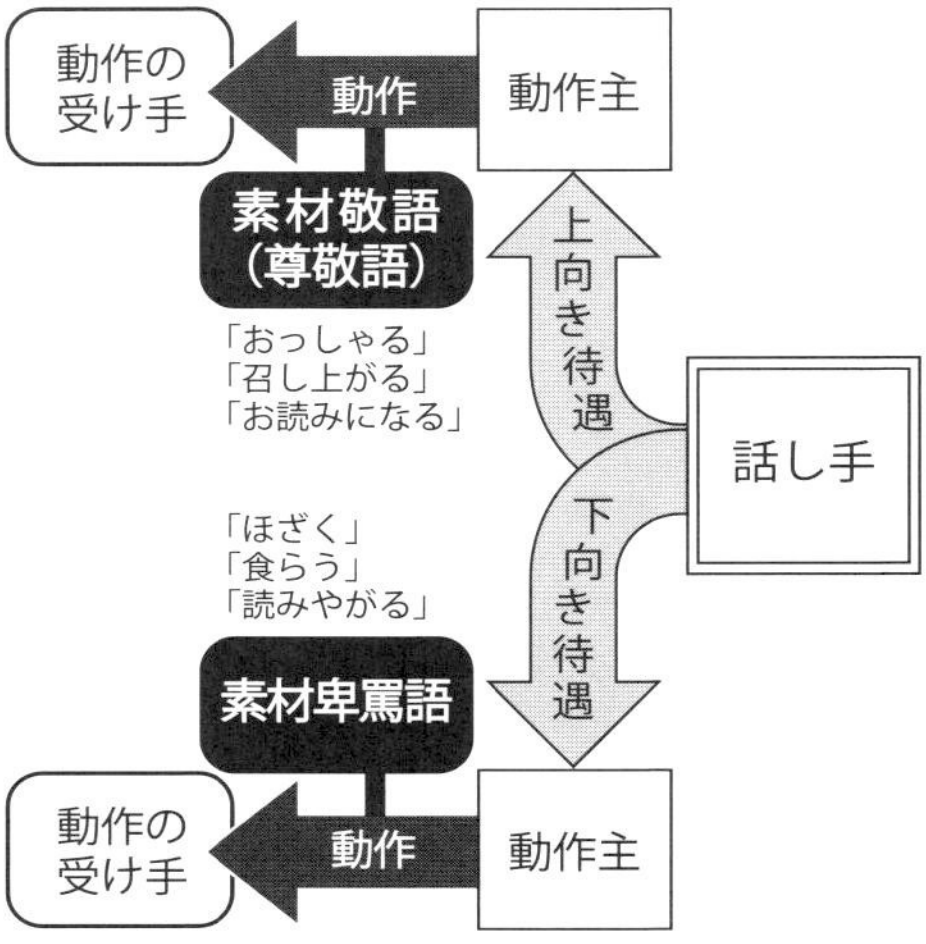

図1　素材敬語と素材卑罵語

逆のはたらきをする語は「尊大語《そんだいご》」と呼ばれ（3-1）、「俺様が見てしんぜよう」「そのほうへこれをつかわす（与える）」などのように使われることがある（図2）。謙譲語・尊大語も、動作主が同じであれば、「拝見してしんぜよう」「差し上げてやる」などのように卑罵語に付く。

卑罵語は下向きの待遇表現であり、敬語は上向きの待遇表現であるが、卑罵語と敬語の違いを、待遇度の高さや低さの違いのみによって説明することは難しい。敬語は、人間関係の上下や親疎、場面の丁寧度などで使い分けられ、話し手と相手との社会的関係を表現する傾向がある。いっぽう、卑罵語は、社会的関係だけでなく、相手に対する個人的な好悪の感情も表すため、敬語とは軸がずれた部分を持つ。別の見方をすると、敬語は話し手の社会性（社会集団に対する順応性）を表現することばであるが、卑罵語は話し手の反社会性（対立感情や個性）を表現すると見ることもできる。

場面差や文体（スタイル）という観点から見ると、卑罵語は、低い場面で使われる俗語よりも、

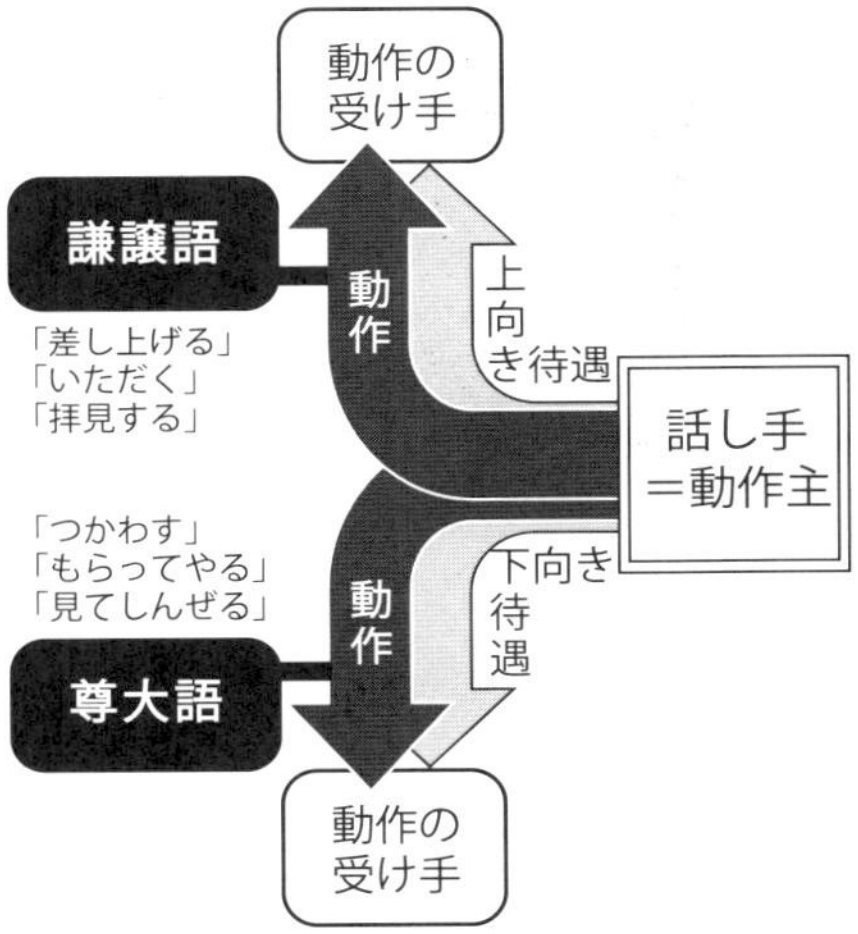
動作の受け手
謙譲語
「差し上げる」
「いただく」
「拝見する」
動作
上向き待遇
話し手＝動作主
「つかわす」
「もらってやる」
「見てしんぜる」
動作
下向き待遇
尊大語
動作の受け手

図2　謙譲語と尊大語

さらに下位の文体に位置づけられる。マイクを持って大勢を相手に講演したり、出版物に公的な内容を書き記したりする際にはほとんど用いられないのに対して、個人対個人や集団対集団など、相手が限定的な場面の話しことばでは用いられる可能性が高くなる。敬語は不特定多数に対して広く開示される情報や内容にも向くが、卑罵語はどちらかというと閉鎖的な空間で特定の個人や集団に対して個人的な気持ちを表す際に使われることが前提となる。

使用者の属性から見ると、敬語と卑罵語は裏表の関係にある部分が多い。性別では、特に女性は、使用しないわけではないが、卑罵語の使用が最も社会的に抑制される。女性のことばについては、女性が敬語やていねいなことばを使わずに話すだけでも、男性が卑罵語を使ったときと同様に待遇度が下がる場合があるという指摘がある（中村2007）。年齢から見ると、敬語は年齢とともに習熟が進み、円滑な使用が期待されるのに対して（2-2）、卑罵語は就学前の幼児も使うが、使用者の年齢が高くなるほど（人間関係の構築に熟練するほど）、使用できない場面が増えていく。ただし、敬語も卑罵語も品詞によって習得の遅速《ちそく》がある点では同様で、名詞などは幼児も使うのに対して、動詞・助動詞は成長とともに習得が進む。

語彙量、つまり単語の総数という観点から、待遇表現に直接関係する敬語・普通語・卑罵語を比較すると、卑罵語の量が最も少ないとする研究がある（文化庁編 1971）。しかし待遇表現や述語に限定せず、日本語の語彙全体から卑罵語を眺めてみると状況は異なる。たとえば表1の名詞に限ってみると、「怠け者」「バカ」などマイナス評価の意味を持つ語のほうが、「働き者」「利口」などプラス評価の意味を持つ語より種類が多い。語彙全般においては、マイナス評価を表す表現がさまざまに使い分けられてきた可能性がある。

(3) 卑罵語の心理的機能

言語表現全体を眺めてみると、卑罵語にはさまざまな機能が認められる。たいていの場合、卑罵語を使用された聞き手はそれを不快に感じ、自分や自分が属する社会に対する敵意が表明されていると思って身構えてしまう。

二〇一六年には「保育園落ちた日本死ね!!!」というタイトルのブログ記事が話題になり、その年末には記事のタイトルが流行語大賞にノミネートされた。本文は「昨日見事に保育園落ちたわ。／どうすんだよ私活躍出来ねーじゃねーか。」で始まり、「どうすんだよ会社やめなくちゃならねーだろ。／ふざけんな日本。」「何が少子化だよクソ。」「保育園も増やせないし児童手当も数千円しか払えないけど少子化なんとかしたいんだよねーってそんなムシのいい話あるかよボケ。」「まじいい加減にしろ日本。」など攻撃的な表現が並ぶことから、ことばづかいが望ましくないという批判も多かった。しかし、「ふざけんな」「クソ」「ボケ」などの卑罵語によって、書き手の切実さや社会への不満が新鮮に表現され、大きなインパクトを与えたことは、卑罵語の性質を考える上で注目に値する。

一方で、卑罵語は、人間関係の親密さを表したり、緊張状態を和らげたりすることもある。たとえば、久しぶりに再会した旧友を叩いたり殴ったりしつつ「まだ生きてやがったか、このやろう」などの卑罵語を投げかけながら無事を喜ぶ、というマッチョなあるいは体育会系の親密なコミュニケーション・スタイルは、アクション映画や少年漫画などで一種の定番になっている。また、毒蝮三太夫《どくまむしさんだゆう》（東京都出身）のラジオ番組では、老人への「毒舌」が、リスナーを癒やしている（「毒蝮三太夫のミュージックプレゼント」TBSラジオ）。その様子をまとめた著書には、「おい、そこのババア、まだくたばってねぇか」「死ぬのを忘れちゃったんじゃねーのか」「なんだい、とりたてのサトイモみてぇな顔しやがって」などの「名言」が並ぶ（毒蝮2014）。映画「男はつらいよ」シリーズで毎度おなじみの、帰郷した寅さん（東京都葛飾柴又の出身）が久々に会った家族や近所の人々に述べたてる悪態まじりの挨拶も、これらと同種である。

卑罵語は話芸のユーモアともよくなじむ。持ち上げて落として、あがめてさげすむというジェットコースターのような話題展開は、エンターテインメント性を高める手段として、落語やお笑いの世界でよく行われる。聴衆の期待の範囲内で卑罵語が上手に利用されているのである。

卑罵語を使ったこれらの表現は、使う側だけでなく、使われる側にも受入態勢が必要である。何の準備もない状態で卑罵語が使用されると、摩擦や不仲を引き起こす可能性が高いからである。一方で、信頼関係が成立した後での悪口や毒舌は相手への共感や励まし、ユーモアや親愛に満ちたものになる場合があり、「毒」どころか「薬」にもなるという指摘がある。このようなことを勘案すると、卑罵語は、国内外を問わず文化のあり方によって、頻用あるいは抑圧される違いが存在する可能性がある（星野 2011）。

日本国内においても、卑罵語を活用するかどうかには、地域差、つまり方言差があることが予想される。親密さのアピールや機知に富んだ受け答えを好む地域では、卑罵語を使った軽妙なやりとりが一種の型（パターン）のようなものとして成立する場合もあるだろう。いったん型が成立すれば、その社会では仲間内で使う隠語や俗語のように卑罵語を使って仲間意識や集団の団結力を高めたり、深刻な衝突を避ける手段として卑罵語をうまく利用したりすることも可能になる。

一方で、卑罵語の使用を避ける地域もある。全都道府県の方言による卑罵語を集めた『県別 罵詈雑言辞典』によると、面と向かって相手を罵らず、状態が望ましくないことに言及するに留めたり、相手との対話を避けたり、相手がいない所でこき下ろしたりする方言もある（真田・友定編 2011）。そのような社会では、卑罵語は、人間関係の緩衝材にはなり得ず、相手との感情的対立や断絶を決定づける要因としてはたらくことが予想される。

(4) 卑罵語と敬語の地域差

大阪はアホと言い東京はバカと言うなど、西と東の卑罵語が比べられることがあるが、実際の分布は複雑である。名詞の地域差を中心に取り上げた図書に『全国アホ・バカ分布考』と『県別 罵詈雑言辞典』がある。これらを見ると、さまざまな語が全国各地に分布している様子がよくわかる（松本1993、真田・友定編2011）。

動詞・助動詞類については、国立国語研究所による二種類の全国方言の調査データがある。これによると、動詞・助動詞類では主に次の形式が用いられている。本書で使われている敬語についての別の用語では、①は言いかえ敬語（特定形）、②はつぎたし敬語（一般形）に対応する（1-3）。

①卑罵表現専用の動詞（語彙的に卑罵の意味を表す卑罵動詞（言いかえ卑罵語）。例：「行く／言う／食べる」に対応する「ウセル／ホザク／クラウ」）

②卑罵表現専用の助動詞類（助動詞〜ヤガルのように、さまざまな動詞に付いて卑罵の意味を表す助動詞／助動詞相当の形式（つぎたし卑罵語））

これらの種類が多い方言ほど、卑罵表現の手段が多いということになる。ただし、各形式の使い分けや、運用面（どのような場面でどのように使用しているか）については、今後の課題である。

最初に、「方言文法の全国調査」（一九七九〜一九八二年調査）の待遇表現の項目「（相手をののしって）むこうへ行きやがれ」に回答された語形を見てみよう。

図3に、卑罵表現専用の動詞と助動詞類を抜き出してまとめ、記号化して重ねて示した。**表2**に、回答された動詞・助動詞類の具体的な語形をまとめた。なお、表2・図3に取り上げなかった形式には「～テシマエ」「～テオレ」など、卑罵語専用ではないと見られる形式がある。

図3の分布の特徴は、東北・中部・九州地方には卑罵表現専用の動詞▲（ケツカレ／トッケ／ウセロ／クラメなど）が多く、白抜きの助動詞類があまり回答されず、回答されたとしても「～ヤガル」が中心のやや単一な分布であるという点である。これに対して、地理的中央を含む近畿・中国・四国地方では専用動詞は回答されず、助動詞類の種類が豊富である。「～ヤガル」だけでなく、他の助動詞類（～サラス／～クサル／～サガル）も回答されている。

じつは、これと同じような傾向は、敬語項目でも確認することができる。**図4**に、同じ調査から「(近所の知り合いの人にむかって、ひじょうにていねいに）あそこへはバスで行きなさい」のデータを取り上げ、敬語専用の主な動詞／助動詞類を抜き出して分布を示した。図4では、近畿地方とその周辺に敬語表現専用の助動詞が分布し、それを挟むように中部地方と中国・四国・九州北部に敬語動詞▲と助動詞ナサルが分布している。その外側の関東地方と九州南部に敬語専用の動詞と助動詞（ナサル以外）が分布し、さらに外側の東北北部と琉球には敬語の専用動詞▲が分布している。

助動詞類はさまざまな動詞に接続し、卑罵表現や敬語表現の形式を作ることができる。いっぽう、特定の表現専用の動詞は動詞そのものに卑罵や敬意の意味が固定されるため、汎用性は低い。近畿地方は、卑罵表現と敬語表現の両方で、より汎用性の高い形式を複数、発達させたと考えられる。

表２　卑罵表現・敬語表現に回答された動詞／助動詞※

卑罵表現（(ののしって) 行きやがれ）	
動詞	ケツカレ（東北北部・埼玉・山梨）、ノメクレ（東北北部）、ヒケ（東北南部）、コジケ（東京・静岡）、ウセロ（関東以西）、トツケ（富山・石川）、クラメ（九州南部・奄美）など
助動詞類	〜ヤガレ（関東・中部・中国地方を中心に琉球以外の全国）、〜テケツカレ（青森・秋田・山形・茨城）、〜テシマエ類／〜テオレ（北海道と琉球以外の全国に点在）、〜サラセ（近畿中心部）、〜クサレ（近畿周辺部・中国・四国地方）、〜サガレ（三重・島根）、〜ンカ（九州南西部）、〜テイケ（佐賀・熊本・鹿児島）、〜テクラメ（九州南部）、〜ハタケロ（佐賀・長崎）など
敬語表現（(非常に丁寧に) 行きなさい）	
動詞	オデンセ（東北北部）、オナエン（東北南部）、ゴザレ（東北南部）、イラッシャイ（関東）、オイデ（関東・中部）、オイデナサイ（中国・四国）、オジャンセ／オサイジャンセ（九州南部）、メンセービレー（琉球北部）、モインショレ（琉球北部）、ワーリ（琉球南部）など
助動詞類	〜テクナンセ（東北北部）、〜タンセ（秋田）、〜タホーガイー／タライー（関東・近畿を中心に全国に点在）、〜テクダサイ（関東・中部・近畿を中心に全国に点在）、〜テクレナハレ（近畿）、〜ンカ（九州）、〜チタバーリ（琉球北部）、〜タセー（琉球南部）など

※図３・図４の具体的な語形を列挙した。そのため、命令形のまま取り上げてある。

図３　卑罵表現の専用形式の分布

図４　敬語表現の専用形式の分布

(5) 卑罵語と敬語の発達の平行性

敬語の研究では、方言における敬語の全国的状況を「西高東低」と言うことがある（3-1）。西日本では敬語に複数の形式があり、使い分けも発達しているが、東日本では敬語形式が少なく、使い分けもそれほど発達していないというのである。では、卑罵語についても同じことが言えるだろうか。

もう一つの全国調査では、近畿地方の卑罵語項目には「〜ヨル」も回答されている。「全国方言文法の対比的研究」（国立国語研究所・一九六六〜一九六八年調査）の卑罵語項目「読みやがる／読みくさる」では、滋賀・京都・奈良で「読《ヨ》ミヨル」が回答されている。「〜ヨル」は目の前の人物の動作（命令を含む）には用いられにくく、第三者（話題の人物）に用いられる傾向がある（2-6）。そのため、先の「方言文法の全国調査」の「行きやがれ」の場面では回答されなかったようである。

この「〜ヨル」は、動詞連用形（末尾イ段音）＋オルのイ＋オルの部分が変化し、助動詞相当の形式になったものである。井上文子の『日本語方言アスペクトの動態』によると、共通語では「〜テイル」で区別せずに表す意味を、西日本と同じようにかつての近畿地方でも「〜ヨル／〜トル」の二形式によって進行／結果に大別していた。たとえば、「食べヨル」で食事中であること（進行）を、「食べトル」で食事済みであること（結果）を表していた。そこへ、近畿中央部で進行／結果を区別しない「〜テ（イ）ル」が使われるようになり、「〜ヨル」が卑罵語化したと考えられる。

近畿方言の「〜ヨル」は、関係性待遇では下向きの関係性を表し、感情性待遇では嫌悪や驚きの感情を表す。西尾純二は『マイナスの待遇表現行動』において、「〜ヨル」には、共通語の敬語のような人間関係を表示する機能（関係性待遇）と、卑罵語の「〜ヤガル／〜クサル」のような事態把握時の感情的な評価を表示する機能（感情性待遇）があることを説明している。

西日本では、敬語とされる形式までもが人の行動を悪く言うときに用いられることがある。辻加代子は京都市方言の敬語助動詞「〜ハル」を取り上げた『「ハル」敬語考』で、「（前の車のドライバーのことを）いやー、缶ほかさはった（ほかす＝捨てる）」「あの人いけず《いじわる》ばっかし言わはるしかなんわ《かなわないわ》」などのように使われる様子を明らかにしている。また、先の「全国方言文法の対比的研究」の卑罵語項目（読みやがる／読みくさる）では、広島県で敬語助動詞を使った「読《ヨ》マイス（読みなさる）」が回答され、「同僚・目下に対しておどけて用いる」と説明されている。現代の共通語でも、だれもがよく使うわけではないだろうが、相手の行動を悪く言うとき、「よくもまあご大層な屁理屈をおっしゃいますね」「我が家の受験生様はのんきに遊んでおいでになる」のように敬語形式を使うことは皮肉となり、その先に卑罵表現が連続すると考えられる。

敬語の場合、発達した敬語を持つ方言の背景には、その地域の社会構造の複雑さがあるとされる。近畿地方は、長いあいだ政治・経済・文化の中心地であり、身分制度が上から下まで存在し、人間関係が緊密な社会であった。それらを反映するように、西日本では、旧来の身分制度や家の格、職業や家族関係・年齢・性別などの社会的立場、そして場面や感情の組み合わせによって、複数の敬語形式が使い分けられてきた。本節で見てきたように、卑罵語の形式が西日本の方言で特に発達している様子は、敬語の「西高東低」と酷似している。あたかも草木が地上に枝葉を茂らせながら地下にも根を張るように、西日本の方言は、上向きの関係性を表す敬語とともに、下向きの関係性や感情を表す卑罵語を発達させてきたのだろう。

次節の岡崎敬語調査でのマイナス待遇表現の分析と関連づけると、卑罵語の位置づけもはっきり見えてくる。現代では、人を悪く言う表現が減少しているという指摘がある（3-4）。日本社会は、近代化の過程で社会階層の均質化が進み、地域社会でのリアルな人間関係も疎遠になった。共通語の浸透によって、卑罵語を豊富に持つ方言やその言語文化も衰退している。それらと平行して卑罵語も衰退しているとすると、日本語における人間関係調節の手段が減りつつあるということになる。

（竹田晃子）

コラム⑨　タメロ・タメ語はあげつらわれる

今の若い人は「タメロ・タメ語」ということばを使う。「友だちことば・友だち口調」とも呼ぶ。丁寧でない文体で、具体的には、デスマス体を用いず、「〜だ、〜だね、〜だよ」などを用いるものを指す。これまで研究者は「敬体」「デスマス体」でない言い方を「常体」「普通体」「ダ体・デアル体」と呼んでいたが、一般人は別に名前を与えなかった。親しい人同士でお互いに話すときには昔から当たり前の言い方だったので、取り立てて名づけをする必要がなかったのだ。しかし戦後は未知の人同士は、「ですます」を使って話すのが普通（デフォルト）になった。そのおかげで、今の若い人はタメロかどうか、つまりはデスマス体かどうかを、気にする。

インターネットの記事では、「敬語」と「タメロ（タメ語）」が対として使われる。例を見ると「デスマス体」と「タメロ（タメ語）」が対立し、敬語を期待する聞き手への不快感をもたらしつつ、タメロが進出している。バイト先で年下の高校生がタメロをきいたなどが、典型的な場面である。

初対面の社会人同士で、敬語を使えないのは、常識が欠けていて、失礼な行為とされる。タメロが出やすいとして問題にされる具体的場面として、次のような例がある。医者が患者に、警官が市民に、大企業の社員が取引先に。その根底にあるのは上下関係、権力意識である。だから、文化庁の世論調査でも、教師から生徒に対しては、敬語が要求されず、つまりタメロが当然として許される。

看護師から患者へのタメ口については批判があるが、許容論もある。「看護師は少しフランクなほうがよい」「会話のすべてが敬語になると距離感を感じる」「認知症の人には行き過ぎた敬語は混乱させる」「認知症の人にはその場所がその人の生活の場ならスタッフも家族のように声かけしてよい」というような意見が交わされる。「年上の気になる人や好きな人と、いきなりタメ口では相手に失礼だが、いつまでも敬語でメールをしていると、なかなか距離が縮まらない」という意見もある。芸能界でも目上にタメ口を使うタレントが話題になる。外国育ちで敬語を使うと親しみを表せないという信念の人もいれば、キャラ作り演技の一つとしてタメ口を使う人もいる。

このようなタメ口の使い方・とらえ方の多様性は、身分や年齢を重視する昔の敬語から、親疎を考慮に入れる現代敬語への変質を物語る。尊敬語や謙譲語が丁寧語と連動して使われるようになったのは、敬語全体が聞き手重視になったことを表す（コラム⑥）。一方で「デス」の簡略化した「（ッ）ス」が「後輩口調」としてよく使われるようになった（コラム③）。聞き手との関係を従来よりもきめ細かに言い表せるようになったのだ。

これは、従来人々が尊敬語と謙譲語だけを敬語と考えてきた「世論敬語」が背景に退き（1-3）、丁寧語が前景に出たことを意味する。さらに「丁寧さ」のとらえ方にも変化が見られ、国語の時間に習うような敬語だけでなく、マニュアル敬語などのことばづかい全体に、関心が広がっている。

敬語でない「タメ口・タメ語」は、かえって現代敬語の変質をよく伝える。

（井上史雄）

3-4　マイナス待遇表現の衰退

岡崎敬語調査「おつり」場面での回答例

一九五三年・三七歳男性「これじゃ間違っとるで、もういっぺん調べてくれ」

一九七二年・三六歳男性「ちょっとすみませんけど、おつりが足りないですが」

二〇〇八年・三五歳女性「あ、すいません。おつり、これちょっと足りない気がするんですけど。ちょっと見てもらってもいいですか」

テーマ　相手を悪く言うことに対する規制の変化

ポイント

・面と向かって相手を悪く言うことは、以前に比べて少なくなった。

・逆に相手に配慮して、丁寧なことばを話すようになってきている。

・コミュニケーションの画一化は現代都市社会の他者警戒が背景にある可能性がある。

(1) 悪さしている子どもを叱れるか?

道端で小さな子どもが、お菓子の袋をポイ捨てしている。この光景に出くわしたとき、最近の大人たちはどのようにふるまうだろうか。目の前で小さな子どもがモラルに反することをしていたら、「叱ってやるのが、大人の責任」という考え方があるだろう。しかし、実際はどうだろう。たとえ、相手が小さな子どもであったとしても、「この子は、どこの、だれの子どもだ?」「親が出てきたら面倒」「反抗されて、何をされるかわからない」などと考えて、素通りしてしまう人もいるだろう。

何らかの注意をしたとしても、いろいろな言い方がある。「こら! 何をやってるんだ!」と雷おやじを演じるやり方もあるし、「ねえ君、そのゴミはだれが掃除するのかな?」とポイ捨てがよくないことをほのめかす言い方もある。相手に対する悪い・低い評価を表現するときに、その時の態度の取り方、ものの言い方はさまざまである。そのようなさまざまな表現や言語行動を、「マイナス待遇表現」という。言い方が感情的であろうが、物腰柔らかく丁寧であろうが、舌打ち一つだけであろうが、マイナスの評価を表現していれば、その表現はマイナス待遇表現である。

愛知県岡崎市での敬語と敬語意識についての調査には、行きつけのお店で買い物をして支払いをしたが、おつりが足りないときにどう言うか、という質問項目が含まれている。この調査では、一〇歳代以上の幅広い世代を対象に、ほぼ同じ質問を第一次調査(一九五三年)、第二次調査(一九七二年)、第三次調査(二〇〇八年)の三回にわたって行っている。この「おつり」場面(4-2)を

「つり銭不足場面」と呼んでおこう。この場面での回答を、調査次ごとに一つずつ並べたのが冒頭の例文である。また、この調査には、電灯・新聞料金の支払いがすでに済んでいるのに、集金係の徴収員が二度目の集金に来たという場面での、徴収員に対するもの言いを尋ねた、「電灯新聞」場面（4-2）の質問もある。この場面を「二重請求場面」と呼んでおこう。第一次調査、第二次調査では電灯料、第三次調査では新聞代の徴収となっている。

「つり銭不足」「二重請求」のいずれの場面も、相手に過失があり、自分が迷惑・損失を被るという設定で、マイナス待遇表現行動の動機が含まれている。本節冒頭の回答例は、調査次ごとに言語表現の違いがあるものを取り上げた。年月の経過に伴って、マイナス待遇表現の特徴はどのように移り変わっているだろうか。また、その様子から、現代日本のコミュニケーションのどのような特徴を見いだすことができるだろうか。二つの場面の発話回答を分析して、その特徴を探っていこう。

(2) あからさまな非難

一つの発話は、発話文の長さ、ことばの丁寧さ・乱暴さ、言及内容など、多くの特徴から成り立っている。冒頭の三例文も、そういった観点から見ると、ずいぶんと異なる特徴を持っている。それらの観点のうち、「相手に明確なマイナス評価をどのように伝えるか」という観点から多数の発話回答を見わたすと、その手法は、両場面で次の四つに分類できる。

①非難のための要求（「もう一回調べてください」などの問題を解決するための要求ではなく、相手を非難することが目的の要求）

ボヤボヤ　スンナ　など（二重請求場面）

②拒絶（二重請求場面で、支払いを拒絶する）

ハラッテアルデ　ハラウワケニハイカナイ　など（二重請求場面）

③事態や相手に対するマイナス評価の命題化

コレ　チョット　オツリッテ　オカシクナイデスカ　など（つり銭不足場面）

④詰問（疑問・確認の文型で、相手に答えを求めるのではなく非難する）

オメーラワ　ナニ　ヤットルダ　など（二重請求場面）

これらの非難の意図を明確に伝える四つの手法を用いて、マイナス評価を表現する発話回答は少ない。しかし、少ないながらも、時代とともに変化していることが、**図1**から読み取ることができる。

図1のグラフは、非難の四手法について、どの程度の割合で出現するかを各年の調査の世代ごとに示したものである。各調査次で一八歳おきに三世代（第一次調査●）、四世代（第二次調査◆、第三次調査▲）に分けた。横軸は生年を表している。第一次調査、第二次調査では、「非難の四手法」の出現率は一〇％程度以下であるが、すべての世代で四手法のいずれかを用いた回答があった。しかし、第三次調査時点では、若い世代（-1993）で非難の四手法を回答に使用する人が、全くいな

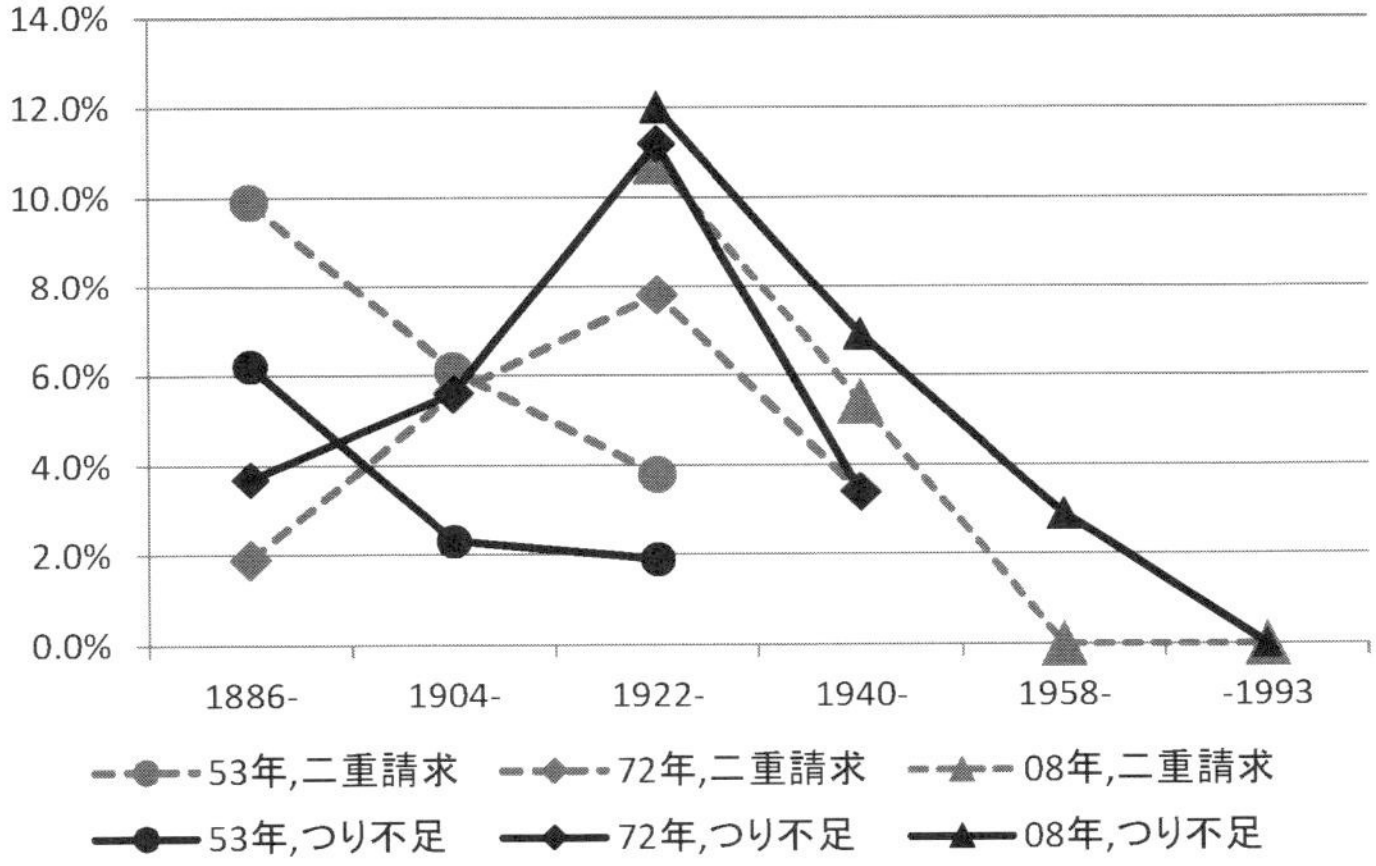

図 1　非難の 4 手法の出現率の推移

【グラフの説明】

グラフの横軸は生年（18 年刻み）で、左側が昔のお年寄り、右側が最近の若い人となる。縦軸は非難 4 手法を 1 度でも使う回答の割合（%）で、割合の分母は各調査・各世代の回答者数である。生年を 18 歳刻みにすることで、どの%も分母が 50 人以上から算出されることになり、%の信頼度が増す。

二重請求場面とつり銭不足場面の折れ線を調査年ごとに見ると、それぞれが似た波形になっている。グラフ内での%は 2008 年調査の最高齢年代が 12% 程度と低いが、各調査の折れ線の波形は類似している。このことから、年代間の相対的な%の大小関係は偶然のものではなく、%が小さくても比較に耐えうると考えられる。

くなった。どの調査でも、若い世代は非難の四手法の使用率が他の世代より低く（右下がりで）、それらの手法を使うことを社会から規制されているものと見られるが、近年はさらにその傾向が強くなってきていると考えられる。

(3) 相手への働きかけの強調

二重請求場面では、「電灯料や新聞代の料金徴収員に、すでに料金を支払っているはずだから、支払い記録をもう一度調べるように頼む場合にどう言うか」と、支払い記録を再確認してもらうように質問が指定されている。つり銭不足場面でもおつりが正しいか確認する発話回答は出てくるが、二重請求場面のように再確認を指定した質問文ではない。したがって、再確認要求は、つり銭不足場面よりも二重請求場面で多くなる。

二重請求場面で「もう一度、支払い記録を調べてください」などと再確認を要求するのは、どの調査のどの世代でも回答全体の五〇～八〇％でつり銭場面よりも多い。質問文に、再確認するようにと指定されていても、回答に再確認要求が一〇〇％近くにならないことには、いくつかの理由が考えられる。回答者が実際の場面を想定したときに、質問どおりに再確認要求をすることに気が引ける。再確認要求の意図を言語的に明示しなくても、「もう払ったはずですが」などと言えば、徴収員に再確認をしてもらえると考えた。などの理由である。このような理由があてはまる場合、

「もう一度調べてください」などと直接的に再確認の要求をすることは、あまり穏やかなもの言いではないという判断が回答者に働いているということになる。あるいは単純に調査員の質問内容を、回答者が聞き逃したという理由も考えられる。

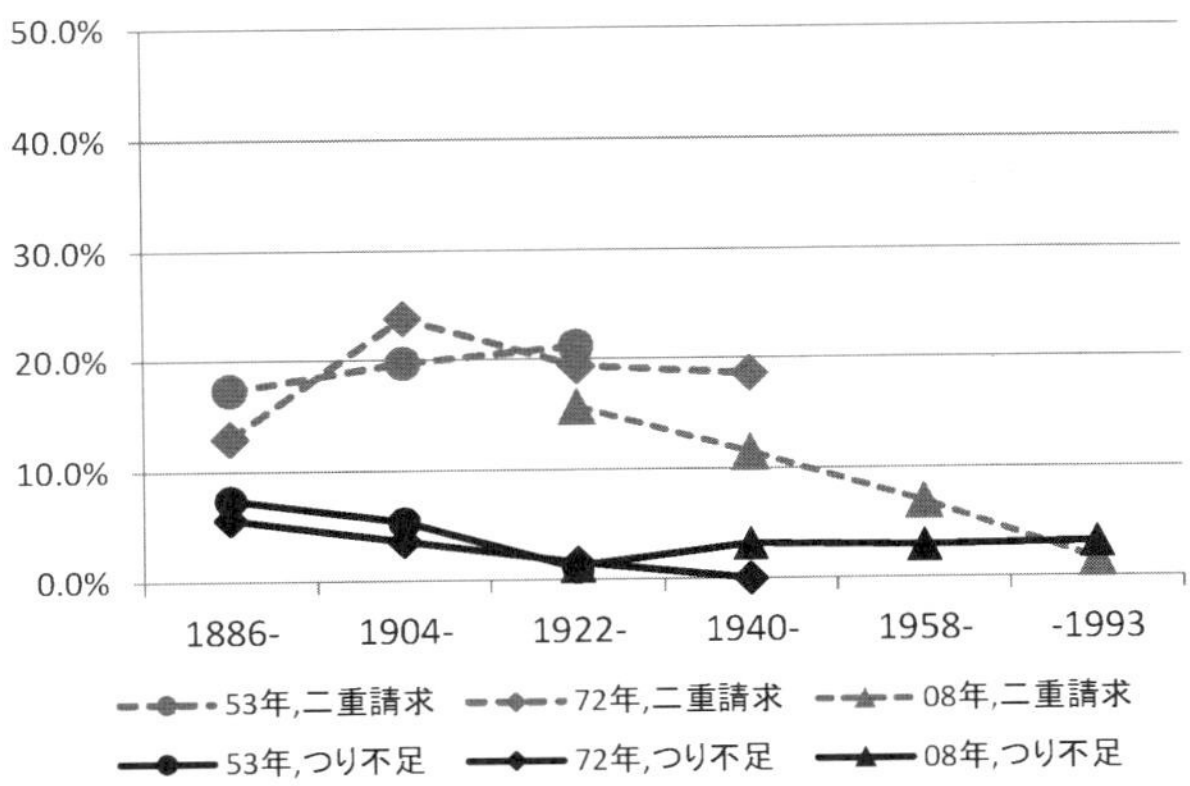

図２　強調表現群の出現率の推移

再確認要求は、直接的な非難ではないが、徴収員が間違っているということを、徴収員本人に確認させるので、非が相手側にあることを間接的に主張していることになる。そのような支払い記録の再確認要求という徴収員への働きかけを、「ちゃんと／よく／しっかり」（調べ直してください）と念押しして強調する言語行動にここでは注目したい（図2）。「もう一度、〈ちゃんと／よく／しっかり〉調べ直してください」などと言えば、相手の非をより明示的に伝えることになり、マイナスに待遇する度合いを強めるものになる。非難の四手法は、最近になるほど使用規制が強くなってきたことが見られたが、「ちゃんと／よく／しっかり」といった些細なことばの追加であっても、同様の衰退傾向が認められる。

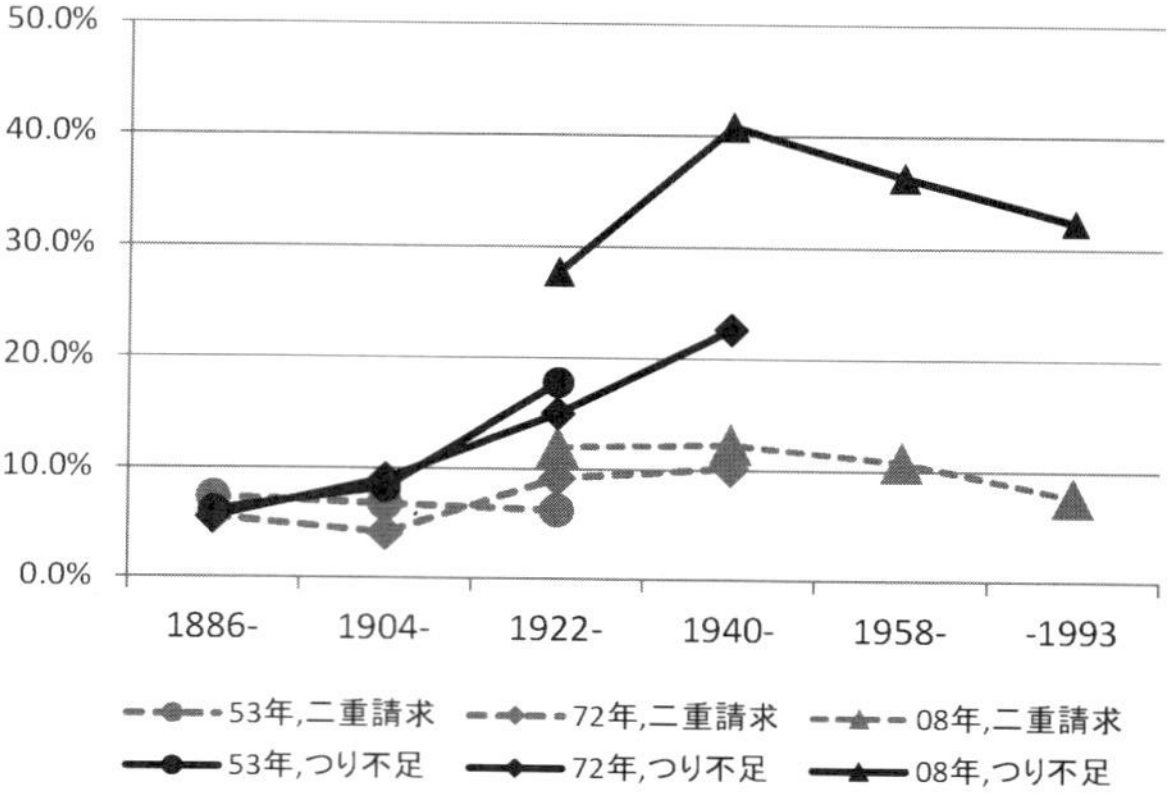

図3　相手配慮要素の出現率の変遷

二重請求場面での働きかけへの強調は、第一次調査、第二次調査では、ほとんどの世代で二〇%程度現れたが、第三次調査の若い世代の出現率は一・五%にまで落ち込んでいる。つり銭不足場面では、どの調査・どの世代でも強調することが少ない。これには二つの理由が考えられる。先に述べたとおり、そもそも再確認要求がどの調査でも高年層が五〇%程度で若年層は二〇%程度と少ないことと、つり銭不足場面のほうが、相手の非がそれほど大きくないことである。いずれにしても、非難の四手法のような明示的なものだけでなく、強調のような、間接的で些細なマイナス評価の表明にまで、使用規制が行き届いていることがわかる。

(4) 相手に非があっても配慮してみせる

二重請求場面とつり銭不足場面では、回答者は迷惑をかけられる立場になるように質問文が設定されている。しかし、それでもなお、近年の回答者は、相手への気遣いを示す表現を使用するようになってきている。相手に非があっても、非難もしなくなってきている。「最近の人々は寛大で心優しくなったものだ」と、言えるのかどうかは後に議論しよう。ここではまず、調査結果の確認を行う。

図3の「相手配慮要素」とは、自宅を訪ねてきた徴収員に対して「わざわざ来てもらったのに、悪いんだけど」と言ってみたり、レジ係の人に「すみませんが（もう一度調べて）」と言ってみたりするなど、相手の労力や事情に配慮を示す発話要素のことである。図3では、このような相手配慮要素が発話内に一つでも含まれる割合を示している。図2の強調表現の分析では、つり銭不足場面で、マイナス待遇性を強める強調表現の出現率はほとんど変化していなかったが、この図では、つり銭不足場面で、二〇〇八年の第三次調査から相手配慮要素の出現率が伸びている。再確認を強調して求めるほどではないマイナス待遇性の場面で、相手配慮要素を使うことが従来より多くなってきた。

この場面程度の小さな迷惑では、相手の非に言及するよりも、相手のつり銭をレジ係の人に再確認してもらうという労力に対する配慮を示すことのほうが重視されているようである。そして、その傾向は第三次調査になって、顕著に現れていることが興味深い。たとえば第一次調査と二次調査の折れ線が、近くにあるか重なっている場合、それぞれの世代の話者は第一次調査（一九五三年）から第二次調査（一九七二年）の間、この場面での相手配慮要素の使用率を変えなかったということになる。つまり、年月を経ても、同世代内での使う人と使わない人の割合は変わらなかったということである。しかしこの図では、第三次調査（二〇〇八年）で相手配慮要素を使う人の割合がぐんと増えていることが示されている。これまで使用しなかったが、年齢を重ねるうちに使用するようになったという人が増えた、ということになる。この現象は、2-1〜2-3で説明されていることばの成人後採用と関わるものである。

(5) 丁寧体で徹底される発話文体

非難の四手法と、強調表現の使用では、それらの近年の使用規制は徹底したものであった。第三次調査（二〇〇八年）では、若者たちの再確認要求内の強調表現使用は〇％に近い。つまり、これらの表現行動を「使用しない」ことについて、「みんな同じ」で「例外的な人はほとんどいない」という状況になっている。このようなことばの使用ルールを個人差がないように徹底させる状況は、発話文が丁寧体か普通体か、両方の混合体かという発話文体の選択においても見られた。

実際に回答された発話文のうち、次のような回答を丁寧体発話と見なした。

① おつりが足りません。（つり銭不足場面）
② うちの人が来るで、後から来てください。（二重請求場面）
③ すみません。おつりがちょっと足りないんですけど。（つり銭不足場面）
④ もう一度ツケ（支払い記録）を見てください。前に払ったから。（二重請求場面）

①のようなデスマス体、依頼文のテクダサイ類が単文で使用されているものは丁寧体と見なした。

②は、テクダサイを丁寧体と見なしたが、この発話文は複文になっていて、従属節の述語は普通体で、主節が丁寧体である。このように、従属節が普通体でも主節が普通体の場合は、これを丁寧体と見なした。③は後ろの文はケドで終わる言いさし文である。言いさし文は丁寧体で終わっていれば、丁寧体の文と見なしている。③は「すみません」と合わせて二文で成り立っているが、一つの発話回答に複数の文がある場合、すべての文が丁寧体になっているものを丁寧体回答としている。④は倒置文で普通体の従属節が発話末に来ているが、主節は丁寧体である。これらの発話文を丁寧体発話と見なした。

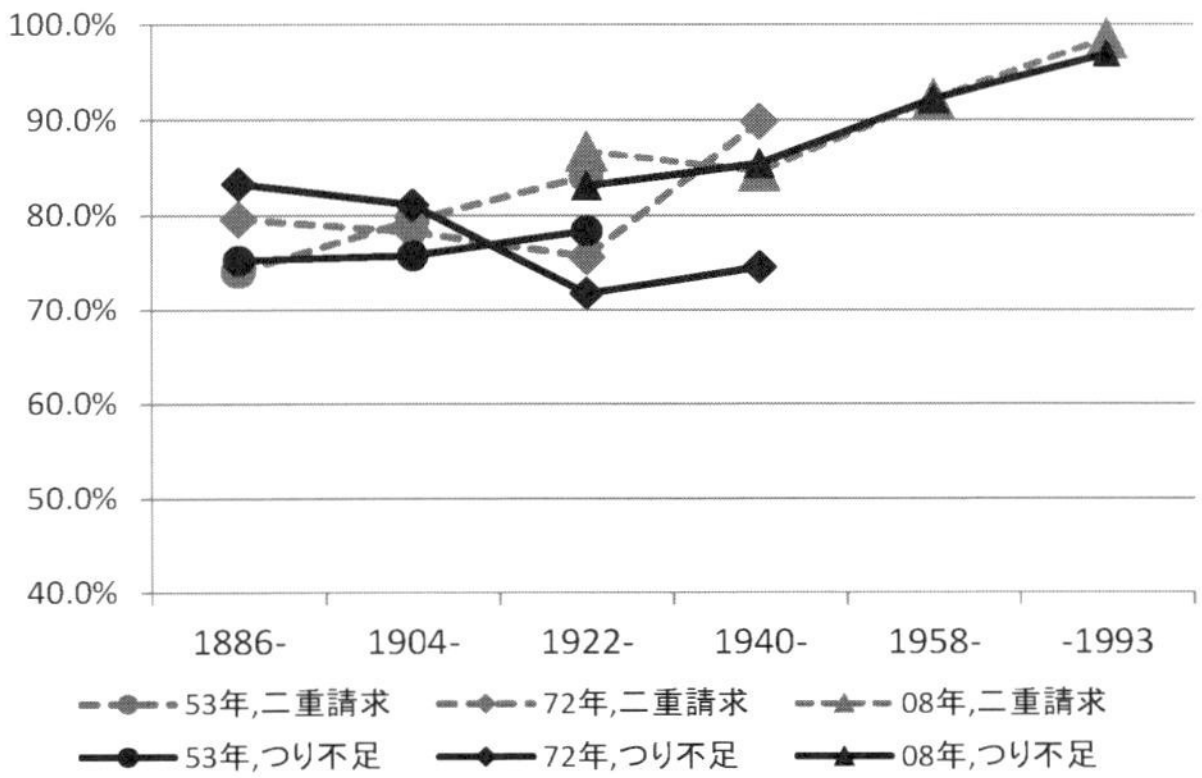

図4　丁寧体発話率の推移

⑤ 先月分は払ってここに（領収書が）ありますから、もう一度、よく調べてもらえんだろうか。（二重請求場面）

⑥ これは違いますよ。いくらいくらだから足りないじゃないか。（つり銭不足場面）

⑤のように、複文で従属節は丁寧体で、主節が普通体の発話、⑥のように複数の文の中に普通体の文が混じっているものは混合体発話として処理している。この混合体発話は、一九五八年生まれ以降から、全く出現しなくなっている。この世代は第三次調査でしか対象にならなかった最近の若い世代である。

このような基準で丁寧体発話の割合の推移を示したのが、図4である。第三次調査では、若い世代の丁寧体発話率は一〇〇%に近い。また、第一次・第二次調査では場面間での丁寧体発話率に多少のずれがあるが、第三次調査では場面間でのずれがほとんどない。

このような最近の丁寧体発話率の推移も、対人的なことばづかいの使用ルールの徹底、すなわち対人コミュニケーションの「画一化」が進行していることを示唆している。相手をマイナスに待遇する契機に直面したとき、非難の四要素や強調表現の分析では、なるべくマイナス評価を表出することを回避する方向性が見えた。そして、丁寧体の分析では、相手に非があっても物腰やわらかに、丁寧なことばづかいをする方向で画一化が進行しているように見える。そして、その傾向は一九七二年調査から、二〇〇八年調査の間に顕著なものとなっているのである。

このような傾向を、コミュニケーションのあり方の変化という観点から、どのようにとらえればよいだろうか。

(6) 慎ましくなったのか、他者を警戒するようになったのか

相手を非難したり、悪く言ったりすることを避けて、丁寧な態度・表現で接することには、少なくとも二つの解釈がありうる。一つは相手の非に対して、人々が寛大になってこれまで非と思われていた行為を非ととらえなくなり、穏やかに対応するようになったという見方である。もう一つの解釈は、本当は相手の行為をマイナスに認識していても、その認識を表出しなくなったという見方である。マイナス評価を表出しなくなったというのには、さらに二つの解釈がありうる。一つは、認識した非に対してマイナス評価を表出するということを、自らの慎ましさを表現したり、品位を保ったりするために避けるという解釈である。もう一つは、相手と対立関係になることに強いリスクを感じ、他者を警戒するがゆえに、マイナス評価を表出できなくなったという解釈である。

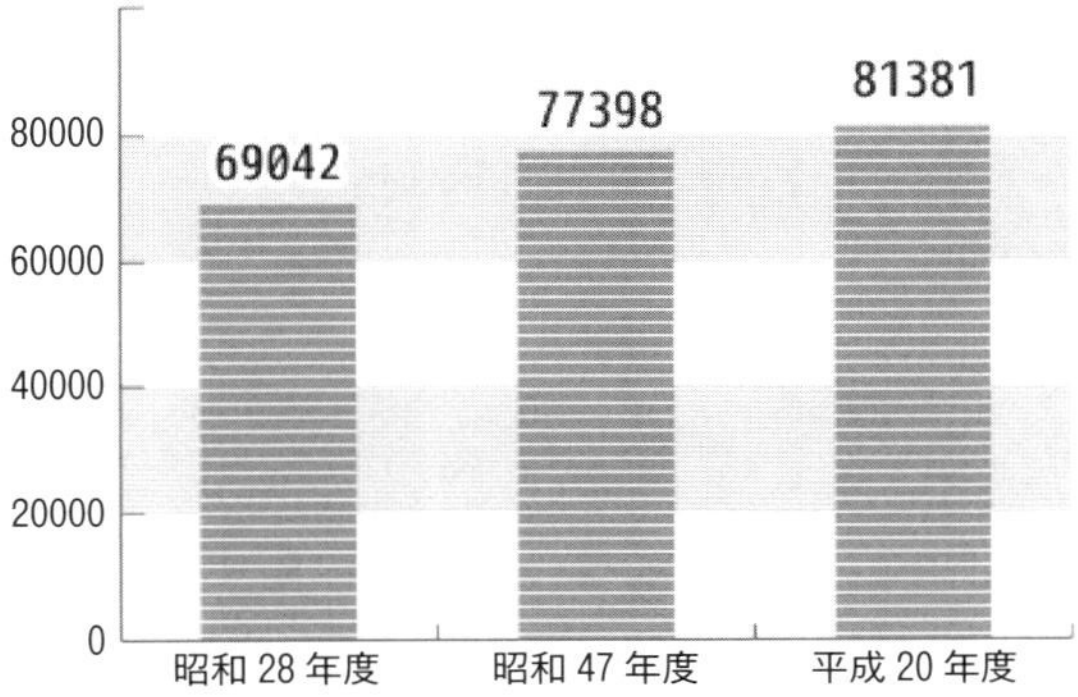

図 5　調査対象地区の人口の変遷

　いずれの解釈も相互に関わり合うかもしれないが、先に述べた「対人的なことばづかいの使用ルールの徹底」「画

一化」という現象を踏まえると、穏やかな人が増えたというよりも、マイナス待遇表現をすることに対する社会的な規制が強くなってきていると考えるほうが自然ではないだろうか。

岡崎市内の調査対象地区は、画一化の傾向が顕著になった第二次調査から第三次調査にかけて、人口規模をあまり変化させていない（図5）。都市ではコミュニケーションが希薄であることが問題視されるが、コミュニケーションから見た都市化は、人口の大きさだけではなく、コミュニティや対人関係の変化と関わっていそうである。2-1で述べられているように、岡崎市では、徐々に他地域からの移住者が増えている。よそ者が増えたことは、近所づきあいや地域の中の見知らぬ人への認識も変化させたであろう。これまで分析されたような調査結果が、他者に強く踏み込めず、他者を警戒しながら距離をとって人と関わる風潮の現れであるということは、十分に考えられる。その際に、どんな相手に対しても、対立関係にならず穏便に対応できるような、無難で典型的な対応をするようになって、ことばづかいが画一化したとも考えられる。

冒頭で述べたように、小さな子どもの悪さを注意できない人が、もし近年増えているならば、それも個人の信念や性格だけで片付けられる問題ではなさそうである。

（西尾純二）

コラム⑩　英語の敬語

「英語には敬語がない」とよく言われる一方で、「英語にも敬語がある」と言われることもある。このどちらも正しいと言える。つまり、どちらにも正当な根拠があるのだ。英語には敬語がないという主張の根拠は、英語に日本語の尊敬語、謙譲語、丁寧語のような敬語専用の文法形式が存在しないことである。いっぽう、英語にも敬語があるという主張の根拠は、相手に配慮を表す表現が英語にも存在することで、最近は「敬意表現」などとも呼ばれる。

敬語＝丁寧なことばとのイメージを持つ人もいるだろう。丁寧な表現とはどのようなものだろうか。じつは、特定の言語に限らず、どの言語にも当てはまると言われている普遍的な規則がある。「長いほうが丁寧」である（2-1）。実際、日本語の「いる」とその尊敬語「いらっしゃる」を比べると（1-3）、尊敬語のほうが長い。同様に英語でも、相手に配慮を表す表現を使えば、日本語の敬語と同じような効果を得ることが可能で、より長くなる（2-5）。

「長い」には二種類あり、一つは一文が長いことで、もう一つは文（や節）が多いことである。日本語と英語を比較して英語にも敬語があると言われる場合、長い文が想定され、長さが異なるいくつかの文を例として提示されることが多い。たとえば、依頼に関する次ページのような例である。

この例では、下になるほど文が長くなり、文が長くなるほどより丁寧と考えられる。ただし、いつでも長い文を使えば無難とは限らず、相手や場面によって最適な表現を選ぶ必要がある。相手の

電話が欲しい場合（日本語訳は一例）
Call me.（電話して）
Please call me.（電話してください／お電話ください）
Can you call me?（電話をもらえますか）
Could you call me?（お電話をいただけますか）
Would you mind calling me?（お電話をいただけませんか）
I was wondering if you could call me.（お電話をいただけないかと思いまして）

期待よりも短すぎると失礼になるが、長すぎると皮肉（慇懃無礼）ととられる可能性があるからだ。

いっぽう、文（や節）を増やして配慮を表す場合を考えてみよう。たとえば、日本語の定型の前置き表現に、「すみません（が）」「申し訳ありません（が）」「恐れ入ります（が）」などがある（2-5）。このような表現は日本語に特有のものではなく、英語でも、"I'm sorry, but." "Sorry to bother you, but." のような表現がある。

逆に、英語特有の考え方もある。英語の polite（丁寧さ）の一つの形としての friendly（親しみ）である。英会話の教材では名前（特にファーストネーム）を呼び合う場面が多い。polite の一つとしての friendly が、会話中に相手の名前をたびたび口にする根拠になっていると考えられる。ただし、初対面から相手の許可なく相手をファーストネームで呼ぶのは失礼である。

相手によって、また内容によって、表現の程度が変えられるのは、敬語＋配慮表現か（日本語）、配慮表現か（英語）、という違いはあるが、日本語でも英語でも同じである。

（藏屋伸子）

第4章　岡崎敬語の研究法

―調査データの公開―

①

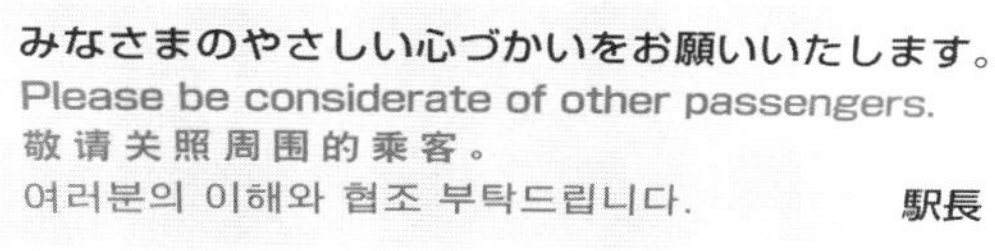
みなさまのやさしい心づかいをお願いいたします。
Please be considerate of other passengers.
敬请关照周围的乘客。
여러분의 이해와 협조 부탁드립니다.
駅長

③

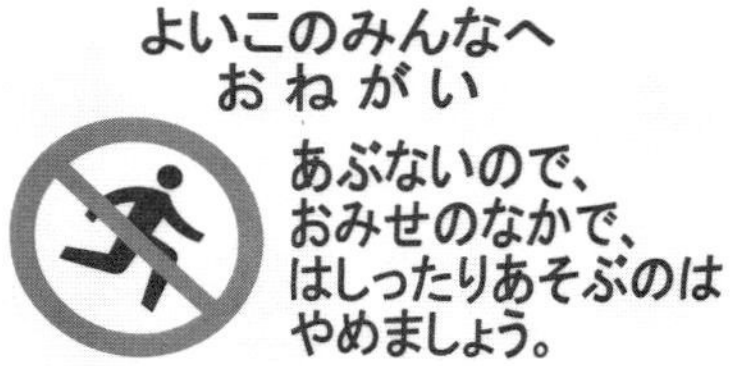
よいこのみんなへ
おねがい
あぶないので、
おみせのなかで、
はしったりあそぶのは
やめましょう。

②

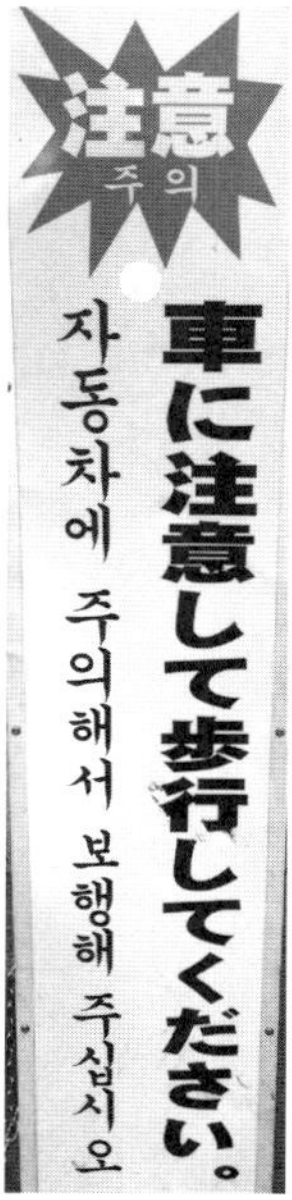
注意
주의
車に注意して歩行してください。
자동차에 주의해서 보행해 주십시오

④

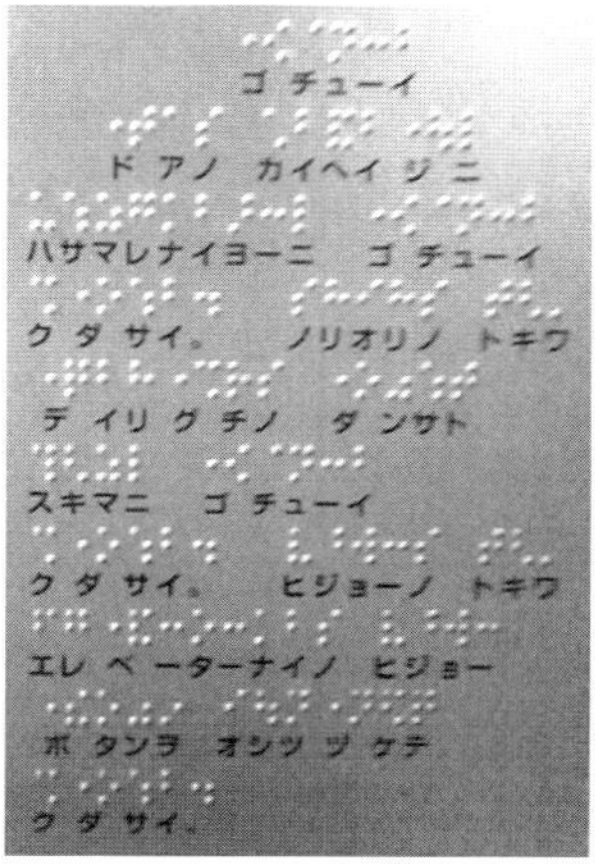
ゴ チューイ
ドアノ カイヘイ ジニ
ハサマレナイヨーニ ゴ チューイ
クダサイ。 ノリオリノ トキワ
デ イリ グチノ ダンサト
スキマニ ゴ チューイ
クダサイ。 ヒジョーノ トキワ
エレベーターナイノ ヒジョー
ボタンヲ オシツヅケテ
クダサイ。

敬語景観〈4〉　さまざまな敬語景観

多言語の敬語看板もある。近年の多言語表示は、①のような４言語（日・英・中・韓）が一般的である。在日韓国人の多い東京・新宿区では、②のような日韓２言語の看板も見られる。各言語の表現を比較すると面白いだろう。

子ども向けの敬語看板③は、すべて平仮名で書かれている。「よいこ」のようなポジティブ・ポライトネス（コラム①参照）も見られる。

「景観」というと視覚的だが、視覚障害者のための点字表示④にも、もちろん敬語が見られる。このほか店内放送の敬語など、「景観」の考え方は聴覚にも拡張できる。皆さんも街の中のさまざまな敬語を探してほしい。

（鑓水兼貴）

4-1 岡崎敬語調査から学ぶ実時間調査の方法論的落とし穴

> 岡崎敬語調査「電報振込」場面の質問文
>
> 第一次調査「あなたが電報を出さなければならなかったとします。電報（郵便）局で電報用紙をもらうのに、この人に、何と言って頼みますか。」
>
> 第三次調査「あなたが振込をしなければならなかったとします。郵便局で振込用紙をもらうのに、何と言って頼みますか。」

テーマ　実時間調査の方法論について岡崎敬語調査から学べること

ポイント

・半世紀にわたる実時間調査では、当初予測できなかった方法論的問題が発生した。

・岡崎敬語調査における対応は、今後の実時間調査への大きな教訓となる。

はじめに——岡崎敬語調査に見る実時間調査の五つの問題

本書では、実時間調査である岡崎敬語調査のデータを用いて、敬語に関するさまざまなことを述べてきたが、この岡崎敬語調査の方法論に問題点はなかったのであろうか。ここでは、岡崎敬語調査で用いられた調査方法の各方面にわたり、その問題点を検討してみよう。

五五年という長い調査期間を持つ岡崎調査（4-2）は、岡崎市の敬語意識と使用の実態という当初の調査目的とは別に、調査方法に関しても言語研究者に重要なデータを与えてくれる。長期スパンで行われる言語調査においては、調査プロジェクト発足当初には予想もつかなかったような事態が発生し、場合によっては第二・三次調査において対応を迫られるケースもあった。今後日本のみならず世界規模で増え続けるであろう実時間調査をも見据えて、ここでは岡崎敬語調査の与えてくれた次の五つの問題に関する、方法論的教訓をまとめてみよう。

① 言語共同体での社会文化的変化
② 言語理論上の発展
③ 回答者の減少
④ パネルデータ分析のための統計的モデル
⑤ 調査への長期的研究資源の確保

(1) 言語共同体での社会文化的変化

五五年で変化するのは言語ばかりではない。各種社会システムも文化も変化する。とりわけ近年の科学技術的進歩やグローバル化に思いをはせれば、半世紀後の世界にあふれる新たなテクノロジーを想像することが容易ではないことはすぐにわかる。

岡崎敬語調査で最も顕著な例は、面接調査時に使われた質問ないし状況設定の変化である。このことを最もよく表す、調査で回答を引き出すための補助資料として使われた刺激図を見てみよう。**図1**は、第一次調査で「電報（郵便）局で電報を依頼する時」という状況で使われたものである。

図1　第一次調査時の「電報（郵便）局で電報を依頼する時」刺激図

図2　第三次調査時の「電報（郵便）局で振り込みを依頼する時」刺激図

一九五三年当時は電報局や郵便局で電報を打つのが通例であり、この状況が「改まった状況で見知らぬ人に依頼をする」という状況として、回答者にとって最も親しみやすいものとして取り上げられたのである。

しかし第三次調査時には、

電報はめったに使われないメディアとなっており、「電話局に電報を打ちに行く」という状況は多くの回答者にとって馴染みのないものとなっていた。そこで第三次調査では、同様な状況でもっと馴染みのある「郵便局で振り込みを依頼する」が使われた（図2）。もちろんこの「郵便局で振り込みを依頼する」にしても、いつまで通用するのかは不明なのである。そしてデータベースでは、「電報振込」場面として、三回とも同一場面の質問と見なされている（4-2）。

もう一つ例を見よう。図3は「電灯料の集金人に、先月分は支払い済みであることを確認するよう頼む」という状況の刺激図である。絵柄が古くなったので第二次調査では図4に代えられたが、第三次調査では、電灯料の集金自体が行われなくなっていた。電灯料（電気代）は銀行振込が浸透しており、電灯料は新聞代の集金に置き換えられたのであった（図5）。こちらもデータベースで

図3　第一次調査時の「電灯料」刺激図

図4　第二次調査時の「電灯料」刺激図

図5　第三次調査時の「新聞代」刺激図

は、「電灯新聞」場面となっている（4-2）。

第一次から第三次調査までで大幅な状況やワーディングの置き換えが施されなかった質問は、一二場面中九場面であるが、刺激図についてはすべてが描き直されている。本来こうした質問文のワーディングや刺激図は同一であるべきである。しかし現実の状況を引き合いに出すことが多い敬語調査では、世の中の変化を反映しないことが逆に調査結果を歪めることになりかねない。岡崎敬語調査では、各項目の趣旨としての依頼、要求などを、時世に合わせて選択することで正しい選択をしたと言えるであろう。ただし、同一条件下での調査が要求される調査理論面と、実際の社会を反映せざるをえない現実面の衝突は、今後も実時間調査の大きな検討課題となるはずである。

(2) 言語理論上の発展

第一次岡崎敬語調査が立ち上げられた当時、当時のプロジェクトメンバーは彼らなりの問題意識の下にこの調査をとらえ、その中で質問文を紡ぎ出した。その問題意識は、当時の日本語学界の常識を反映したものであった。しかし半世紀が経過すると、こうした学界の常識も変化する。新たな問題点が発見されることもあるであろうし、従来の問題に解決法が発見されることもあるであろう。

岡崎敬語調査の場合、最大の理論的変化は第三者敬語をめぐるものであった（2-6）。「第三者敬語」とは、その場に居合わせない話題の人物への敬語を指す。たとえば、だれかに向かって「校長先生はどこに行ったか」と尋ねる場合がそれにあたる。この場合、「校長先生」をどのように待遇するのかが問題となる。井上史雄はこうした第三者敬語が全国的に衰退しつつあるという仮説を提唱した（井上 1981）。しかしじつは第三者敬語には東西方言で大きな差が見られる（3-1）。東西の境界に近い地点での調査である岡崎敬語調査でも第三者敬語を無視するわけにはいかない。こうした事情から、第三次調査から新たに第三者敬語に関する質問が四問加えられることとなったのであった。

第三者敬語をめぐるこの顛末は敬語調査に限定されたことではない。音韻であれ、文法であれ、半世紀もの研究史があれば、どこかで新発見がなされてもおかしくはない。となれば、当然それ以前の枠組みで出発した実時間調査は、どこかで調整を余儀なくされる可能性があるわけである。

では、こうした理論的変化に対して何ができるのであろうか。ゼロから調査票を作り直すことは、それまでの調査を無駄にすることになり意味がない。また学問の進歩を止めることができない以上、追加質問を作成することが唯一の可能な対応策なのである。過去の調査で使用された質問を大幅に変更するようなことがあってはいけない。この点で四質問の追加を行った岡崎第三次調査の対応は正しかったのであるが、同一の質問がなかった第一・二次調査との比較はできず、第四次調査が展開されない限り、一時点での調査に終わってしまう（ただし第三者敬語は東海道をはじめとした東日本のグロットグラム（地理×年齢）調査で採用されているので、地域差と年齢差がわかる）。実時間調査は、常にこうした可能性のあることを心がけておくべきであるし、質問の追加を余儀なくされる場合にも柔軟に対応するべきである。

(3) 回答者の減少

実時間調査で最大の問題は調査対象者の減少である。対象地域からの引っ越し・死亡に伴う調査対象者の減少は、パネル調査のように同一話者を追うタイプの調査では、どうしても避けることのできない問題である（2-1）。図6を見てみよう。一九五三年の第一次調査の対象者は四三四名であった。一九七二年に行われた第二次調査でのパネル調査では、このうち一八五名（第一次調査対象者の四三％）に再会して調査を行い、データを取ることができた。しかしそれから三六年後の二〇〇八年には、第一次調査からずっと通して調査をできた話者の数はわずか二〇名（同五％）であった。五五年という年月を経たことを考えると、二〇名であっても奇跡に近い成果と言うべきであろうが、二〇名では統計的に信頼できるだけのサンプルとはならず、せっかくのデータも解析に大きな制限が加わってしまう。第二次調査で初めて調査できた回答者を第三次調査で調査した場合でも同じように回答者の大きな減少が見られる。一九七二年に調査した四〇〇名のうち、二〇〇八年に調査できたのはたったの六二名（同一六％）であった（4-2）。

こうしたパネル調査達成率を眺めると、調査間隔が鍵であることがわかる。一九年、三六年という調査間隔は長すぎたのであり、また計画性に欠けていた。短い調査間隔で定期的に調査が行われ

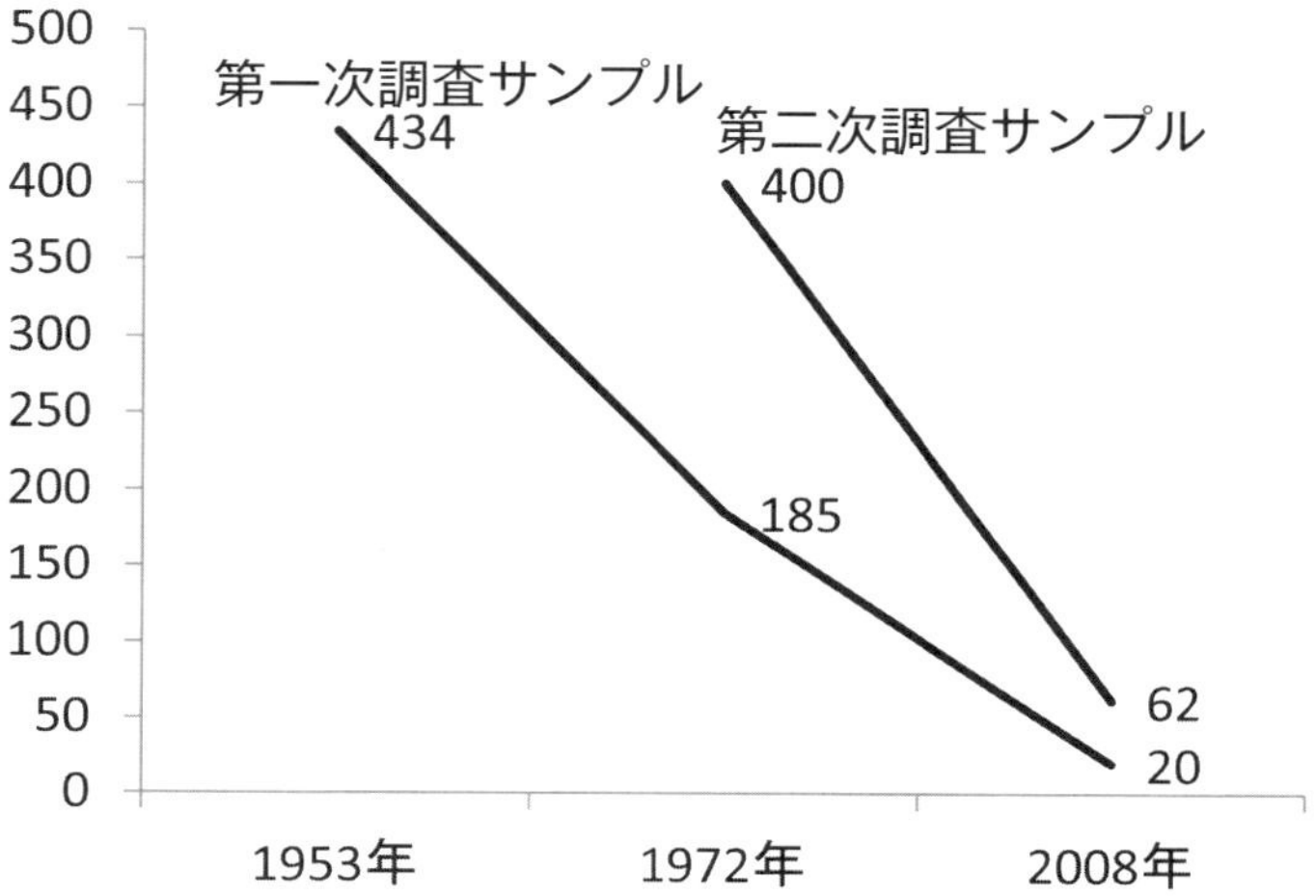

図 6　岡崎敬語調査におけるパネルサンプルサイズの変化

【グラフの説明】

グラフの横軸が調査年で、縦軸は調査人数（サンプルサイズ）を示している。

グラフの線はいずれも右下がりであり、回を重ねるごとに同じ話者を調査することが難しくなっていることを表す。

第一次調査のサンプルから始まる「第一次調査サンプル」と第二次調査の継続調査のサンプルから始まる「第二次調査サンプル」の減少具合を見ると、第一次調査サンプルにおける 1953 年から 72 年にかけての変化と、第二次調査サンプルの傾きはほぼ同じであり、第一次サンプルの 72 年から 2008 年にかけての減少はかなり緩やかになっているように見える。それでも 434 人の被調査者のうち、55 年後には 20 人にしか再会できないのである。

ているのが理想であった。たとえば統計数理研究所（統数研）が行っている「社会階層と社会移動調査」は一〇年ごとに実施されており、「日本人の国民性調査」にいたっては五年ごとの調査である。「言語体系は階層や世論よりも安定性が高いので、これほど短いスパンでの調査は必要ない」という議論もあるかもしれないが（1-2）、少なくとも回答者の減少は緩やかなものになるはずである。また統数研の調査はこうした短期の定期的調査を積み重ねることで、豊かな成果を生み出している。岡崎敬語調査でも、もしも一〇年ごと、少なくとも一五年ごとの調査が繰り返せていたならば、分析もかなり違ったものになっていたのではないであろうか。今後の経年調査は短い周期で、しかも定期的に実施されることが強く望まれる。

(4) パネルデータ分析のための統計的モデル

パネル調査のデータを検討する場合、ある敬語表現が使われた回数（もしくは使う人の数）を数え、話者の年齢や性別で比較し、調査次による変化を検討すれば、当初の問題意識には十分答えられそうである。ただ変化があったことだけに興味があるのであれば、それだけでも十分かもしれない。しかし、「変わった原因は何か」を知ろうとするとこれでは十分ではない。この点を詳しく見てみよう。

たとえば岡崎敬語調査の第二次調査で、ある質問に対する四〇代の回答を集計したところ、最も丁寧な形式を使う人の割合が三〇%であったとしよう。この三〇%を生んだ背景には、少なくとも次の三つの効果がからんでいると考えられる（中村1982）。

① 年齢効果…四〇代まで歳を重ねてきたことによる生理的な要因（つまり加齢したことによる肉体的・精神的要因）、もしくは人生全体の中での四〇代というライフステージにあることから来る要因

② 時代効果…一九七〇年代という時代に調査されたことによる、時勢的な要因

③ コーホート効果…一九三〇年代に生まれた世代であることによる、世代的要因

これは簡単に言うと、年齢と時代と世代の影響ということである。思春期の話者が他の年齢層と比較して非標準的な言い方をすることはよく知られている。鶴岡の共通語化調査（2-1）でも一〇代は非共通語回答が目立つことはよく指摘されることである。また、加齢とともに話が長くなることもよく耳にするところで、岡崎調査でも加齢とともに回答が長くなっていることが報告されている（2-1）。一九七〇年代に行われた第二次調査は、第一・三次調査と比較すると、回答全体の丁寧さの平均値が有意に低いことがわかっている（松田ほか2012）。これはおそらく七〇年代という時勢によるものではないかと考えられる。ただし、こうした効果を立証するためには、これら三つの効果を統計的手法によって分離した上で評価をしないといけない。これを可能にしてくれるのが、「ベイズ型コーホート分析」という手法である（中村1982）。ベイズ型コーホート分析は、「各年齢層の差や、コーホート（生まれ年によって決定される集団のこと）間の差が、隣り合うもの同士

であれば その差は少ない」という制約を設けることにより、従来識別が不可能とされてきた三つの効果の分離を可能にした統計モデルである。この手法を使うことで、ある質問への回答の変化に、どれほど年齢、時代、コーホートが関わっているのかを、数字として出すことができる。岡崎敬語調査でも、第三次調査のデータを受けて、この分析手法による分析を行い、三つの効果を分離した上で、より細やかな分析をする目論見があった。しかしデータがそろってみると、ベイズ型コーホート分析のためには、分析時点が少なすぎることが判明した。三つの効果の分離が難しい以上、第二次調査での四〇代の回答が、はたして四〇代という年齢によるものなのか、七〇年代という時代によるものなのか、はたまた一九三〇年代生まれという世代によるものなのか、それぞれの重みはわからぬままにせざるをえない。この問題を最大限解決するために、本書では全パネルデータをグラフとして提示してあるが（2-1）、統計的に正確な、数字に表されるような形での分離は難しいと言わざるをえない。

ここから得られる教訓は何であろうか。それは、実時間調査に取りかかる前に、将来どのような統計的手法で分析を行うのかを、その段階でわかる範囲で明確にしておき、それに沿った形で調査を進めていくこと、そして調査が続行中は統計手法の進歩に常に注意を払い、調査結果の分析に応用できる手法がないか、その応用のためにはどのようなことがなされるべきかを、検討し続けなければならないということであろう。八〇年代のベイズ型コーホート分析の登場を把握しその重要性を理解していたら、第三次調査をもっと早い段階で実行し、第四次調査を可能にするようなスケジュールも考えられたであろう。現に鶴岡調査ではこのモデルによる分析が実現しているのである。世界的にもまだまだ研究例数の少ない実時間調査において、実時間調査に適合した本格的な統計手法を導入しているのは、現在のところ世界規模で見ても鶴岡調査のみなのである。

ベイズ型コーホートモデルによる分析は、比較的新しい手法である。第一次調査が行われた一九五〇年代では、統計学の世界でもまだこうした手法にはほど遠い段階であったであろう。先に触れた「理論的発展が実時間調査にもたらす影響」は、じつは言語学ばかりでなく、こうした分析に使われる統計手法にも及ぶのである。

(5) 調査への長期的研究資源の確保

先に「今後の経年調査は短い周期で、しかも定期的に実施されることが強く望まれる」と書いた。そのためには確固たる研究組織と安定した研究資金などの資源が要求される。半世紀にもわたる経年調査を支える研究資源を確保することは容易ではなく、とりわけ第三次調査はこの点で「言語外的要因」に翻弄されたのであった。

簡単に第一次から三次までの調査を振り返ってみよう。第一次調査は、国立国語研究所（国語研）によって一九五二年に準備調査がなされ、文部省科学総合研究費補助金（科研費）の交付を受けた。最終報告書は一九五七年に出版された（国立国語研究所 1957）。

続く第二次調査は一九七一年から準備が開始され、やはり科研費の交付を受け、国語研に加えて統数研、そして全国の大学・研究組織の研究者の協力の下に調査が実施され、報告書は一九八三年に出版された（国立国語研究所 1983）。

第三次調査も科研費を得た上で、第二次調査と同様に統数研をはじめ全国の大学・研究機関の研究者が参集して調査が計画・実施された。ここまでは第一・二次調査と変わるところはない。大きな変化が訪れたのは、調査終了後の二〇〇九年である。この年、二〇〇一年以来独立行政法人であった国立国語研究所は「大学共同利用機関法人人間文化研究機構」の一機関となり組織替えがなされ、それに伴い岡崎敬語調査や鶴岡・富良野などの共通語化調査を担ってきた部門は廃止された。その後国語研の公募型研究プロジェクトの一つとして岡崎敬語調査のプロジェクトは継続し、さらにその終了後は国語研客員教授に着任した井上史雄が分析プロジェクトを継続し、最終報告書は科研費報告書という形で出されている。第三次調査はさまざまなプロジェクト・資金を繋ぐことでようやく達成されたのであり、第一・二次とは異なりかなり変則的な形でなされたのであった。

岡崎敬語調査はすべて科研費を受けてなされている。科研費はもちろんこうした大規模調査には欠かせない資金源である。しかし、科研費では調査終了後のデータ管理まではカバーできない。大規模実時間調査実現のためには、資金と共にデータ管理を可能にする物理的ストレージが必要になるのであり、それには国語研のような研究所のサポートが不可欠になるのである。

実時間言語調査の将来に向けて

実時間調査は時間と費用のかかるものであり、だれもが簡単に個人レベルで取りかかれる類の調査ではない。最低でも大学レベルの安定した組織で、継続的に人的・経済的・設備的資源が得られる環境が実現して初めて可能になる類の調査である。すでに触れた統数研の調査のほか、シャイエらのアメリカにおける老年学の調査（シャイエ&ウィリス 2006）、九州大学による久山町の疫学調査など、医学系が目立つ中で、言語調査で半世紀におよぶスパンで実時間調査を実現した例は、世界的に見てもきわめて稀である。そうした稀な例である岡崎敬語調査、そして鶴岡共通語化調査は，社会言語学者に多くの方法論的な教訓を与えてくれる貴重な調査と言える。そこから得られるものは、狭義の言語学的な内容に限らず、ここに述べたような実際的な手法に関するものにまで及ぶ。今後新たに実時間調査プロジェクトを立ち上げる場合は、是非ともこれらの調査の教訓が生かされ、よりよい調査計画が練られることを願ってやまないのである。

（松田謙次郎）

4-2 敬語の調査はどのように分析するか

岡崎敬語調査データベース	項目概要
面接調査票　反応文項目	敬語使用一二場面など
面接調査票　敬語意識項目	敬語があるか・目上に対して敬語が使えるかなど職業、居住経歴、学歴など
アンケート　社会（言語）生活項目	名古屋への訪問・交際の範囲・階層意識など

テーマ　岡崎敬語調査の調査手法や分析手法

ポイント

・岡崎敬語調査のデータは、インターネットよりダウンロードできる。
・データを談話資料や方言資料としても利用できる。
・分析の余地は多く、データを活用してほしい。
・第四次岡崎敬語調査の実施が期待される。

(1) 岡崎敬語調査の解説と利用について

この本では、敬語に関して、岡崎敬語調査のデータを中心に述べてきた。じつは、この岡崎敬語調査のデータは、インターネット経由でダウンロードすればだれでも自由に利用することができる。そこで、本節では、岡崎敬語調査のデータやその利用に興味を持ってくれた人のために、調査の概要と、データの分析例について簡単に解説する。

調査対象となった愛知県岡崎市の敬語状況などについては2-1以下で、岡崎敬語調査の問題点については4-1で述べているので、あわせて参照していただきたい。

調査の目的

一九五三年、国立国語研究所は、敬語行動とその意識がどのような原理で作られているのかを明らかにするために、大規模な敬語調査を実施した。「愛知県岡崎市における調査研究」(以下、第一次調査という)である。

その主題は、第一次調査の報告書(国立国語研究所 1957)に次のように書かれている。

敬語行動は人によって、また人と人との関係によってさまざまである。敬語の受け取りかた(敬語意識)もまた同様である。いったい、敬語行動や敬語意識はどういう社会的・心理的条件に、どのように支配されているものか。それをこれこれの条件（関係）があるときこれこれの敬語行動・敬語意識があらわれるはずだ、といった予測法則を求めるのがわれわれの調査である。

まず、第一次調査は一九五三年に行われ、敬語行動と敬語意識の予測法則を明らかにした（国立国語研究所 1957）。約二〇年後の一九七二年に行われた第二次調査では、敬語行動とその意識・予測法則の変化を探るための調査を実施し、第一次調査との比較を中心に報告書にまとめた（国立国語研究所 1983）。そして二〇〇八年、第一次調査から五〇年以上を経て、敬語行動と敬語意識の変化・変容を明らかにすることを目的とした第三次調査を実施した。

調査の種類

岡崎敬語調査は、敬語行動や敬語に関する知識・意見・内省などを尋ねる「面接式調査」と、調査協力者の職業といった社会的属性などを調べる「社会生活調査」を中心としている。ほかにも、自然な談話資料を収集する「対話の実験的調査」など、多くの調査群がある。

計三回の調査では、戸別訪問の「面接式調査」と、アンケート「社会生活調査」（訪問時に回収する留置《とめおき》式の調査）が継続的に行われた。この二種類の調査データは、だれでも利用できるよう整備・公開されており、半世紀にわたる敬語行動・意識の変化を探ることができる。

表1 「反応文項目」場面名一覧

第一次調査（1953年）	第二次調査（1972年）	第三次調査（2008年）	１２場面
道教え	→	→	101 道教え
電報用紙	→	振込用紙	102 電報振込
荷物預け	→	→	103 荷物預け
傘忘れ	→	→	104 傘忘れ
先生	→	→	105 先生
電灯料	→	新聞代	106 電灯新聞
議事堂	→	→	107 議事堂
医者	→	→	108 医者
席譲られ	→	→	109 席譲られ
おつり	→	→	110 おつり
傘貸し	→	→	111 傘貸し
物売り	魚釣り	→	112 物売魚釣
市役所	→	→	
×	公害問題	×	
×	先生の絵	先生の絵	
×	×	第三者 尊敬表現 (話し手 <話し相手 <話題の人物)	
×	×	第三者 尊敬表現 (話し手 <話し相手 >話題の人物)	
×	×	第三者 尊敬表現 (話し手 ＝話し相手 <話題の人物)	
×	×	第三者 謙譲表現	

面接式調査の調査票は二部に分かれている。

「面接式調査票」の第一部は、「反応文項目」と呼ばれている。敬語使用の実態を調査し、調査協力者の敬語行動（自分が使うときの敬語）を調べることを目的とする。場面を描いた絵（刺激図）を見せ、そのときにどのような表現を用いるかを尋ねたもので、場面数は、第一次〜第三次調査で若干の増減があるが、三回の調査を通して全一二場面が共通しており、半世紀にわたる敬語使用の変化を見ることができる。三回の調査で実施された「反応文項目」の場面一覧を表1に示す。一二場面の刺激図・質問文（第三次調査での項目番号・場面名）を図1に示す。

101 道教え
刺激図なし
わたしのような旅行で来たものが，東岡崎駅の北口で，明代橋(みょうだいばし)はどちらかということをあなたにたずねました。何と言って教えますか。
102 振込用紙
振 込
あなたが振込をしなければならなかったとします。郵便局で振込用紙をもらうのに，この人に，何と言って頼みますか。
103 荷物預け
これはあなたの買いつけの店です。この店で買物をしましたが，ちょっとよそへ廻るので，この荷物をあずかっておいてもらう場合，店のこの人に，何と言って頼みますか。
104 傘忘れ
あなたがバスに乗っていると，この人がかさを忘れて降りていきかけました。この人は，あなたの知らない人です。何と言って，この人にかさを忘れたことを注意しますか。
105 先生
この子はあなたのお宅のお子さん<弟さん，お孫さんetc>です。このお子さんをつれて歩いていると，この人に会いました。この人は，昔あなたが小学校で習った先生です。先生に，「この子は?」とお子さんのことを聞かれたら，何と答えますか。
106 新聞代
この人は新聞代の集金人です。この人が先月の料金を取りに来ました。ところが，先月の分はもう払ってあるので，受け取りを見せながら，もう一度調べるように頼むのには，何と言いますか。

図1 「反応文項目」刺激図・質問文（第三次調査）

この一二場面で最も重要な点は、それぞれの場面の設定事項である。設定事項は、①その場の事態（依頼なのか、断りなのか等）、②相手（性別・年齢を含む）、③親疎関係（親ではないが疎でもない

107 議事堂
ここは東京の町角です。あなたは国会議事堂を見物しようと思っているのですが，道がわかりません。そこで，こういう通りがかりの人に議事堂に行く道をたずねる場合，何と言って聞きますか。
108 医者
診察室
受付
あなたの家の近所の人が急病になりました。あなたが頼まれて，近所のお医者さんの家に行くと，お医者さんが玄関へ出て来ました。この近所のお医者さんに，すぐ来てもらうのには何と言って頼みますか。
109 席譲られ
この子はあなたのお宅のお子さん<妹さん，お孫さんetc>です。このお子さんとバスに乗っていると，この学生が席をゆずってくれようとしました。ところが，あなたはすぐ次で降りるので，断るとします。そのとき，何と言いますか。
110 おつり
SHOP
この店はあなたの買いつけの店です。この店で買いものをして，おつりをもらったら，おつりが足りません。あなたは何と言いますか。
111 傘貸し
にわか雨が降ってきました。家の前を，少し知っているこういう人がぬれて歩いています。気の毒なので，この人にあなたの家のかさを貸すとしたら，あなたは何と言いますか。
112 魚釣り
小学校３～４年ぐらいの見知らぬ男の子が１人で魚を釣っています。散歩の途中でその子に釣れるかどうか聞くとしたら，どう言って聞きますか。

図１（続き）

「中」を含む)、④上下関係(相手が上であるか下であるか)、⑤心理関係(話し手の心理が優位に立っているか否か)である。この五点セットに変更がなければ、調査を繰り返すにあたって多少の場面設定に変更を加える必要が出てきたとしても、同種の場面と見なして分析した(4-1参照)。

「面接式調査票」第二部は、敬語に対する意識や内省を尋ねた敬語意識項目と、フェイスシート(経歴)項目からなる。どのような表現を敬語だと思っているか(意識)、敬語はなくなるほうがよいと思うか(意見)、家の中で敬語を使うか(内省)などである。それらの意識・意見・内省が、第一部で調べた敬語行動とどのように関わっているかを探る目的で設定した項目である。

もう一つのフェイスシート(経歴)項目は、「社会(言語)生活調査」と関連し、職業、居住経歴、学歴、マスコミとの接触度などについて尋ねるものである。

「留置式アンケート調査票」は、「社会(言語)生活調査」にあたる。過去三回の調査とともに、面接式調査に先立って調査票を郵送し、面接式調査のときにそれを回収する方法をとった。このアンケート調査票は、「暮らしの中のことば」と副題を付け、日頃の言語行動や階層意識などを尋ねた。調査協力者がどのような経歴を持ち、どのような社会環境の中で、どのような社会接触のもとに日常生活を送っているかということは、敬語行動・敬語意識と深く関係すると考えられる。

調査デザイン

「面接式調査」と留置式アンケート「社会(言語)生活調査」は、過去三回の調査とともに、岡崎

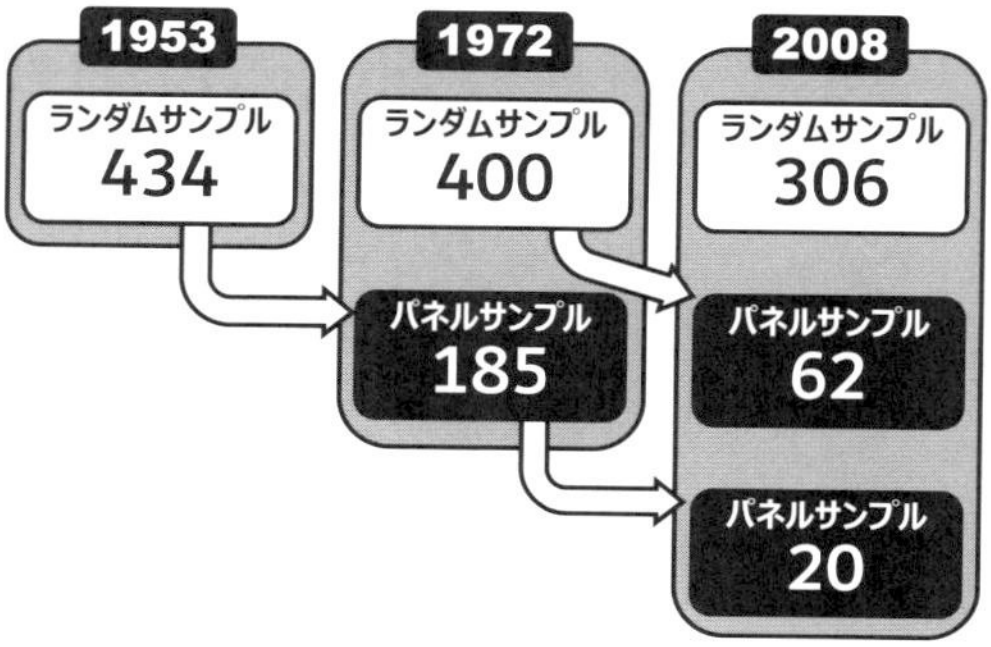

図２　岡崎敬語調査の調査デザイン

市の旧市街（一九五五年の合併以前の岡崎市）に居住する一五～七九歳（第一次調査は六九歳）を対象として、サンプリング（無作為抽出法）によって抽出した被調査者に対して「ランダムサンプリング調査」を実施している。また、第二次調査以降は、過去の調査に参加した被調査者に再度ご協力いただく調査（パネル調査）も実施し、この二つを並行して行っている（岡崎旧市街の人口変遷は3-4図5を参照）。

ここでのランダムサンプリング調査は、各時点での敬語行動・意識を明らかにすることを目的とする。つまり、言語変化の実態を解明するための調査である。いっぽう、パネル調査は、実時間の経過のなかで個人の敬語行動・意識がどのように変化したかを明らかにすることを目的とする。つまり、個人の言語変化の実態を解明する調査である。この二種類の調査を組み合わせて実施することで、図2のような言語データを得た。第一次・第二次調査を受けた人が一八五名、第二次・第三次調査を受けた人が六二名、第一次・二次・三次調査をすべて受けた人が二〇名である。同一質問の回答を比較することによって、個人内の変化を追うことができる。

ランダムサンプリングを実施する目的は、統計学的に、一部の人々を調査するだけで母集団（＝

この場合は全岡崎市民）の状態を推定することにある。しかし、計算によっては調査の精度（誤差）の低さも見えてくる。調査結果を岡崎市民の実態であると考えて分析する場合は、調査の精度に十分留意して行う必要がある。

また、パネル調査は個人の変化パターンを記述するケース・スタディー（事例研究）を目的とする。必然的に、その分析は個人の変化パターンを明らかにする目的に添うものでなければならない。公開データを利用する上で、ランダムサンプリング調査、パネル調査の目的・特徴を理解して扱うよう、留意してほしい。

(2) 岡崎敬語調査データの利用

データのダウンロード

岡崎敬語調査のデータは、次の国立国語研究所のページよりダウンロードできる（図3）。

http://www2.ninjal.ac.jp/longitudinal/okazaki.html

データはエクセルファイルで提供されている（okazaki-database-20160216.xlsx）。回答の解説は、同ページよりダウンロード可能な岡崎敬語調査の報告書を参照してもらいたい（okazaki2008-repo

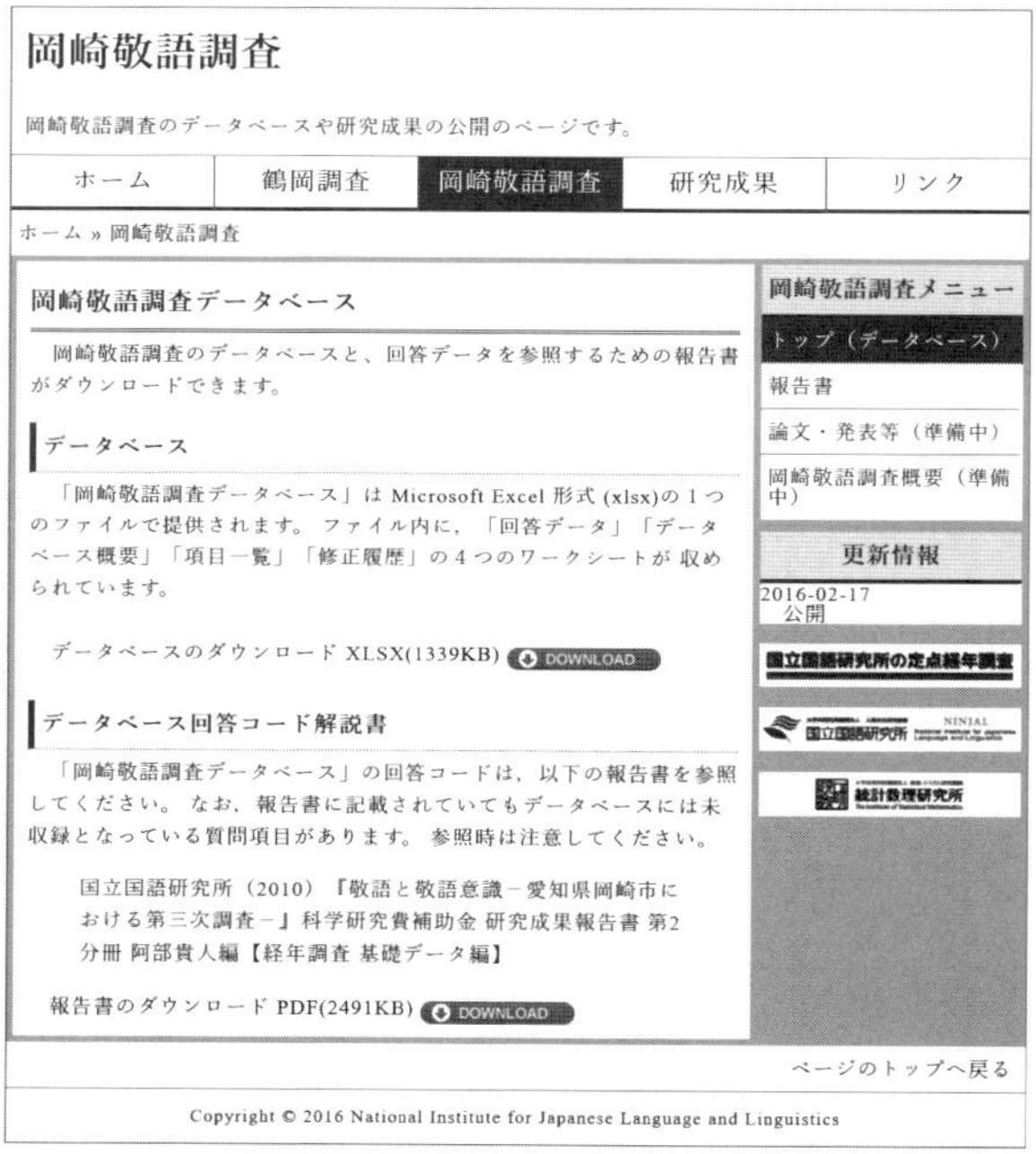

図3　岡崎敬語調査のデータ公開ページ（国立国語研究所のサイト内）

rt2.pdf)。

エクセルファイルを開くと、「回答データ」というワークシートに、岡崎敬語調査のデータがある。データは一枚の表形式（九八列×一四〇四行、調査項目数九一、データ数一四〇二）になっている。主に本書で利用されている項目は、回答者の生年、性別、学歴、職業などの情報（八〜一五列目）と、場面別回答データである「反応文項目」（一六〜五三列目）である。文字数が長いにもかかわらず、セルの幅を狭くしているため、一覧する場合はセルの大きさを調整したほうがよいであろう。

第二次調査以降はパネル調査を実施しているため、同一人物が最大三回（一九五三年、一九七二年、二〇〇八年）回答している。これは、六列目の「ランダム・パネル」で区別されている。また、七列目の「パネルＩＤ」により、パネル調査を実施した人だけに番号が振られているため、同一人物の回答の追跡が可能である。

「会話の断片」としての回答文

岡崎敬語調査には、ランダムサンプリング調査とパネル調査の両方のデータが含まれている。ランダムサンプリングによって得られた回答を集計することで、統計的信頼性のある集計結果が得られる。いっぽう、パネル調査によって得られた回答を集計することで、加齢にともなう個人内の変化をたどることができる。本書におけるさまざまな分析も、岡崎敬語調査データのこれらの特性を生かしたものである。

岡崎敬語調査の回答文は、特定の場面における想定回答である。場面ごとに話し相手が設定されているが、調査者と回答者とで会話をしたわけではない。面接調査において、調査者の質問に対して回答者が場面ごとの状況を頭の中で想定しながら回答をしているだけで、実際の会話とは異なる可能性がある。しかし前述の一二場面の設定事項からもわかるように、岡崎敬語調査はさまざまな文脈内で回答されたデータがそろっているという利点がある。そのため、これらの回答文を人々が敬語行動において使用された「会話の断片」と見なして、「岡崎敬語調査データベース」を「敬語行動コーパス」として利用することが考えられる（2-5、コラム⑤）。

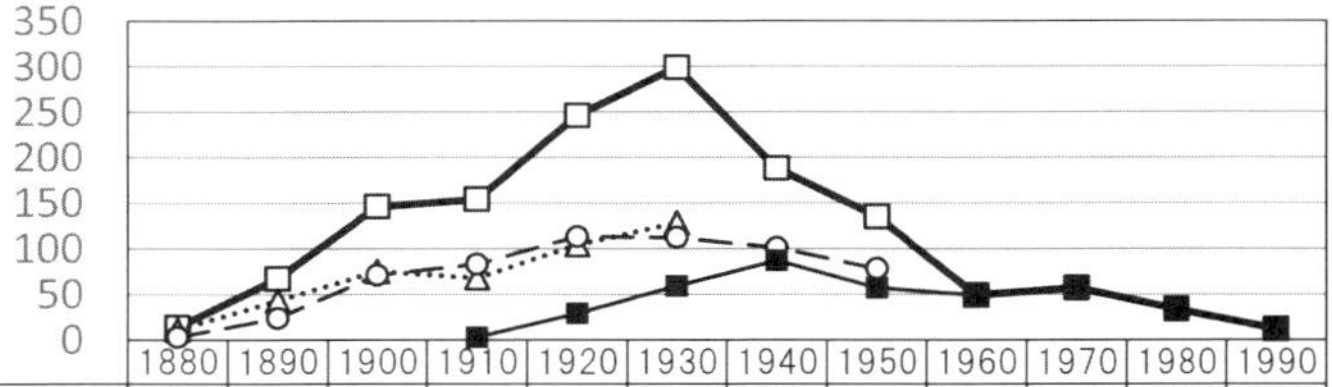

	1880	1890	1900	1910	1920	1930	1940	1950	1960	1970	1980	1990
全体	14	67	146	154	246	299	188	135	49	57	34	12
第一次	11	43	75	68	104	128						
第二次	3	24	71	83	113	112	101	78				
第三次				3	29	59	87	57	49	57	34	12

図4　調査次・生年別回答者数

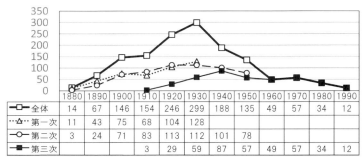

また、愛知県岡崎市という地域の言語データであるという点では、「方言コーパス」としての側面も持っている。敬語使用場面は丁寧なスタイルが想定され、共通語に切り替わることも多い。しかし方言においても丁寧なスタイルは存在する。また、共通語と同形式であっても、従来から岡崎方言で使用されていれば方言と見なされるため、実際には方言と共通語の切り替え能力とあわせて考えなければならない。しかし、「丁寧なスタイルの方言コーパス」として利用する場合、さまざまな場面での敬語使用が調査されていることは利点であろう。

全回答データの内訳

岡崎調査の全回答を一つのデータとして扱う場合、一四〇二行のデータの内訳を知る必要があるだろう。各調査での内訳は、図2の調査デザインからわかる。なお、第一次調査の回答者数は四三四人だが、完全でないデータを整理したので、提供するデータは四二九人分である。

図4は、調査次・生年別回答者数のグラフである。一九二〇

〜三〇年代生まれが特に多く、合計六四五人と全体の四割近くを占める。これは、第二次と第三次の調査間隔が三六年と長く、第一次と第二次の世代の重なりが大きいことが原因である。さらにパネル調査のデータも含まれているため、第一次・第二次のパネルサンプルが多い（図2）ことも影響している。世代の偏りが大きいので、単に用例の出現数だけを見て判断しないよう注意しなければならない。

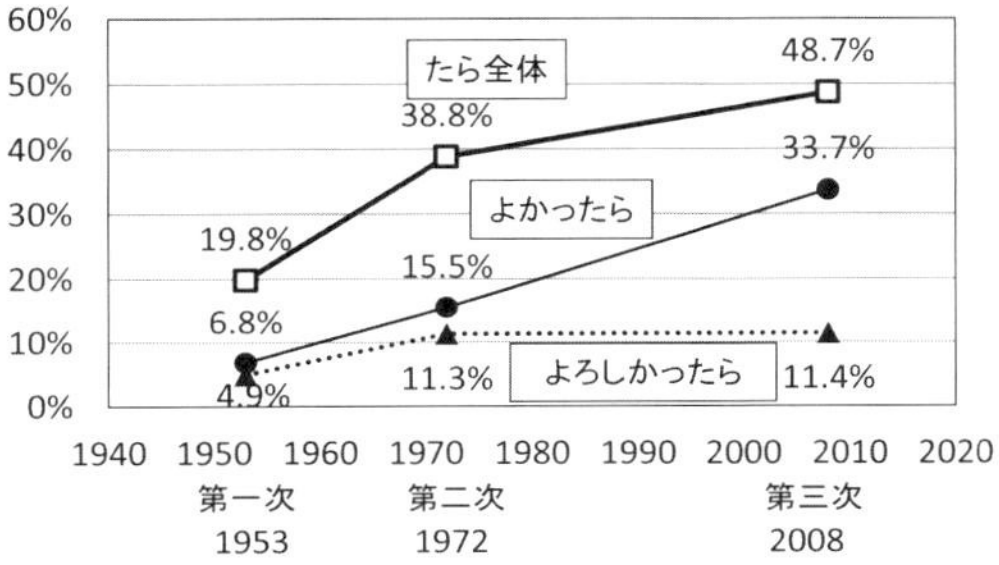

図5　「よかったら」「よろしかったら」の出現比率

対人配慮「よかったら〜」の増加

岡崎敬語調査のデータを「会話の断片」としての「敬語行動コーパス」のように利用する一例として、「傘貸し」場面の表現の経年変化について述べる。

「傘貸し」場面の研究では、「たら」の出現数が増加していることが指摘されている。これは、「よかったら（よろしかったら）」が決まり文句になる「表現の定型化」が進み、これを含む回答が増加していることが主な原因であるとされている。

「傘貸し」場面について、全一四〇二回答から「たら」の出現数を検索すると、三八九例ある。そのうち「よかったら」（一九四例）と「よろしかったら」（一〇一例）の二表現だけで全体の七五・八％（二九五例）を占めており、この二表現が定型化した影響が大きいことがわかる。調査次ごとのグラフ（図5）を見ると、特に「よかったら」の増加が著しい。

しかし、定型化が進んだ表現は「よかったら（よろしかったら）」だけではない。「たら」の検索結果を詳しく見ると、「〜たら、どうですか（いかがですか）」という表現が目立つ。「どうですか（いかがですか）」が現れる全一二一例中、「〜たら、どうですか（いかがですか）」は三九・七％（四八例）を占めている。

約四割とあまり多くないようにみえるが、他の例は、「どうですか」のみ（「傘どうですか」等）や、他の条件表現（「お持ちになっては」等）、原因理由表現（「ありますから」等）といった回答である。そのため実質的に「〜たら、どうですか（いかがですか）」の占める割合は高いと思われる。

こうして、「傘貸し」場面における定型化は、

a　持って行ったら（お持ちになったら）、どうですか（いかがですか）。

b　よかったら（よろしかったら）、持って行きませんか（持って行って下さい）。

の二類型が多いことがわかった。この二類型だけで「たら」全体の八七・四％（三四〇例）にのぼる。なお、「よろしかったら、どうですか」のように、「よかったら（よろしかったら）」と「どうですか（いかがですか）」が同時に出現する例は三例しかなく、事実上aとbは排他的（相補分布）で

あることがわかる。

つづいて生年別にa（〜どうですか類）とb（よかったら〜類）の割合を示したものが、図6である。aは減少傾向、bは増加傾向にあり、aからbに変化したと考えられる。

この変化については、文の機能面からの分析が必要であろう。機能としては、aとbの二類型とも、「話し手が傘を持っていくよう提案する」部分と、「聞き手が提案に対してくだす判断に配慮する」部分とに分かれる。しかしaとbとでは構成が異なっており、aでは提案が先であるのに対して、bは提案が後になっているため、bのほうが提案に対する配慮の機能を強く持っていると考えられる。

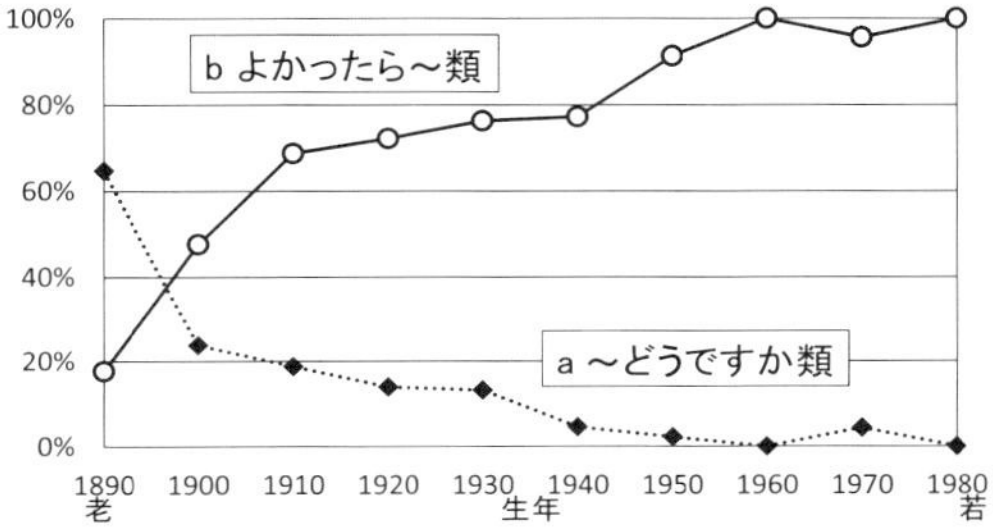

図6　「〜どうですか」類から「よかったら〜」類への変化

また、ブラウン&レヴィンソンのポライトネス理論から考えると（コラム①）、傘を勧める行為は、断った場合、勧める側の「傘を貸したい」という願望（ポジティブ・フェイス）を無視することになるため、相手が断りにくい面がある。そのため、「よかったら」と言って相手に断る余地を与えるのだと思われる。

以上から、a「〜どうですか」類よりもb「よかったら〜」類のほうが聞き手への配慮が働いていることが推測される。この表現方法の変化は、聞き手への配慮を強める方向への変化を背景としていると思われる。

この節では、「たら」の出現例のみで考察した。しかしaとbでは「たら」節の表現内容が異なっており、「たら」が出現しない文にも聞き手に配慮する傾向が現れていると思われる。そのため「たら」以外の文例についても検討する必要があるだろう。

第一次調査の貴重性

岡崎敬語調査からは過去の敬語使用状況を知ることができる。図6でaとbの割合が入れ替わったのは一八九〇年代生まれと一九〇〇年代生まれの間である。第一次調査が実施された一九五三年時点の高齢層であり、ぎりぎりでこの変化を記録することができた。この時代に入れ替わったということは、岡崎市において聞き手を配慮する表現が普及しはじめたのはもっと古い時代からだと考えられる。つまり五五年間にわたる継続調査でも、生年実年代の一八八〇年代から一九八〇年代までの約一〇〇年間でも、全体をとらえることができない、かなり長期間の変化現象であることがわかる。一九世紀の日本語の様子をうかがい知れるという点でも、第一次調査は貴重である。長期間にわたる岡崎敬語調査の大きな利点である。

表現形式の年代別出現例を観察するために、ランダムサンプリング調査とパネル調査のデータを統合する意義はあると思われる。ただしパネル調査は、かつてランダムサンプリング調査で選ばれた人々に対する追跡調査である。そのため統合すると同一人物のデータが複数存在することになる。

調査時の年齢は異なるものの、ランダムサンプリング調査のデータではなくなるため、統計学的には岡崎市の代表性を持たないことになる。割合を算出する場合は、岡崎市民の実態を統計的に議論しているわけではないということを意識しなければならない。

(3) 今後の課題

調査の継続

本書では、岡崎敬語調査のデータを中心に、敬語の変化についてさまざまな観点から述べてきた。多くの内容は、第三次調査後にまとめられたデータベースを利用して、研究者たちが分析を行った成果に基づいている。より専門的な分析を読みたい方は、本書末に紹介した文献を参照してほしい。

これらの成果の多くは、第三次調査が実施されたからこそわかったことである。第二次調査は第一次調査の一九年後に実施されたが、第三次調査は第二次調査からじつに三六年も空いてしまった。一九七〇年代から二〇〇〇年代の間の社会の変化はあまりに大きく、調査自体にも大きな影響を及ぼした。分析においても注意すべき点である。

もし一九九〇年代に第三次調査が実施されていれば、調査間隔も短く、より詳細な分析ができたかもしれない。しかしそれを悔やむより、二〇〇八年の第三次調査がなされた意義を評価すべきである。第一次調査から第三次調査までの五五年間の大きな流れを見ることができたおかげで、成人後習得のような新しい発見ができた。

実時間調査（経年調査）は後年になってからありがたみがわかる。残念ながら第一次調査を計画した方々の多くは本書の成果を見ることはできない。しかし最初の調査がしっかりと練られた設計であったからこそ、後に内容を踏襲した二回の調査が実施され、今の成果がある。これまでの岡崎敬語調査に関わったすべての方々に感謝したい。

しかし従来の調査を踏襲しているだけでは、新しい現象や分析法への対応ができなくなる。第三次調査では新しく「第三者敬語」に関する調査が実施された。第三次調査の結果からだけでも、多くのことがわかったが（2-6）、これからの変化を見る上でも継続した調査が望まれる。前節（4-1）でも述べられているように、大規模な調査を継続するためには、資金の調達、調査の実施、資料の保存、データの公開といった、さまざまなことを実現する研究機関の継続もまた必要不可欠である。

データの公開と分析

第一次調査と第二次調査の報告書では、巻末にデータが掲載されていた。データの公開という点では意義があるが、報告書を手にした人が印刷されたデータを利用して分析するにはあまりにも膨大である。しかし技術の進展により、第三次調査では最初から電子データで関係者に配布され、二〇一六年には第一次から第三次までのデータがインターネットで公開された。前述のように九一項目、のべ一四〇二人という、現代のパソコンでは容易に処理できるサイズである。本書で紹介した分析以外にも、まだまだ新しい発見ができるだろう。じつは、社会（言語）生活調査項目の分析はほとんどなされていない。本節冒頭に示した項目概要は、岡崎敬語調査データの分析が一部分しかなされていないことを示している。データは公開されており、だれでも分析できる。興味のある方は、ぜひともダウンロードして利用していただきたい。分析は早い者勝ちである。

ただし本節で紹介した全文検索や、多くの章に掲載している経年グラフの作成には、データの加工やツールの利用が必要である。本節で示したデータ検索や、本書の多くのグラフは、本書の元となった国立国語研究所のプロジェクトでの研究で作成されたツールを利用している。プロジェクト当時の研究・報告や、データ利用ツールについては、次のウェブサイトで公開している。分析の参考にしていただきたい。

http://keinen.info/

大規模経年調査データのグラフ作成は容易ではない。ある語形の使用率の経年変化を概観するだけでも、生年別、属性別、場面別等の複数のグラフを出力しなければならない。一枚一枚作成していては労力を要するが、エクセルのマクロ処理（柳村作成）を用いれば自動的に出力できる。このマクロは公開されているので、だれでも利用できる。

本書には岡崎敬語調査の例文が多く示されている。漢字仮名交じりで書かれているため読みやすいが、公開したデータベースではカタカナ表記になっている。文節によって空白で区切られてはいるが、読みやすいとは言えない。そのため漢字仮名交じり版のデータを試作し、閲覧性を高めて分析をしていた。この漢字仮名交じり版もいずれ公開したい。

なお、2-1で言及した、山形県鶴岡市における共通語化調査のデータも二〇一七年に公開となった。こちらは約二〇年間隔で四回の調査結果である。岡崎敬語調査のデータベースと同じサイトからダウンロードできるので、実時間調査に興味のある方は、鶴岡調査のデータもあわせて利用していただきたい。

第四次調査の期待

岡崎第三次調査では、外国人が調査対象として登場するようになった。現在、岡崎市には自動車関連産業の関係で外国人の居住が増えており、住民票からのランダムサンプリングで選ばれやすくなったのである。まだ人数が少ないため、外国人の結果は目立たない。しかし敬語調査と同時に行われた言語景観調査では、岡崎市内にある外国語看板の類が記録された。これらは後世の都市景観調査の基盤となるだろう。実際の話しことばや言語行動について、外国人居住者が古くからの住民にどんな影響を与えるかは未知数であり、今後の課題である。

敬語の調査は日本だけでなく、海外でも調査が可能である（コラム⑪）。岡崎敬語調査で設定した場面の大部分は、どの国、どの文化でもありうる場面である。特に日本語と同様に敬語体系を持つ韓国語では、過去に韓国で同様の調査がなされている（青山 1969, 1970）。日本と韓国の両方でこの調査が継続されれば、世界的に見ても稀有な「実時間調査の対照研究」が可能になる。

岡崎敬語調査は、調査内容、分析内容ともに発展の余地が大きい。そして、これからも敬語は変わる。そのためにも「第四次岡崎敬語調査」の実施を期待したい。

（鑓水兼貴・阿部貴人）

コラム⑪　自分でできる敬語の調査

これまで敬語調査について述べてきた。岡崎の大規模調査でここまでわかると、調査はもっと手軽にできる。4-2（二五五―二五六ページ）に一二場面の挿絵と質問文が載っているから、読んで、自分の答えを紙に書き出せばいい。面倒ならば、頭の中で考えて、覚えればいい。それをもとに本書の分析と照らし合わせれば、自分の敬語の位置づけができる。

まず、一つ一つの場面での言い方を評価できる。たとえば101「道教え」の場面で「行くと」「行っていただくと」などと言うか、103「荷物預け」や108「医者」の往診の場面で、頼むときに事情の説明をするか、106「新聞代」や110「おつり」の間違い場面で、相手を非難する言い方を使うか、102「振込用紙」、104「傘忘れ」、107「議事堂」、109「席譲られ」、111「傘貸し」の場面で「すみません」と言うか、105「先生」で「デゴザイマス」と言うか、112「魚釣り」でデスマス体を使うか、などである。

また紙に書き出した場合は、全項目を通して数えることもできる。たとえば一二場面を通して「ていただく」を何個使っているか（2-3）、「いらっしゃる」などの尊敬語（2-2）や「よ（ろし）かったら」のような表現（4-2）をいくつ使っているか、謝罪（2-5）や非難（3-4）の表現をいくつ使うかなどである。岡崎の結果の数値を本書のグラフで確かめて、自分の答えがどの時期のどの年齢層にあたるかを見ることもできる。

本書で唱えた「敬語の成人後採用」が成り立つかも、自分で確認できる。コラム⑦で唱えた「記憶時間」を活用した「想起法」の調査である。ボールペンの色を変えれば、いくつかの時期のことばづかいを並べて書ける。子どものころ、若いころの自分のことばを思い出して、記入すればいい。学生時代はろくに敬語を使えず、就職後に身につけたという人がいるとしたら、「成人後採用」を実証したことになる。お年を召した方は、働き盛りのころと今を比べることもできる。ある敬語表現をいつ採用したか、なぜ採用したか、だれかから注意されたか、指摘されたかなどは、普通のアンケート調査では、聞き出しにくい。この本のここまで読むほどの人は、確かな記憶を持っているに違いない。貴重な情報である。

想起法と逆に、将来を予想する「想像法」という調査技法もありうる。将来大出世したらどんなことばを使うかは、想像して楽しめる。ホームレスになったらという想像は楽しめないが。たった一人の一時点の一回だけの調査でも、想起法と想像法で過去へも未来へもタイムスパンが広がり、ライフステージにより、人間関係によって敬語が変わるかの予測もできる。

友だちや家族と比べれば、違いがわかって面白いだろう。ただし、101「道教え」は、《東京駅丸の内口》で《皇居》を聞くという場面に変える必要があるだろう。外国人の日本語学習者と比べるともっと面白い。日本語の習得が不十分な人は、意外なところで岡崎市民（日本人）との違いが出るだろう。日本語が得意な人も、微妙に違う可能性がある。日本語学習者なら、初歩のときの日本語と、この本を読めるくらいにまで上達した段階の日本語を、思い出して比べることもできる。

思い切って、もっと大勢の人のアンケート調査を試みる手もある。岡崎の調査票は調査員が面接して記入する形で作られたが、自分で記入してもらえば、短時間で多くのデータが集まる。その結果を集計すれば、岡崎との関連で位置づけがわかる。回答者の地域や年齢層が違えば、答えも違う。二〇〇八年の第三次調査からでも、時日が経ち、変化も進んだだろう。留学生と比べてもいい。卒業論文や修士論文に最適だし、優れたものなら学科の報告書や学術誌に載るだろう。

調査票を外国語に訳して、外国人と比べても面白い。中国語や英語には日本語と同じような敬語はないが、「すみません」と言うか、事情を説明するか、非難するかなどは、どの言語でも比較できる。韓国語の敬語は日本語とよく似ているから、比べやすい。岡崎第一次の調査票を韓国語に訳した調査報告はある。各国のデータを集めれば、地球上各地の（広い意味の）敬語について、見渡すことができる。岡崎の大規模調査は比較の基準になる。日本語が世界の諸言語の中でどんな位置を占めるかもわかるだろう。

母音の数や、アクセントの有無や、主語・述語・目的語（SVO）の順番については、全世界の調査がある。しかし敬語をはじめとすることばの使い方（言語行動）については、よくわかっていない。自分の母語と同じだと思っていると、意外なところで違いがあって、不快感・違和感を覚えたりする。これから世界各地の人が交流する機会が増えるから、気をつけなければいけない。岡崎の調査は、将来の言語行動研究発展のために役立ち、大事な基準点になるだろう。

（井上史雄）

後書き

岡崎敬語調査は、調査協力者の生年でいうと一〇〇年にわたる変化が見える貴重な研究である。本書は、その成果の公開手段の一つとして企画したもので、一般人にも親しみやすい書き方を目指した。大学生や高校の先生やことばに関心のある一般人をターゲットにして、成果をわかりやすく紹介するという方針を取った。

岡崎市の調査結果からはさまざまな現象を読み取ることができた。詳しい成果はすでにインターネットで公開した（4-2）。第三次調査の報告書の形でダウンロードできる。言語専門家向けに生データを公開した。また第一次報告書、第二次報告書もインターネットでダウンロードできる。「ていただく」が第三次調査で増えたという印象がきっかけで、実態を忠実に反映できる新たな形式のグラフを作成した。それを足がかりに、多彩な成果を生み出すことができた。

それらの成果を元に、執筆者の範囲と視野を広げて本書にまとめた。お互いに加筆し、コメントを入れて修正・推敲を重ねた。この作業に時間がかかり、忘れかけたころに新たな目で再読すると、また新たなアイデアが浮かぶこともあった。おかげで敬語について長年気になっていたことをきれいに整理できた。

編者が全体に目を通して、筆を入れた。最初はコメントだけにとどめて、執筆者本人の加筆修正を得たが、そのうちに、記述内容に関わる部分にも手を入れたくなり、長い文を区切ったり、他の節への相互参照を入れたり、勝手に文章に手を加えたりした。幸いに受け入れていただいた。その後、機械的な作業として形式を統一した。編集委員は井上史雄、竹田晃子、柳村裕、鑓水兼貴である。また出版に際しては大修館書店編集部辻村厚氏のお世話になった。

岡崎第三次調査は、科学研究費により行われた。実地調査では、地元岡崎市の関係者と市民の方々から、多大な協力をいただいた。その第三次調査の分析のために、国立国語研究所の配慮により、特別のプロジェクトが設定された。この段階までの主な関係者は以下のとおりである（敬称略）。朝日祥之、木部暢子、杉戸清樹、横山詔一。

データ分析には、国立国語研究所のプロジェクト「日本語の大規模経年調査に関する総合的研究」の次のメンバーのチームワークが役立った。阿部貴人、礒部よし子、藏屋伸子、齋藤敬太、丁美貞、中野敦子、原田幸一、柳村裕、鑓水兼貴。プロジェクトでは、週刊誌のペースで毎週何らかのグラフが提示されるように心がけた。それを元に、月刊誌のペースで短い報告書を書くようにした。最終年度には、それらをまとめて、報告書として刊行し、インターネットでも公開した。本書はその発展である。

二〇一七（平成二九）年六月

井上史雄

『国語学』166
彦坂佳宣（1997）『尾張近辺を主とする近世期方言の研究』和泉書院
文化庁国語課（1997～）『国語に関する世論調査（平成9年～）』文化庁国語課
文化庁編（1971）『日本語教育指導参考書2　待遇表現』大蔵省印刷局
彭国躍（1999）『近代中国語の敬語システム―「陰陽」文化認知モデル』白帝社
星野命（2011）『星野命著作集3―心理学その境界を越えて』北樹出版
松田謙次郎・阿部貴人・辻加代子・西尾純二（2012）「岡崎敬語調査報告―継続サンプルの分析」『日本語学会2012年度春季大会予稿集』
松本修（1993）『全国アホ・バカ分布考―はるかなる言葉の旅路』太田出版（1996新潮文庫）
山崎久之（1963）『国語待遇表現体系の研究』武蔵野書院

ブログ記事「保育園落ちた日本死ね！！！」（2016年2月15日「はてな匿名ダイアリー」）
http://anond.hatelabo.jp/20160215171759

～Ⅵ』大蔵省印刷局＊
国立国語研究所編（2002）『学校の中の敬語1―アンケート調査編』三省堂
真田信治・友定賢治編（2011）『県別　罵詈雑言辞典』東京堂出版
柴田武（1978）『社会言語学の課題』三省堂
シャイエ＆ウィリス（2006）『成人発達とエイジング　第5版』岡林秀樹訳、ブレーン出版
尚学図書（1989）『日本方言大辞典』（上、下、別巻索引）小学館
高橋圭子（2016）『自然な敬語が基本から身につく本』研究社
太宰治『斜陽』（『太宰治全集9』1989、ちくま文庫所収）
辻加代子（2009）『「ハル」敬語考―京都語の社会言語史』ひつじ書房
辻加代子（2014）「岡崎市方言敬語伝統形式および新形式ミエルの消長―継続サンプルの分析より」『国立国語研究所論集7』
辻加代子・井上史雄・柳村裕（2016）「岡崎における第三者敬語の位置づけ」『国立国語研究所論集11』
辻村敏樹（1967）『現代の敬語』共文社
角田太作（1991）『世界の言語と日本語』くろしお出版
毒蝮三太夫（2014）『毒蝮流！　ことばで介護』講談社＋α新書
中井幸比古（2002）『京都府方言辞典』和泉書院
中村隆（1982）「ベイズ型コウホート・モデル―標準コウホート表への適用」『統計数理研究所業報』29-2
中村桃子（2007）『〈性〉と日本語―ことばがつくる女と男』NHKブックス
西尾純二（2015）『マイナスの待遇表現行動―対象を低く悪く扱う表現への規制と配慮』くろしお出版
彦坂佳宣（1991）「東海西部地方における尊敬語の分布と歴史」

井上史雄（1981）「敬語の地理学」『國文學』26-2（井上1989に再録）
井上史雄（1989）『言葉づかい新風景（敬語・方言）』秋山書店
井上史雄（1999）『敬語はこわくない』講談社現代新書
井上史雄（2001）『日本語は生き残れるか―経済言語学の視点から』PHP 新書
井上史雄（2008）『社会方言学論考―新方言の基盤』明治書院
井上史雄（2011）『経済言語学論考』明治書院
井上史雄（2017）『新・敬語論―なぜ「乱れる」のか』（NHK 出版新書）
井上文子（1998）『日本語方言アスペクトの動態―存在型表現形式に焦点をあてて』秋山書房
牛山初男（1969）『東西方言の境界』信教印刷
NHK 放送文化研究所（1996）「変化の時代の日本語」『放送研究と調査』46-12
江端義夫（2008）「敬語の補助動詞『〜テミエル』の近現代史」『国語語彙史の研究』27 和泉書院
呉泰均（2015）「ネオ敬語「（ッ）ス」の語用論的機能」『日本語語用論フォーラム 1』ひつじ書房
大石初太郎（1979）「脱待遇―敬語に関する一面」『国文学　言語と文芸』88（『現代敬語の研究』1983、筑摩書房に再録）
大西拓一郎編（2016）『新日本言語地図』朝倉書店
尾崎喜光（2003）「敬語調査から何が引き出せて、何が引き出せないか」『朝倉日本語講座 8 敬語』朝倉書店
韓国国語院（2015）『大都市地域社会方言調査』韓国国語院
金田一京助（1959）『日本の敬語』角川書店
藏屋伸子（2017）「岡崎敬語調査に見る談話構成傾向の年齢層間差と経年変化」『社会言語科学会第 39 回大会発表論文集』
国語調査委員会（1906）『口語法調査報告書』国定教科書共同販売所
国立国語研究所（1989〜2006）『方言文法全国地図（GAJ）I

参考文献

＊印はインターネットで公開

●岡崎敬語調査の報告書＊

http://www2.ninjal.ac.jp/longitudinal/okazaki_report.html

国立国語研究所（1957）『敬語と敬語意識』秀英出版

国立国語研究所（1974）『敬語と敬語意識―岡崎における20年前との比較』秀英出版

国立国語研究所（1983）『敬語と敬語意識―岡崎における20年前との比較』三省堂

国立国語研究所（2016）『敬語表現の成人後採用―岡崎における半世紀の変化』国立国語研究所

●国語審議会・文化審議会の建議・答申＊

「これからの敬語」（1952年4月14日）国語審議会建議
http://www.bunka.go.jp/kokugo_nihongo/sisaku/joho/joho/kakuki/01/tosin06/index.html

「現代社会における敬意表現」（2000年12月8日）国語審議会答申
http://www.bunka.go.jp/kokugo_nihongo/sisaku/joho/joho/kakuki/22/tosin02/index.html

「敬語の指針」（2007年2月2日）文化審議会国語分科会答申
http://www.bunka.go.jp/seisaku/bunkashingikai/kokugo/hokoku/pdf/keigo_tosin.pdf

●参考文献

青山秀夫（1969-1970）「現代朝鮮語の敬語と敬語意識―京畿道驪州邑における実態調査報告」（1）～（3）『朝鮮学報』51, 53, 57

〔や行〕

〔ら行〕

〔わ行〕

〔な行〕

〔は行〕

〔ま行〕

〔た行〕

索　引

【執筆者紹介】

井上史雄　→奥付［編者紹介］

尾崎喜光（おざき よしみつ）
1958年長野県生まれ。大阪大学大学院単位取得退学。ノートルダム清心女子大学教授。著書『しくみで学ぶ！　正しい敬語』。

鑓水兼貴（やりみず かねたか）
1971年生まれ。東京外国語大学大学院博士後期課程単位取得満期退学。元国立国語研究所プロジェクト非常勤研究員。共著書『辞典〈新しい日本語〉』。

柳村　裕（やなぎむら ゆう）
1983年宮城県生まれ。東京外国語大学大学院博士後期課程単位取得満期退学。東京外国語大学研究員。

藏屋伸子（くらや のぶこ）
1972年大阪府生まれ。日本大学大学院博士後期課程修了。日本大学非常勤講師。

辻　加代子（つじ かよこ）
1947年生まれ。大阪大学大学院博士課程修了。神戸学院大学准教授。著書『「ハル」敬語考』など。

彦坂佳宣（ひこさか よしのぶ）
1947年愛知県生まれ、東北大学大学院博士課程満期退学。立命館大学名誉教授。著書『尾張近辺を主とする近世期方言の研究』など。

竹田晃子（たけだ こうこ）
1968年岩手県生まれ。東北大学大学院博士課程後期3年の課程単位取得退学。立命館大学専門研究員。共著書『日本語オノマトペ辞典』など。

西尾純二（にしお じゅんじ）
1971年兵庫県生まれ。大阪大学大学院修了。大阪府立大学教授。著書『マイナスの待遇表現行動』など。

松田謙次郎（まつだ けんじろう）
1961年東京都生まれ。ペンシルバニア大学大学院修了。神戸松蔭女子学院大学教授。編著書『国会会議録を使った日本語研究』など。

阿部貴人（あべ たかひと）
1974年青森県生まれ。大阪大学大学院単位取得退学。専修大学准教授。共著書『社会言語学の調査と研究の技法』。

金　順任（きむ すにむ）
1969年韓国生まれ。東京外国語大学大学院博士課程修了。日本女子大学他非常勤講師。著書『일본어와 한국어의 제3자경어의 대조연구（日本語と韓国語の第三者敬語の対照研究）』など。

彭　国躍（ほう こくやく）
1958年中国上海生まれ。大阪大学大学院博士後期課程修了。神奈川大学教授。著書『近代中国語の敬語システム』など。

[編者紹介]

井上史雄（いのうえ　ふみお）
1942年山形県生まれ。東京大学大学院言語学博士課程満期退学。東京外国語大学教授、明海大学教授、国立国語研究所客員教授を歴任。東京外国語大学名誉教授、明海大学名誉教授。専門は社会言語学・方言学。『日本語ウォッチング』（岩波新書）、『敬語はこわくない』（講談社現代新書）、『日本語は生き残れるか―経済言語学の視点から』（PHP新書）、『新・敬語論―なぜ「乱れる」のか』（NHK出版新書）など著書多数。

敬語《けいご》は変《か》わる――大規模調査《だいきぼちょうさ》からわかる百年《ひゃくねん》の動《うご》き

NDC810／x, 284p／19cm

初版第1刷――2017年9月1日

編者――――井上史雄《いのうえふみお》
発行者――――鈴木一行
発行所――――株式会社 大修館書店
〒113-8541 東京都文京区湯島2-1-1
電話 03-3868-2651（販売部） 03-3868-2293（編集部）
振替 00190-7-40504
[出版情報] http://www.taishukan.co.jp

装丁者――――本永惠子
印刷所――――精興社
製本所――――ブロケード

ISBN978-4-469-22260-9 Printed in Japan